Friedrich Cramer
Kindheit, Jugend und Krieg

Erinnerungen

Insel Verlag

Für M. Bötnagel

Erste Auflage 1995
© Insel Verlag Frankfurt am Main und Leipzig 1995
Alle Rechte vorbehalten
Satz: MZ-Verlagsdruckerei GmbH, Memmingen
Druck: Pustet, Regensburg
Printed in Germany

Kindheit,
Jugend und Krieg

Jakob blieb allein zurück. Da rang ein Mann mit ihm, bis die Morgenröte anbrach.

Und da der sah, daß er ihn nicht übermochte, rührte er das Gelenk seiner Hüfte an; und das Gelenk der Hüfte Jakobs ward über dem Ringen mit ihm verrenkt.

Und der Mann sprach: Laß mich gehen, denn die Morgenröte bricht an. Aber Jakob antwortete: Ich lasse dich nicht, du segnest mich denn.

Er sprach: Wie heißest du? Er antwortete: Jakob.

Er sprach: Du sollst nicht mehr Jakob heißen, sondern Israel; denn du hast mit Gott und den Menschen gekämpft und bist obgelegen.

Und Jakob fragte ihn und sprach: Sage doch, wie heißest du? Er aber sprach: Warum fragst du, wie ich heiße? Und er segnete ihn daselbst.

Und Jakob hieß die Stätte Pniel, das meint: Ich habe Gott von Angesicht zu Angesicht gesehen, und ich habe es überstanden.

Und als er an Pniel vorüberkam, ging die Sonne auf; und er hinkte an seiner Hüfte.

Darum essen die Kinder Israel keine Muskelstränge vom Gelenk der Hüfte bis auf den heutigen Tag, darum daß die Sehne am Hüftgelenk Jakobs verletzt ward.

Genesis 32, 25-33

Anfang und Ende

Die Gegend war einsam, die Landschaft, wie entleert, fiel flach zu dem vielleicht drei Kilometer entfernten Fluß ab. Den konnte man nicht sehen, weil er zu tief in seinem Bett lag und wohl auch im Spätsommer kaum Wasser führte. Braun und flach wie ein schräges Brett, kein Baum, kein Strauch, keine Deckung, der Anfang der Steppe zwischen Don und Wolga. Kein Laut, die Lerchen singen im September nicht mehr, und so hörte Jakob nur leise den Wind in den vertrockneten Grashalmen neben seinem Erdloch. Das hätte auch ein frisch geschaufeltes Grab sein können, denn 20 Meter weiter links lagen die Trümmer der eingestürzten Friedhofsmauer. Es war kaum auszumachen, wo der Kirchhof aufhörte und das freie Feld anfing. Viele der teils hölzernen, teils gußeisernen Grabkreuze waren herausgerissen und lagen weit verstreut umher, so als hätten Riesen sie in einem gigantischen Kampf als Waffen benutzt. Im Dunkeln hatte er das nicht gesehen, die Nacht war da barmherziger, in der kalten Morgendämmerung wirkte es wie eine alte Hinrichtungsstätte.

Plötzlich schoß gelbgleißend der erste Strahl der Sonne aus dem östlichen Horizont hervor. Im selben Moment war ihm klar, daß das in den nächsten Stunden ein schlimmer Nachteil für ihn sein würde: Er war vom Gegenlicht geblendet und gleichzeitig von Osten her angestrahlt. Sofort duckte er sich tiefer in seine Kuhle. Der frische Erdgeruch beruhigte, und er schlief oberflächlich ein, erschöpft von den Strapazen der fast durchwachten Nacht; seine Sinne aber blieben völlig wach und hätten ihn beim geringsten Anzeichen von Gefahr sofort alarmiert. Einmal ein Rascheln, augenblicklich ist er hellwach, blinzelt, ohne sich zu rühren. Eine Ratte schnuppert im Gras umher, wahrscheinlich eine Wasserratte, die vom Fluß heraufgekommen ist.

Die hat's gut, denkt er, kann sich in tiefe, für Granaten unerreichbare Erdlöcher verkriechen. Eine Ratte müßte man sein. Jedenfalls ist sie jetzt eine beruhigende Gefährtin, etwas Lebendiges.

Als er wenig später nach oben über den Rand blickt, liegt die goldene Kuppel der verlassenen und halbzerfallenen Kirche glänzend in der Morgensonne, der jetzt warme, reflektierte Glanz stimmt ihn fast heiter in seiner Verlassenheit im Niemandsland zwischen den Fronten, ja, er beginnt, wie schon so oft, über seine Einsamkeit Freude zu empfinden: Niemand würde ihn hier stören, und vor Dunkelheit könnte sowieso keiner hierhergelangen. Vorsichtig schiebt er sich an die Kante des Erdlochs und späht durch das Fernglas. Weit jenseits des Flusses zieht eine lange Lastwagenkolonne eine riesige Staubfahne hinter sich her, aber die ist viel zu weit weg. Er versucht, mehr zum Zeitvertreib, die Entfernung zu messen, aber das Gerät zeigt nicht mehr an, die Parallaxe ist zu klein, also sind es mehr als zehn Kilometer. Unangenehm ist nur, daß er den Vordergrund nicht so richtig einsehen kann. Eine flache Welle im Gelände in etwa 100 Meter Entfernung könnte da irgend etwas verdecken. Weiter unten liegt dann wieder alles offen, und dort scheint ohnedies die versumpfte Niederung des Flusses zu beginnen, wo sich niemand bewegen könnte, schon gar keine schweren Fahrzeuge. Jedenfalls ist es da unten saftig grün. Fast wie zu Hause im Garten, denkt Jakob plötzlich. Tagelang hatte er nicht an zu Hause gedacht, konnte sich nur mit dem unmittelbar Lebensnotwendigen, dem Lebensrettenden, beschäftigen, jetzt läßt die Spannung nach. Er wird fast leichtsinnig.

Gegen neun Uhr hört er den ersten dumpfen Schlag eines Granatwerferabschusses, eher ein harmlos wirkendes Puffen, aber er weiß sofort Bescheid. Langsam, fast gemütlich torkelt das Geschoß hoch über ihn hinweg und kracht irgendwo ganz weit hinten ins leere Gelände. Merkwürdig, daß sie an diesem friedvollen Vormittag so unvermittelt zu ballern anfangen, das ist doch gar nicht nach der Regel. Angriffe werden doch in der Morgen- oder Abenddämmerung vorbereitet. Ist da einer nervös geworden?

Die zweite Granate schlägt 50 Meter vor ihm ein und verspritzt ihren sirrenden Splitterkegel bis an die Friedhofsmauer, die dritte 30 Meter hinter ihm, die vierte 20 Meter vor ihm: Da weiß er, daß er entdeckt ist, daß sie ihn meinen, Menschenjagd auf ihn machen und ihre Rohre so lange ausrichten werden, bis sie ihn durch einen Volltreffer in seinem Erdloch zerfetzt hätten. Nein, das nicht! Nicht unterliegen in diesem schrecklichen Ringkampf. Dann lieber alles riskieren, herausspringen und möglichst rasch, unter Deckung der Friedhofsmauer, zurückzurennen versuchen!

Unmittelbar nach der nächsten Explosion springt er aus seinem Loch heraus. Er spürt einen dumpfen Schlag gegen die Hüfte und ins Gesicht, nein, gar keinen Schmerz, eher eine nie gekannte seelische *Verletzung*. Im selben Augenblick sieht er die goldglänzende Kuppel, ein wunderbares Hoffnungszeichen, alle Angst ist fort, er fühlt sich wie von schlimmer Krankheit genesen; als würde ihm ein *Großer Segen* zuteil. Die Kuppel wird heller, noch heller, weißglühend, strahlt eine angenehme Wärme aus, die seinen ganzen Körper durchzieht. Ja, so müßte es immer bleiben! Er ist gleichzeitig in der strahlenden Kuppel und unten auf dem alten Friedhof. Eine Himmelsleiter, ja das ist es, eine Himmelsleiter, die den Raum aufhebt! Daß es so etwas gibt? Und auch die Zeit ist aufgehoben, alles Wollen ist unnötig, es ist ja doch schon alles gemacht. Oder rast die Zeit?

Das Raum-Zeit-Gefängnis ist aufgebrochen.

Auf einmal ist alles zugleich da: die Mutter, die Geschwister, der Garten mit den Himbeersträuchern und den Marienkäfern, die tote Schwester in ihrem Kinderbett, der

Weihnachtsbaum, die Felder in Dirsdorf, der ehrwürdige jüdische Großvater mit seinem grauen Spitzbart und der riesigen Nase, die schrecklichen Aufmärsche, die Angst vor der Verspottung als Vierteljude, Hedwigs Brüste, die brennende Synagoge, und wieder die Mutter am Nähtisch, der Vater, laut wie immer, der Geruch des Koksofens im Flur, das Sägen von Brennholz, das Galoppieren durch den Wald hinter Beatrix her, die kleine rothaarige jüdische Freundin, die heimlichen Sandkastenspiele, die versteckten Zärtlichkeiten mit Dietrich: Das alles spiegelt sich in der überirdisch goldenen Kirchenkuppel. Und alles ist gleichzeitig da, das Große und das Kleine, das Wichtige und das Unwichtige, und die übermenschliche Anstrengung, dazwischen unterscheiden zu müssen, fällt endlich, endlich weg. Das Leben ist auf einmal ganz leicht. Und intensiver noch als in der Wirklichkeit, strahlender, mit überirdischen Farben. Noch nie hat er so rote Himbeeren gesehen und ein so strahlendes Grün an Mutters Smaragdbrosche. Und dann das Gold der Kuppel!

Alles, alles ist da – nichts geht verloren.

Etwa eine Stunde lang lag der blutige Fleischklumpen in der zerfetzten Uniform im Niemandsland. Das russische Granatwerferfeuer hatte längst aufgehört. Zwei Beobachter von der schweren Artillerie hatten den Vorgang gesehen und machten sich jetzt auf, den Leblosen zu bergen. Das war nicht sehr gefährlich, weil sie, hinter der Friedhofsmauer gedeckt, fast bis zu ihm herankommen konnten, sie brauchten nur kurz aufzuspringen und ihn hinter die Mauer zerren.

Als sie den geschundenen Leib oben in ihrer sicheren und verbunkerten Stellung hatten, sagte einer: »Der atmet ja noch.« »Stimmt, aber nicht mehr lange.« »Wo er nun schon mal hier ist, könnten wir ja genausogut den Sani holen.«

»Meinst du, das lohnt sich? Hast recht, da haben wir den ganzen Scheiß so oder so vom Halse.« »Na gut, ich telefonier' mal.« Als eine Stunde später das Auto mit dem aufgemalten roten Kreuz heranrumpelte, atmete er noch immer, aber ganz flach. Das war im September 1942, wenige Tage vor seinem 19. Geburtstag. Im Wehrmachtsbericht des Tages las man: am Donbogen nur geringe Gefechtstätigkeit.

Die Visionen in diesen Sekunden, als sein Leben *zeitlos, vollständig, gesegnet und strahlend* an ihm vorüberzog, wird niemand mehr zum Leuchten bringen. Auch entziehen sich diese unseren raum-zeitlichen Vorstellungen. Aber vielleicht lohnt es, jetzt, nach vielen, vielen Jahren, herauszufinden, wie sein junges, schwieriges Leben – im wahrsten Sinne zwischen den Fronten – verlaufen ist und welchen Inhalt seine Visionen am Rande des Todes gehabt haben mögen.

Im Jahr der Ratte

Die Familienfeier war in vollem Gange. Man hatte zu Ehren des 60. Geburtstags gespeist, so gut es in diesen schlechten Zeiten ging, hatte ein paar launige und ein paar langweilige Reden gehalten, es langte wohl auch für ein halbes Glas Wein für jeden zum Anstoßen. Man war im ganzen zufrieden, man kannte sich, kannte den Familienklatsch, stichelte soweit wie möglich und raspelte Süßholz soweit wie nötig. Am Kopf der großen Tafel saß der Großvater, würdig, mit gepflegtem weißen Spitz- und Schnurrbart, würdig in der Rolle des Jubilars, aber doch sehr verschmitzt und belustigt, darin eher ein *unwürdiger Greis*. Neben ihm die Großmutter, mit lebhaften braunen Augen in einem etwas schwammigen, ungesunden Gesicht, streng um sich blickend. Großvaters Bruder Albert hatte gerade wieder eine seiner deutschnationalen Reden vom Stapel gelassen, er war Ludendorffanhänger und wäre wohl Hitleranhänger gewesen, wenn es den damals schon gegeben hätte und wenn er nicht – rassisch gesehen (das fing damals an) – Jude gewesen wäre. Er schimpfte auf die Weimarer Verhältnisse und wünschte sich den Kaiser zurück. Den Großeltern war das deutschnationale Gerede jedesmal peinlich. Aber schließlich war man ja miteinander verwandt und mußte sich ertragen.

Auf der anderen Seite vom Großvater saß seine Mutter, die fünfundachtzigjährige Urgroßmutter, der *Urmuck*, eigentlich die lebendigste von allen Gästen. In ihrem pommersch-jiddisch eingefärbten Dialekt erzählte sie Rabbigeschichten oder Anekdoten aus Hinterpommern. Die angeheirateten teutonischen Tanten, zum Teil von walkürenhaften Körpermaßen, machten dazu süß-saure Gesichter, wagten aber nichts einzuwenden, da der zierliche Urmuck unbestritten die Autorität war.

Alles in allem war es eine typische *Familienfeier* des sterbenden Bürgertums, wie man sie in den »Buddenbrooks« nachlesen kann. Auch würde sie uns heute nicht weiter interessieren, wenn nicht die Ratte gewesen wäre. »Die Inflation« war damals auf dem Höhepunkt. Wer sein Gehalt nachmittags ausbezahlt bekam, rannte sofort zum Einkaufen, denn abends war das Geld nichts mehr wert. Merkwürdigerweise glaubten die Menschen dennoch an den Mechanismus des Geldes. Warum waren sie nicht längst zum Tauschhandel oder zur Dollarwährung übergegangen? Stumpfsinnig spielten sie das sinnlose Spiel mit und merkten gar nicht, daß sie erst jetzt, fünf Jahre nach dem Ende des Ersten Weltkrieges, die ungeheuren Kriegskosten, die Materialschlachten vor Verdun, die versenkte Riesenflotte, die Gasangriffe bei Ypern in Heller und Pfennig bezahlen mußten. Es gab keine Milch für die Kleinkinder und keine Unterstützung für die Arbeitslosen. Als Arzt hatte es der jüdische Sanitätsrat etwas leichter. Auch in der Großstadt war alles noch mit dem Lande, mit dem Ländlichen verbunden. Die Mutter Scholz aus Domslau hatte eingelegte grüne Nüsse zum Geburtstag geschenkt, der Herr von Richthofen einen Sack Kartoffeln, aber die Krönung war ein ganzer riesiger Schinken von den Schwestern in Pommern. Schinken, Schweinernes. Das Koschere lag ja schon mehr als eine Generation zurück. Selbst der Urmuck würde sich mit Wonne eine Scheibe von der Schweinekeule abschneiden lassen.

Der riesige Schinken lag, zusammen mit vielen Köstlichkeiten und Herbstblumen, auf dem Geburtstagstisch. Obwohl die Familie von dem festlichen Diner einigermaßen gesättigt war, kamen Neidgefühle auf, wenn man zum opulenten Geburtstagstisch hinüberblickte. Plötzlich ein Aufschrei von Tante Onno: *Die Ratte!* Auf dem üppigen Gabentisch saß eine fette Ratte und knabberte an dem heißbegehrten Schinken. In diesen kärglichen Zeiten war es auch für Ratten schwer, die hatte jedenfalls etwas gefunden. Entsetzt stob die Gesellschaft auseinander: Die Ratte ließ sich nicht im geringsten stören, saß neben dem Schinken, fraß hingebungsvoll, und ihr langer Schwanz hing über den Rand des weißgedeckten Gabentisches. Geil und nackt war dieser Schwanz. Die alten Tanten stöhnten und verdrehten die Augen.

Der Mutter wurde es schlecht. Sie war im neunten Monat schwanger. Ihr Magen drehte sich um, das Kind strampelte vor Schreck, ihr Leib zog sich zusammen, ihre Gebärmutter krampfte, Jakobs Geburt begann.

Der Vater brachte die Mutter hinunter in ihre Wohnung (sie wohnten im gleichen Haus einen Stock darunter) und schickte nach der Hebamme. Er war einer der bekanntesten Geburtshelfer der Stadt und machte das bei seiner Frau natürlich selber. Aber im Moment war die Rattenjagd weit wichtiger. Das Tier war inzwischen mit einem Besenstiel verscheucht worden und hatte sich im ersten Schrecken unter den Tisch, dann hinter den Schrank verzogen. Jakobs Mutter lag in Wehen, Jakobs Vater jagte die Ratte.

Nachdem die Mutter durch die Hebamme betreut war, die alle Vorbereitungen traf, viel heißes Wasser aufgesetzt, Tücher zurechtgelegt und Instrumente ausgebreitet hatte, konnte der Vater des erwarteten Kindes endlich seinem fiebrigen Jagdtrieb folgen. Als er wieder zur Gesellschaft stieß, war diese schon stark verkleinert, Tanten und Onkel waren – etwas überstürzt – gegangen, nur die engere Familie noch geblieben. Alle Fragen, wie es der werdenden Mutter ginge, beantwortete er nur mit der Gegenfrage: Wo ist die Ratte? Sie steckte noch immer hinter dem großen, schweren Eichenschrank, den man nicht abrücken konnte. Die mutige Köchin, die vom Lande stammte und für die deshalb eine Ratte etwas ganz Normales war, wie zu Hause im Schweinestall, versuchte vergeblich, das Tier mit dem Besenstiel hervorzustochern. Der Großvater saß behaglich in seinem großen Ohrensessel und las in seinem geliebten Dickens, die Großmutter, die einzig literarisch Interessierte in der Familie, hatte sich Kafkas »Verwandlung« vorgenommen, damals ein Geheimtip, und fand, daß die Geschichte in ihrer Ekligkeit gut zu der Ratte paßte. Ob die Ratte nicht auch ein verwandelter, unglücklicher junger Mann sein könnte? Oder ob das häßliche Tier (so häßlich war es genaugenommen gar nicht) sich umgekehrt in einen hübschen kleinen Menschen inkarnieren könnte? Ab und zu stand sie in ihrer klimakterischen Unruhe auf und ordnete das eine oder andere in der Wohnung nach dem Gastmahl, soweit das nicht schon die Dienstmädchen getan hatten. Die anderen sprachen gedämpft miteinander, teils, um die Lesenden nicht zu stören, teils wegen des Außerordentlichen der Situation zwischen Tod und Geburt. Nur der jüdische Urmuck hatte sich ganz praktisch auf die Situation eingestellt: Die schmale Gestalt stand auf einem Stuhl, hatte sich mit einer Sicherheitsnadel die langen Röcke zwischen den Knien zusammengesteckt und strickte emsig an einem Mützchen für das Neue: »Isch hob' mer die Röcken zusammengestecken, damit mer die Ratt' net drunnerkriescht.« Mittlerweile war es nach Mitternacht, aber zu Bett gehen wollte keiner, weil so vieles ungeklärt war: die *todgeweihte Ratte* hinter dem Schrank und das *kleine Kind*, das auf die Welt kommen sollte. Der Vater lag jetzt auf dem Bauch und versuchte, mit einer Drahtschlinge das Untier aus der schützenden Höhle hervorzuziehen. Zwischendurch schickte die Hebamme nach ihm, eine ärgerliche Unterbrechung, denn fast hätte er die Ratte diesmal gehabt. Immerhin brachte der kurze ärztliche Zuspruch bei seiner Frau, die allmählich in die Preßwehen kam, die rettende Idee: Er sah im Instrumentenbesteck der Hebamme die große Klistierspritze. Rasch hatte er sie mit Narkoseäther gefüllt und eilte wieder hinauf, diesmal seines Sieges gewiß. Gut gezielt schoß er den

Ätherstrahl in den engen Spalt zwischen Wand und Schrank direkt auf die Nase der Ratte. Die sprang heraus, schrie mit einem gräßlich fiependen Ton auf, machte noch einen Luftsprung und lag dann tot da. Ob der Äther sie umgebracht hatte oder ob sie einfach vor Schreck gestorben war, was bei Ratten möglich ist, war jetzt uninteressant, denn wenige Sekunden danach kam atemlos von unten das Dienstmädchen gerannt und rief: »'s is' da, 's is' da!« Für einen Moment war man etwas verdutzt, denn es war doch klar, sie lag doch da, die tote Ratte, warum jetzt noch das alberne Geschrei? Bis man verstand, daß es sich diesmal um das Neugeborene handelte, das aus seinem schützenden Versteck im Mutterleib herausbefördert worden war. Es war ein Junge. In der gleichen Sekunde, als die Ratte ihren Todesschrei ausstieß, hatte Jakob mit dem ersten Schrei seine Lungen geöffnet.

Dunkelheiten

Die frühesten, vorbewußten Erinnerungen sind Gerüche. Gerüche lassen sich nicht in Worte fassen, sie sind vorsprachlich, sie sind dunkel. Ob ein Kind sich an den Geruch der Mutterbrust erinnert? Jakob sicherlich nicht, denn er war nur zwei Wochen lang gestillt worden, dann bekam die Mutter eine eitrige Brustentzündung, und der Brustabszeß mußte geschnitten werden. Jakob wurde mit der Flasche ernährt. Das war damals riskant, man wußte nicht viel über Kinderernährung. Der Säugling sah erbärmlich aus und hatte nach drei Monaten sein Geburtsgewicht noch nicht wieder erreicht.

Einzelne Gerüche steigen aus der Dunkelheit empor: der Geruch des Elternbettes, der ranzige Duft von Lebertran, den er immer schlucken mußte, der süßlich-erdige Mohrrübenbrei. Der große Koksofen im Flur: Morgens, wenn die kalte Asche von den Mädchen herausgeschaufelt wurde, roch es kalkig und säuerlich und mehlig; wenn er dann ein paar Stunden später fast glühte, schmeckte Jakob das heiße Metall mit der Nase. Das große und das kleine Klo: Das große, in dem auch die Badewanne und der kupferne Kohleofen für das Badewasser standen, schmeckte nach Seife, ziemlich sauber, aber manchmal kam auch so ein Kanalgeruch hoch, vor dem es ihn ekelte. Er brachte diesen Geruch mit Ratten in Zusammenhang. Vor Ratten hatte er fürchterliche Angst, obwohl er nie eine gesehen hatte. Im kleinen Klo, gleich daneben, das eigentlich für das Personal bestimmt war, das er aber benutzte, wenn das andere besetzt war, war dieser Kloakengeruch noch viel stärker, und außerdem roch es nach feuchten Scheuerlappen, Schrubbern und staubigen Besen, denn der Raum war gleichzeitig Putzkammer. Das Wartezimmer, in dem er nach dem Ende der Sprechstunde manchmal herumschnupperte, war schrecklich. Wie sollte man sich da auskennen? Da war alles durcheinander: Eau de Cologne, Angstschweiß, Kinderkacke, Knoblauch, Schweißfüße, kalter Rauch. Nach dem Ende der Sprechstunde wurde immer gleich gelüftet, und Frau Barth kam zum Saubermachen. Gern war er im Sprech- und Verbandszimmer: Vorn roch es nach Leder und Tinte und weiter hinten nach Desinfektion und auch ein bißchen nach Benzin. Er hatte bald heraus, wo die Flasche mit dem Wundbenzin stand, nachdem der Vater ihm einmal Pflasterreste abgelöst hatte, und ging dann ab und zu an der Flasche schnuppern; den Korken konnte er natürlich noch nicht herausziehen.

Am liebsten war er in der Küche: Die Zutaten, die für das Mittagessen aus der Speisekammer geholt und auf dem großen, hölzernen, weißgescheuerten Küchentisch ausgebreitet wurden, da lernte er den Erdgeruch und das sandige Gefühl der Kartoffeln kennen, schmeckte Salz und Zucker, bekam

Tränen in die Augen, wenn Zwiebeln geschnitten wurden, kriegte zwischendurch auch einmal ein Zuckerei geschlagen, »weil du doch so dünn und spillerig bist«, zog die einzelnen Fächer im Gewürzschränkchen heraus und schnupperte eher mit leichtem Grausen an Muskat, Majoran und Nelken. Er wußte, daß die Wrasen von Fleischbrühe, von Klößewasser, vom Kartoffelkochen, vom Reiskochen vollkommen verschieden sind, lange bevor er diese Speisen benennen konnte.

Und die Menschen: Der Vater hatte einen starken Geruch, vermutlich war es seine Sexualität, die er empfand, Mutter roch nach 4711. Wenn sie sich gewaschen hatte, stank das Bad unangenehm klebrig und nach Fisch. Das mochte er nicht. Tante Edda war unappetitlich. Viele Tanten rochen säuerlich, besonders die Tanten Reisewitz, die öfter zum Großvater kamen.

Zuerst waren nur diese Gerüche da, ganz dunkel und selbständig, losgelöst von allen Gegenständen, denn die gab es ja noch gar nicht. Gerüche voller Angst und Schrecken, aber genauso voller Wärme und Freude. Die Welt war noch *ohne Raum und Zeit*. Erst später, nach Monaten, nach Jahren, traten nach und nach die zugehörigen Gegenstände, Orte und Personen in Jakobs Bewußtsein, und schließlich, wohl unendlich viel später, konnte er das Dunkle mit Worten benennen, und *es wurde Licht*.

Obernigk

Der Ort lag 25 Kilometer nördlich der Stadt im sogenannten Katzengebirge, einer sandigen, eiszeitlichen Endmoräne mit ihren kargen Reizen, ihrer Ärmlichkeit und Einsamkeit, war aber immerhin seit etwa 1890 ein »Luftkurort« mit kleinbürgerlicher Atmosphäre, pseudogotischen, schweizerischen oder sonstigen Pseudostilvillen mit bunten Glaskarrees in den Fensterecken und künstlich gedrechselten Treppengeländern, einem sauberen Freischwimmbad, einer evangelischen und einer katholischen Kirche, einem »Kurhaus«, einem Eissalon, der Filiale eines Delikatessengeschäftes aus der Stadt, einem hübschen Bahnhof (Überschreiten der Gleise während des einfahrenden Zuges verboten!) und einer Gasanstalt. Aber es war ein verschlafener, einsamer, mitten zwischen Wäldern und Hügeln gelegener Ort, so sehr im Grünen, daß man im Sommer von weitem nur den (höheren) katholischen Kirchturm sah.

Warum der Vater gerade dort das Wochenendhaus baute (wahrscheinlich hatte er es von einem Patienten vermittelt bekommen) und warum er gerade ein solches Modell wählte, wird sich nicht mehr klären lassen. Es war ein Entwurf von Hans Poelzig, der zwar vom Architektonischen und vom Praktischen her sehr schön gewesen sein mag, aber überhaupt nicht in die Gegend und Landschaft paßte, eher ans Mittelmeer oder nach Kalifornien. Aber Geschmack und Stilempfinden waren keine Kategorien für Jakobs Vater.

Jakobs früheste Erinnerungen an Obernigk sind unheimlich. Als das Fundament des Fertighauses gegossen war, er war damals noch nicht ganz vier Jahre alt, fuhren sie sonntags hinaus, um den Beton des Fundamentes mit Gießkannen zu befeuchten. Er bekam eine kleine Spielgießkanne und machte eifrig mit. Aber: Das Wasser mußte aus dem Brunnen gepumpt werden! Obwohl doch Wasser normalerweise aus dem Hahn kommt! Und der noch nicht ganz gehärtete Beton, den man nur barfuß betreten durfte, war so unangenehm rauh an den Füßen. Und zum Mittagessen wurden harte Eier (die ihm zu glitschig waren) und kaltes Fleisch (das einen eigentümlich ranzigen Geschmack hatte) ausgewickelt, und ständig kamen Fliegen und Wespen, und wo er sich hinsetzte, waren Ameisen. All das gab es in der Stadt nicht, da gab es nur, im Zoo hinter Gittern, die vielen interessanten Tiere, die ihm nichts tun konnten. Das war viel übersichtlicher. Einmal, als auf der Nachbarwiese hinter einem Gebüsch eine angepflockte Bauernkuh muhte, kam er ganz verschreckt zu seiner Mutter gerannt: »Mutter, da hat eben ein Nilpferd gebrüllt!«

Zu dieser Zeit war er schwach und blaß und brauchte seine Mutter nötig, aber die erwartete schon wieder das nächste Kind, das vierte, und mußte dauernd kotzen. Da gab es für ihn nichts zu holen. Er war sehr allein, heulte oft und machte sich manchmal in die Hosen, besonders in Obernigk, wo es nur ein weit vom Haus abgelegenes Plumpsklo gab, das er schrecklich und eklig fand. Sein älterer Bruder war zu dieser Zeit bei weitem der stärkere (später änderte sich das), der war Vaters Kumpel, half ihm beim Urbarmachen des Geländes, beim Wasserpumpen, beim Brennholzspalten und Ofenanzünden. So saß er meist allein, spielte mit Holzstückchen und Steinen, still für sich, eher mädchenhaft baute er sich aus alten Äpfeln, Tannenzapfen, Stöckchen und Steinen Puppen, Männchen und Gnome, vierbeinige Tiere, mit denen er stundenlang ganz für sich spielte. Oft kam er heulend zur Mutter gelaufen, wenn irgendein Insekt, ein kleiner Kratzer oder eine mißlungene Aktion ihm einen Vorwand dazu gaben, aber alle Annäherungsversuche blieben vergeblich.

Tante Edda, die öfter nach Obernigk zu Besuch kam, bemerkte trotz ihrer eigenen Dickfälligkeit Jakobs tiefe Unsicherheit (oder vielleicht spürte die Hexe auch einen potentiellen Hänsel?) und sagte zu ihrem Bruder: »Auf den Jakob müßt ihr aufpassen, entweder brütet er eine Krankheit aus, oder er ist einfach zu lebensschwach. Na, ihr habt ja zum Glück noch den Erwin, den Wieland und den Hans.«

Schlimm waren für Jakob auch die Hin- und Rückfahrten

während der 45 Minuten im Bummelzug. Kann ein Erwachsener ermessen, was Übelkeit und Erbrechen im Zug für ein Kind bedeuten? Sie bedeuten einfach: Sterben. Ein Kind hat noch keine Vorstellung von den verschiedenen Todesarten, den langsamen und den schnellen, den qualvollen und den sanften. Es hängt noch zwischen Tod und Leben, es ist ja noch nicht ganz geboren, ganz ins erwachsene Leben hineingeboren, noch nicht erwachsen geworden. Es glaubt, immer noch die Option auf ein Zurück zu haben, in den ungeborenen Heilschlaf im Mutterleib, der *gerade nicht mehr Tod* ist und sich damit genau symmetrisch verhält zum *gerade noch nicht Tod* beim Sterben am Ende des Lebens. Erwachsen werden heißt, dem einen Tod davonzuwachsen, um den anderen Tod zu suchen. Das Kind steht im wahrsten Sinne des Wortes *auf der Kippe*, und das nennen die abgestumpften Erwachsenen *glückliche Kindheit*.

Aus dem ersten Tod heraus ins Leben geführt werden kann man nicht ohne die Hilfe und ohne die Liebe der Mutter. Die bekam Jakob nicht. Deshalb schwebte er damals wirklich *zwischen Tod und Leben*, aber in einem viel tieferen und schrecklicheren Sinne, als Tante Edda das mit ihrer rüden Bemerkung ausgedrückt hatte: Er war nahe daran, *von den Erwachsenen ermordet zu werden*. Deshalb mußte er sich so oft übergeben, deshalb mußte er sich als Kind so sehr in sich selbst verkriechen, deshalb hatte er vor allem Neuen und Ungewohnten Angst, deshalb reagierten seine Därme so sensibel mit Spasmen und Koliken. Er *stand auf der Kippe* und konnte für einige Monate (oder waren es Jahre?) weder vor- noch rückwärts.

Das Wochenendgrundstück, vielleicht zwei oder drei Hektar groß und eingezäunt, kam ihm *grenzenlos* vor, im wörtlichen Sinne ohne Grenzen, oder wie es die Physiker heute vom expandierenden Weltall sagen: endlich, aber ohne Grenzen. Denn Unendliches gibt es weder in der Vorstellung eines Kindes noch in der eines Erwachsenen. In der Stadtwohnung war alles abgegrenzt und geordnet; die Zimmer der Wohnung mit ihren Funktionen; das eigene Bett, die Betten der Geschwister, der Eltern; die Küche mit den interessanten Gerüchen und den Dienstmädchen, die *lieb* zu ihm waren; die Klos an den vertrauten Stellen; im Treppenhaus in jedem der drei Stockwerke ein anderer Zweig der vertrauten Verwandtschaft: Es war eine *geschlossene Welt*, in der man sich schlimmstenfalls auch ohne die Liebe der Mutter zurechtfinden konnte. Sie war auch nach unten geschlossen durch feste Böden oder Linoleum und nach oben durch die Zimmerdecken. Das alles war in Obernigk anders. Da waren *Bäume*, die sich im Winde bewegten und nachts rauschten. Woher dieser Wind kam? *Der Boden war nicht fest* unter den Füßen, man konnte den Finger in die lockere Erde stecken, und darin waren Tiere, Regenwürmer und Asseln. Und auch *oben war es offen*, und da sah er zum ersten Mal richtige Sterne und den Mond, die er bisher nur aus Bilderbüchern kannte. In Obernigk trat er in die *offene Welt* ein, begegnete zum ersten Mal der *Natur*. Das machte *angst, angst, angst.*

Obernigk löste eine tiefe Krise aus. Er hätte wirklich daran sterben können wie seine kleine Schwester sechs Jahre später im gleichen Alter von vier Jahren. Er überwand die Krise dadurch, daß er *neugierig* wurde. Das war seine *Flucht nach vorn*, mit der er die *Kippsituation* überwand. Er fing an, die Wege der Ameisen zu erforschen, er suchte Blumen und brachte sie der Mutter (da freute sie sich wirklich), er beobachtete, wie die rot-schwarz gefleckten Käfer *gemeinsam* einen toten dicken Regenwurm fortzuschleppen versuchten, sah, wie dicke Hummeln sich auf Blüten tummelten, und vor allem: Er teilte solche Beobachtungen anderen mit, besonders seinem um ein Jahr jüngeren Bruder. *Er versuchte, sich die Welt zu erklären, indem er sie einem anderen erklärte*. Das rettete ihn. So erfand er die *nächste Stufe der Sprache*. Bisher hatte er Sprache nur dazu gebraucht, seine körperlichen Bedürfnisse einzufordern, sich zu beklagen, sich zu verteidigen, jetzt lernte er endlich, Sprache zur *Mitteilung* zu verwenden, dazu, *die Welt miteinander zu teilen*. Natürlich war nicht gleich alles heil und in Ordnung, es war noch ein langer, schmerzvoller Weg durch viele Einsamkeiten zu gehen, ja, er blieb immer ein *Einsamer*. Aber der erste vorsichtige Schritt war getan, und nachdem er gemerkt hatte, daß Sprache ins Freie führen konnte, tat er weitere.

Aufbrüche

Obernigk war ein Paradies. Aber um sechs Uhr nachmittags ging der Zug. Da wurde er aus dem Paradies hinausgeworfen. War es diese Angst? Oder war es die Angst, daß alles stimmen, daß alles klappen mußte? Daß er Mutters Ordnung herstellen mußte gegen Vaters Chaos? Jedenfalls begann Jakob gleich nach dem Mittagessen, während die Eltern noch ihre Mittagsruhe hielten, die *Gartenordnung*. Alles, was in anderthalb Tagen fröhlich und unbefangen *verstreut, verbraucht, verschlissen, vertan, versaut* worden war, mußte *er* jetzt in *Ordnung* bringen: die Spaten, Rechen, Schaufeln, Hacken, Äxte, Beile in den Schuppen einschließen, den dicken Gartenschlauch auf den immer klemmenden Schlauchwagen einrollen, was niemals ohne fürchterliche Anstrengungen und ohne Fingerquetschen gelang. Das Planschbecken ablassen und nach Möglichkeit noch ausscheuern. Das gehackte Holz in der *Laube* zum Trocknen stapeln. Noch die reifen Himbeeren zum Mitnehmen abernten. Den Strom abschalten. Bei Frostgefahr das Wasser abstellen. Die Fensterläden zuriegeln.

Wie ein neurotischer Schäferhund um seine Herde, so lief er durch Garten und Haus, um *für die Mutter alles in Ordnung zu bringen*. Warum ausgerechnet *er*? Warum übernahm er die Verantwortung? Wollte er ihr gefallen, war es ein Versuch, ihre *Liebe* zu erkaufen? Er erntete ja nicht nur bei den Brüdern, sondern auch bei ihr nur Hohn und Spott: Du mit deiner ewigen Drängelei, du machst mich ja noch ganz nervös. Laß doch die anderen auch mal was tun! Aber die taten ja nichts, jedenfalls nicht *rechtzeitig*. Da war zum Beispiel noch der Klokübel zu leeren, indem man im Komposthaufen ein Loch aushob, in das die Wochenendexkremente hineingekippt wurden. Der Scheißkübel, ein Zinkkübel von etwa zwanzig Litern Inhalt, stand unmittelbar unter der runden Plumpsklooffnung, er wurde von hinten mittels einer Klappe am Klohäuschen herausgeholt, stank fürchterlich, und nur unter dem Druck des drohenden Aufbruchs war Jakob dazu bereit, an dieser *Scheißarbeit* mitzuwirken. Eigentlich sollte jeder Benutzer zwei oder drei Handvoll Torf nachstreuen, aber beim Pinkeln geschah das in den seltensten Fällen, so daß sich, besonders im Sommer, ein übelriechender, halbflüssiger, schwappender, gelb-brauner Brei ansammelte. Erstaunlich, dachte Jakob, welche Mengen zehn Leute – so viele waren sie meistens an den Wochenenden – in knapp zwei Tagen zusammenscheißen und -pinkeln können! Der Kübel war so schwer, daß er ihn nicht allein tragen konnte, jedenfalls solange er noch nicht zehn oder zwölf Jahre alt war. Es bedurfte langer Überredung, bis er einen der Brüder dazu bringen konnte, mitzutragen. Am ehesten war noch der Ältere dazu bereit. Aber der spielte sich immer so unangenehm als *über aller Scheiße stehend* auf. Am liebsten war es ihm noch, wenn der Vater nach seinem Mittagsschlaf dazukam. Da ging das ruck, zuck, selbstverständlich und ohne großes Gerede. Dann mußten noch die ewig klemmenden Lattenjalousien der

Veranda von innen verriegelt werden, bis man endlich die Küchentür, die eigentliche Haustür, abschließen konnte. Mutter machte das meistens. Merkwürdig, sie war doch bei dem für Jakob so ungeheuer aufreibenden Aufbruch vollkommen passiv, aber den letzten Schlüssel mußte dann doch *sie* umdrehen. Dem Vater war das alles egal. Der erzählte schon wieder von alten Geschichten und neuen Plänen. Jetzt waren sie auf dem Weg zum Bahnhof. Jakob war vor Aufregung blaß, und ihm war übel, manchmal mußte er am Wegrand kotzen. Aber die Mutter interessierte das nicht weiter, und Vater ging sowieso, Geschichten erzählend, mit den Brüdern voraus. Die waren auch schon an seine Übelkeiten und Kotzereien gewöhnt. Höchstens wenn mal Tante Utah oder Tante Line mit waren, hatte er einen Beistand, die wischten ihm mit dem Taschentuch den kalten Schweiß von der Stirn ab.

Je näher sie dem Bahnhof kamen, es war etwa eine halbe Stunde Weg, um so besser ging es ihm, und als er endlich mit den anderen auf dem kleinen Bahnsteig stand und der Zug *noch nicht* da war, lösten sich die schrecklichen Knoten in seinen Eingeweiden. Er blickt zur Mutter hinüber. Die tat, als ob sie ihn nicht bemerkte. Vielleicht schämte sie sich mit dem schwachen, bläßlichen Sohn. Schließlich dampfte der Zug heran, die kleine Personenzuglokomotive blieb fauchend stehen, und alle Sonntagsausflügler stürzten sich auf die Türen. Da sie zu mehreren waren, hatten sie eine gewisse Routine entwickelt, die unerfahrenen Sonntagsausflügler abzudrängen und meistens ein Abteil für sich zu besetzen. Anfangs stand Jakob auf der offenen Plattform im frischen Fahrtwind, bis die Übelkeit vorüber war, aber dann wurde die Fahrt lustig. Vater erzählte die endlose Geschichte vom Schneidermeister Krause aus Leipzig, welcher nach China auszog, um dort sein Glück zu machen, indem er sämtliche Rätsel löste bis auf das letzte eine, welches da lautete: Welches ist die Lieblingsspeise der schönen Kaisertochter Himalajamasika? Als der Schneidermeister Krause aus Leipzig resigniert antwortete (wenn er falsch riet, sollte er geköpft werden): »*Genn'Se glei'n* Kopp abhacken!«, sagte der Kaiser von China majestätisch, unter gleichzeitiger Verbeugung von hundert Mandarinen in gelber Gewandung zur Rechten und hundert Mandarinen in roter Gewandung zur Linken und während der bronzene Gong mit dem silbernen Schlegel und der silberne Gong mit dem goldenen Schlegel dreimal angeschlagen wurden: »Ich weiß zwar nicht, wie du des Rätsels Lösung gefunden hast, aber *Gänseklein* ist die Lieblingsspeise meiner schönen Tochter Himalajamasika!« Außer diesem und zwei anderen ziemlich primitiven sächsischen Sprachverhunzungsrätseln hatte die Geschichte keinerlei Inhalt, sie lebte von den immer gleichen Wiederholungen sich verbeugender Mandarine, sich öffnender Portale zur Rechten und zur Linken, Gongs und Schlegeln aus verschiedenen Metallen. Vater leierte sie schnell und flüssig herunter, wie eine Litanei, und konnte sie mit den immer gleichen Stilmitteln und Wendungen so ausgestalten, daß sie in der dreiviertelstündigen Fahrt nie zu Ende ging. Ob sie überhaupt ein Ende hatte und ob der Schneidermeister Krause aus Leipzig die Tochter des Kaisers von China jemals heiratete, blieb während all der Jahre Vaters Geheimnis. Andererseits war er sensibel genug zu spüren, wenn die Kinder sich zu langweilen begannen. Dann wurde einfach *Ich sehe was, was du nicht siehst* gespielt oder später *Stadt, Land, Fluß*, oder noch später Vaters intellektuell anspruchsvollere *Neudefinition von Städtenamen*, z. B.: »Imperative Aufforderung an den redseligen Herrn Braun. Welche Stadt ist das? Braun, schweig!« *Braunschweig*. Oder: »Letzter Seufzer eines vom eisernen Speer tödlich getroffenen thüringischen Recken: Eisen, ach!« *Eisenach*. Oder: Erbanlage einer Anbetungswürdigen – Göttin-Gen,

Göttingen. Ähnlich lassen sich Re(h)magen, Salzderhelden, Hattorf, Milano, Wal(l)achei (operativ entferntes Organ, um ihn zu dem zu machen, was er ist), Lehrte(e), Kleve (Klee-Weh), Boppard (Bob-Art), Konstanz (Cohn's Tanz), Winterthur und viele andere Ortsnamen durch Blödeleien umdeuten. Jedenfalls war die Heimfahrt nie langweilig und auch nie ernsthaft, oft machten völlig fremde Leute im Abteil bei den Spielereien mit. Mutter saß still und unbeteiligt dabei. Nur wenn Vater mit lauttönender Stimme jiddische Witze (was damals schon gefährlich war) oder unanständige Praxisgeschichten zu erzählen begann, knuffte sie ihn in die Seite.

Vom Hauptbahnhof liefen sie dann so schnell wie möglich heim, um noch letzte Schularbeiten zu erledigen und den Ranzen zu packen. Meist nahm der Vater sich direkt am Bahnhof ein Taxi, um noch einige Patienten zu besuchen. Auf einmal war er dann weg. Dadurch war die leere, ungelüftete Wohnung doppelt unheimlich, steril und still. Mutter konnte sie unmöglich allein ausfüllen. Jakob bekam einen Sonntagabendkater und verzog sich bald ins Bett. Im Halbschlaf hörte er noch den Vater von den Krankenbesuchen heimkommen.

Es gab noch andere schlimme Aufbrüche, und immer hingen sie irgendwie mit Mutter zusammen. Als Jakob sieben oder acht Jahre alt war, sollte er eine Zahnregulierung und eine Zahnspange bekommen. Ob das wirklich medizinisch indiziert war, muß man eher bezweifeln, der Zahnarzt war ein Bundesbruder von Vater und wohl in wirtschaftlichen Schwierigkeiten. »Manus manum lavat«, »Manus anum lavat«, wie Vater sich auszudrücken pflegte. Jedenfalls brach Jakob mit der Mutter auf, sie mußten durch die verkehrsreichste Gegend der Stadt zwischen Schweidnitzerstraße und Gartenstraße gehen, am Kaufhaus Wertheim vorbei zum Stadtgraben, wo Kaiser Wilhelm I. gewaltig in Bronze ritt. Gleich daneben das Café Thorwache. Spätestens dort zogen sich Jakobs Eingeweide zusammen, und er mußte dringend aufs Klo. Meistens schaffte er es ja, aber oft ging es auch in die Hose. Die Mutter zerrte ihn dann in das weißgekachelte Klo des Cafés, zog ihm wütend die Hosen runter, schimpfte: »Kannst du dich nicht ein bißchen zusammennehmen!«, drehte den blankpolierten Messinghahn mit dem kalten Wasser auf und wusch seinen blanken Hintern ab. Dann spülte sie seine Hosen aus, murrte dauernd, was sie für eine Last mit ihm habe und warum er sich so kläglich benähme. Er heulte still in sich hinein und konnte nichts sagen. Die Einsamkeit war grenzenlos, und so faßte er sich wieder und ging, obwohl an der Hand der Mutter, ganz mutterseelenallein und tapfer zum Zahnarzt.

Pflanzen

Der Boden war sandig und nicht sehr fruchtbar, nur die Bäume, die ins Grundwasser reichten, gediehen gut, allenfalls noch Himbeer- und Brombeersträucher. Es war mehr eine Gegend für Kiefern und Birken. Dennoch bestand Mutter darauf, daß Rosenbeete und ein paar kleine Gemüsebeete angelegt wurden. Vater war an so etwas überhaupt nicht interessiert. Die Rosen waren kümmerlich genug, auch keine sehr edlen Sorten, immerhin wurden sie ab und zu durchgehackt. Die Gemüsebeete waren ganz und gar Mutters Sache. Das Erdbett vorbereiten, aussäen, das Keimen beobachten, begießen, das waren keine Arbeiten für Vater, das erforderte Geduld und Warten und liebevolles Beobachten und Fingerspitzengefühl. Er fällte lieber Bäume, sägte und hackte das Brennholz, grub Abzugsgräben, wuchtete Felsbrocken. Jakob konnte da nicht mithalten, sein älterer Bruder war Vaters Kumpel, der trug das Beil über der Schulter in der gleichen Pose wie der Vater, ging mit ihm angefaßt und sagte stolz: »Wir sind Männer!« Jakob konnte da nicht mithalten, er wollte es auch gar nicht, er suchte etwas anderes, er wußte noch nicht, was. Jedenfalls wollte er näher bei der Mutter sein. So kam es, daß er Mutters Helfer beim Gemüse- und Blumenpflanzen wurde. Vorsichtig streute er den Kressesamen in die mit einem Stöckchen gezogenen Rillen, füllte sie mit Erde auf und klopfte sie unter Anleitung der Mutter fest. Dann lief er zum Planschbecken, schöpfte mit seiner kleinen Gießkanne Wasser und begoß *seine* Samenkörner. Tatsächlich, nach einer Woche begann die Erdkruste zu brechen, wurde emporgehoben, beiseite geschoben, und grüne Spitzchen kamen heraus, genau in der Zeile, wo er die Körner eingesät hatte. Er fragte sich, wie das zuging. Ein Wunder? Immer wieder mußte er hingehen und nachsehen, wie weit es gewachsen war, kniete dann lange davor, um zu sehen, ob sich die Sprossen von selber bewegten. Und wirklich, sie streckten sich und wackelten dabei ein bißchen (natürlich war es nur der Wind). Einmal, als er da so kniete, kam die Mutter dazu, strich ihm über den Kopf und sagte: »Das hast du gut gemacht, Jackel.« Da *wußte* Jakob, daß die Mutter ihn liebhatte. Und seitdem liebte er das Säen und Pflanzen, die Blumen, die Sträuße, und *er wurde ein sanfter Mann und blieb in den Hütten.*

Dann die Mohrrüben und Radieschen. Zuerst war er ungeduldig und zog sie heraus, wenn sie noch dünne Schwänzchen waren. Aber dadurch lernte er auch, daß die Pflanze in *Stufen* wächst, erst die Keimblätter, die ganz anders aussehen als die späteren richtigen, dann die Wurzeln mit ihrem Zottelgeflecht und erst ganz zum Schluß, geheim und unsichtbar unter der Erde, so daß man nie wissen konnte, wie weit sie war, die rötliche Rübe oder dicke Knolle. Und bald danach wurde sie auch schon holzig und schrundig und madig, so daß er sie nicht mehr essen oder der Mutter schenken konnte. Es war schon aufregend, den richtigen, den entscheidenden Zeitpunkt abzupassen.

In Herbst wurde ein großer Kürbis geschlachtet und zu Kompott verarbeitet. Da brachte er heimlich ein paar Kerne beiseite, versteckte sie bei seinen »Schätzen« im Schrank und pflanzte sie im nächsten Frühjahr in einen Blumentopf. Wirklich kamen nach zwei Wochen richtige Pflanzen heraus, schon mit den haarigen Kürbisblättern. Der ältere Bruder, zwischen Bewunderung und Mißgunst, staunte: »Was machst du 'n schon wieder für 'n Gemurkse!« Als sie dann im Mai nach Obernigk fuhren, setzte Jakob die Pflänzchen unter Mutters Anleitung auf dem Komposthaufen ein, und es entwickelten sich im Laufe des Sommers acht riesige Kürbisse, jeder so groß, daß Jakob ihn beim Abernten nicht tragen konnte. Das war ein wunderbares Gefühl, daß aus fast nichts so viel werden konnte und daß er das bewirkt hatte, ganz still und langsam. Das war besser als Holz hacken. Und daß er damit in die Nähe der Mutter kam, war das Schönste.

Tante Edda berichtete bald in ihren Familienrundbriefen, daß der kleine Jakob zwar schmächtig und schwächlich, aber doch sehr helle sei und den Erstgeborenen wohl bald überrunden würde.

Streicheln und Ersäufen

Das machte ihm angst: Die Erwachsenen redeten so laut und aufgeregt und unverständlich; erst dachte Jakob, sie würden gleich aufeinander losgehen. Er wußte nicht, worum es ging, hörte nur einzelne, feindselig hervorgestoßene Worte:

Reichswehr (das wußte er)

Hindenburg (da stellte er sich irgendeine Burg vor)
Generalstreik (er verstand es als Generals-Streit)
die Roten kommen (er meinte, daß bald Indianer hinter
den Büschen erscheinen würden)
Stahlhelm (warum kann ein Ritterhelm eine Rede hal-
ten?)
Einfach abknallen!
Kolonien zurückgeben!
In 'n Sack stecken und ersäufen, wie Rosa Luxemburg!
Ohne die Juden wär'n wir doch noch in der Steinzeit!
Schlappe Weimarer Demokraten!
Brutale Hitlerschweine!
Acht Millionen Arbeitslose!
Du als Frontkämpfer!
Und der polnische Korridor?!
Das Schlimme dabei war nicht die Unverständlichkeit, son-
dern daß Onkel Wolfgang, Onkel Kurt und Jakobs Vater so
gräßlich laut aufeinander einschrien, daß sie so rot im Gesicht wurden, daß sie ihn und die anderen Kinder nicht
mehr wahrnahmen, daß der Vater seine großen braunen
Augen ganz klein machte. Die Onkel waren am Sonnabend
zu Besuch nach Obernigk gekommen. Mutter saß bleich dazwischen, hilflos brachte sie ab und zu etwas zu trinken
oder zu essen. Sie tat ihm leid, und er sah, daß sie unter den
politisierten, rücksichtslosen Männern litt. Keiner außer
ihm merkte das, und ihr selbst war es vielleicht gar nicht
bewußt. Er suchte ihren Blick, ihr Einverständnis. Zweck-
los. Ihre klaren, blauen Augen blieben ganz wäßrig und leer
und leidend.

Da machte er sich davon, kletterte durch das braun ge-
strichene Holzgeländer seitlich aus der Veranda heraus, ließ
sich ins dichte Gras fallen und atmete den Duft der üppigen
Wiese kurz vor dem Grummet. Ganz still war es auf einmal,
die lauten Männerstimmen hörte er jetzt nicht mehr, ob-

wohl sie nur wenige Meter entfernt weiterdröhnten, jetzt war nur der Geruchssinn eingeschaltet: die scharfkantigen, aber milde duftenden Gräser, der dunkelblau blühende Wiesensalbei, die braun-grünen modrigen Moose dazwischen, in die er seine neugierige Nase hineinsteckte: Da entging ihm nichts, alles musterte er, beroch es, faßte es an, pflückte es ab, zerrieb es zwischen den Fingern, zerkaute es. Da gab es Sachen zu entdecken, die waren wichtiger und viel ruhiger als die der unverständlichen, aufgeregten Erwachsenen. Es wurde ganz still in ihm. Der blühende Wegerich war eine Prinzessin mit einer feinen, weißen Krone; das war ihre Alltagskrone, denn die goldene Krone konnte sie natürlich nicht jeden Tag aufsetzen.

Prinzessin, magst du mich heiraten?

Wirst du oft Zeit für mich haben, oder mußt du immerzu regieren?

Ich bringe dir Walderdbeeren, ich weiß, wo welche wachsen.

Und du streichelst mich.

Streicheln ist das schönste.

Siehst du den Marienkäfer? Ich laß ihn mir über den Arm laufen, das kitzelt so schön, das ist fast so, als wenn Mutter mich streicheln würde.

Ich hab nämlich vor Käfern keine Angst mehr. Ich bin doch schon ganz groß.

Nur vor Ohrenzwickern. Und vor Tausendfüßlern natürlich.

Hast du auch Angst vor Ohrenzwickern, Prinzessin?

Ich bau' für uns eine Ohrenzwickerfalle: Ringsum stellen wir frisch gepflückte runde Veilchenblätter auf, die wie Ohren aussehen. Wenn dann die Ohrenzwicker ankommen, stürzen sie sich auf die falschen Ohren und zwicken sich daran so müde, daß sie vor Erschöpfung wie tot umfallen und keine Lust mehr auf unsere Ohren haben.

Wollen wir das so machen, Prinzessin?
Und du hast keine Angst mehr, denn ich hab' dich ja durch diese List beschützt.
Streichelst du mich dann?
Bitte, bitte!

Jakob hätte so gern eine kleine Katze gestreichelt. Die Katze der Nachbarn hatte Junge, die kamen manchmal durch den Zaun. Wenn er still lag, schlichen sie neugierig näher und ließen sich beinahe anfassen, strichen über seinen Arm hin, so daß er ihren warmen, weichen Bauch fühlen konnte. Aber wenn er sie in die Hand nehmen wollte, sprangen sie davon. Ob er es ungeschickt anstellte? Es sagte ihm ja niemand, wie man mit Katzen umgehen mußte, damit sie zutraulich werden. Er hätte das so gern gewußt und sich in allem nach den Wünschen der Katzen gerichtet. Aber er wußte ja nicht, was die für Wünsche haben. Der Vater sagte, Katzen seien schädlich, weil sie Singvögel fangen und auffressen. Er konnte das nicht glauben, dazu waren sie doch viel zu weich und niedlich.

Am Sonntag morgen stand Jakob früh auf, weil er aufs Klo mußte, da hörte er draußen den Vater rumoren. Der hatte gestern so böse ausgesehen, sicher war das noch nicht zu Ende. Er hatte so eine Ahnung, daß der Vater irgend etwas Schreckliches machen wollte. Jakob war neugierig, auch auf das Schreckliche. Vorsichtig schlich er sich durch die angelehnte Verandatür hinaus. Es war ein kühler Frühsommermorgen, es hatte stark getaut und war noch ein bißchen nebelig, bevor die Sonne die Feuchtigkeit aufzuzehren begann. Er war so leicht, fast gewichtslos, daß man seinen barfüßigen Tritt kaum hören konnte, auch nicht auf dem Kiesweg vor dem Haus. Er hockte sich unter die tiefreichenden Zweige der Blutbuche und war da im tiefen Morgenschatten vollkommen unsichtbar. Der Vater hatte vor die heruntergefallene Klappe eines großen, hölzernen Kastens einen Jutesack gespannt. (Er stellte Katzenfallen auf, das konnte Jakob sich erst später so richtig zusammenreimen, und lockte die Katzen oder Kater mit Baldrianbeuteln hinein.) Jetzt zog der Vater die Klappe hoch, und ein großes, fauchendes, unsichtbares Ungeheuer raste in den Sack. Ein so rotes und aufgedunsenes Gesicht hatte er beim Vater noch nie gesehen. Der keuchte auch ein bißchen, dabei war das doch gar nicht anstrengend, was er tat. Jakob wunderte sich. Dann schnürte Vater mit verzerrtem Gesicht den Sack eng zu und drückte ihn in einen bereitstehenden Wassereimer. Es zappelte, gurgelte und brodelte darin. Vater legte ein Brett auf den Eimer und beschwerte es mit einem Stein. Jakob wurde es kälter in der Morgenfrische, seine Füße im feuchten Gras, sein Gesicht in den nebelnassen Buchenblättern. Allmählich wurde es stiller in dem Eimer. Der Vater sah jetzt wieder so böse aus wie gestern. Aber auch traurig. Jakob hatte Mitleid mit diesem bösen, starken Vater. Er schämte sich dafür, daß der Vater so zornig und rot aussehen mußte. Dann ging Vater ins Haus. Ob er sich jetzt zur Mutter legte? Jakob wagte nicht, sich zu rühren. Die Kälte kroch an ihm hoch. Im Eimer war es jetzt vollkommen still.

Nach schier endlosem Warten kam Vater wieder heraus, holte sich einen Spaten, zog den Sack aus dem Eimer, hob ihn an den beiden Zipfeln und schüttete ein feuchte, graue Masse heraus. Ja, es war eine Katze! Das graue, weiche Streichelfell war ganz verfilzt und naßkalt. Jakob hätte fast aufgeschrien, aber schon mit fünf Jahren hatte er sich fürchterlich gut unter Kontrolle. Als der Vater mit dem Spaten in der einen Hand und mit der an den Hinterpfoten baumelnden ersäuften Katze in der anderen in den hinteren Teil des Gartens verschwunden war, schlich er sich wieder in sein Bett. Dort mußte er so fürchterlich schluchzen, fast schreien, daß die Mutter kam und ihn fragte, ob er schlecht geträumt hätte. Ja, das hätte er, aber er wisse nicht mehr, von was. Warum er so kalt sei, er hätte sich wohl wieder mal nicht ordentlich zugedeckt. Er wünschte sich so, daß sie ihn mit ihrem Körper anwärmte. Aber sie ging gleich wieder. Jakob ist wohl dann noch einmal eingeschlafen. Als am späteren Morgen er und seine Geschwister, wie üblich, zu den Eltern ins Bett krabbelten, hielt er Distanz zum Vater, der jetzt wieder lieb aussah; aber er roch so anders. Jakob konnte aber auch nicht in die Nähe der Mutter gelangen. Trotz der Bettwärme und der Nähe der vielen Körper fühlte er sich sehr allein.

Froschkönig

Im Frühjahr gab es im feuchten Gras – besonders in der Nähe des Planschbeckens – viele Frösche, Jakob ekelte sich nicht vor ihnen, er fand sie sogar sehr lustig und versuchte, sie in seine Spiele einzubeziehen. Er hatte bald heraus, wie man sie vorsichtig fangen und in der Hand halten konnte. Da hatten sie anscheinend keine Angst, denn wenn er die Hand langsam aufmachte, sprangen sie erst gar nicht weg, sondern atmeten mit ihrer zarten weißen Kehle flatternd weiter. Und irgendwann, wenn sie Lust bekamen und er nicht mehr damit rechnete, machten sie einen großen Satz und waren wieder im Gras. Aber dort saßen sie dann ganz ruhig und ohne Angst und sprangen nicht fort. Aus Kiefernrinde hatte er sich Schiffchen geschnitzt, er versuchte immer wieder, den Fröschen zu zeigen, wie lustig es ist, auf diesen Schiffchen zu schwimmen. Aber kaum hatte er sie draufgesetzt, platschten sie schon ins Wasser. Sie wollten einfach nicht mit ihm spielen. Die waren vielleicht noch zu klein. Er versuchte, es der Mutter zu erzählen und sie um Rat zu fragen, aber die saß bleich und ausgekotzt (sie war wieder einmal schwanger) auf der Veranda und sagte nur mürrisch:

»Ach, du immer mit deinen ausgefallenen Sachen! Laß doch die ekligen Frösche sein und spiel was Vernünftiges!« Er wußte nicht, was sie damit meinte, und fragte nicht weiter. Am nächsten Wochenende, es war ein wunderschöner Morgen Anfang Juni, saß auf dem Rand des Planschbeckens ein brauner Frosch, so groß, wie er noch keinen gesehen hatte, größer als seine Hand. Den würde er nicht zu fangen versuchen, der war einfach so zum Anschauen schön. Jakob wußte natürlich sofort, daß es der Froschkönig war, das erkannte er an den braunen Punkten auf seinem Rücken, denn Könige tragen doch Hermelinmäntel mit solchen braunen Spitzen. Als er dann die kleine Krone sah, wunderte er sich überhaupt nicht, denn ihm war ja von vornherein klar, wen er vor sich hatte: »Guten Tag, Froschkönig«, sagte er ganz ruhig. Der Froschkönig öffnete das breite Maul und wollte wohl etwas sagen, aber dann streckte er doch nur seine lange Zunge heraus. Dem Jakob war klar, daß der Frosch etwas von ihm wollte. Er mußte ja auch erlöst werden, denn er war ja ein verhexter König. Aber wie sollte er ihn erlösen? »Froschkönig, ich bin doch nur ein kleiner Junge, der hier spielt. Ich hab' auch keine goldene Kugel verloren. Aber ich hätt' trotzdem gern eine. Die wär' so warm, denn sonst ist alles so kalt. Auch du. Und ich hab' ganz kalte Hände und kalte Füße, weil ich im Wasser gespielt habe. Wer soll uns denn erlösen? Wollen wir zur Mutter gehen? Vielleicht kannst du ja mit uns frühstücken, und die Mutter läßt dich von ihrem Brötchen abbeißen und von ihrem Kaffee trinken. Kaffee krieg' ich ja noch nicht, weil ich noch zu klein bin, und Brötchen schmier' ich mir selber, weil ich ja schon so groß bin. Aber ich tät' eigentlich lieber bei der Mutter abbeißen. Vielleicht läßt sie mich, wenn wir beide zusammen zu ihr kommen. Komm, wir gehen zur Mutter!« Der Froschkönig nickte ganz begeistert, also machten sie sich auf. Mutter hatte gerade auf der sonnendurchfluteten Veranda das Frühstück gedeckt und wartete auf die Familie. Kaffee und aufgebackene Brötchen dufteten, rote Marmelade, weiße Butter und gelber Honig standen da, und Jakob bekam Hunger. Aber er ging trotzdem ganz langsam, damit der Froschkönig auch Schritt halten konnte. Die Verandastufen waren für den nicht leicht zu bewältigen, und er machte mehrere vergebliche Sprünge, bis er die erste Stufe geschafft hatte, und auch dann hing er etwas unglücklich über der Kante. Jakob half nach und schob ihn über die zweite und dritte Stufe. Er hüpfte, plitsch patsch, plitsch patsch, über die Bretterdiele zum Frühstückstisch. Mutter saß apathisch da und begriff erst nicht, als Jakob bescheiden sagte: »Du, Mutter, der Froschkönig ist mein Freund, und er möchte mit dir von deinem Tellerchen essen und aus deiner Tasse trinken.« Erst als Jakob auf den Boden wies, merkte sie, daß er es ernst meinte, schrie auf und schnauzte ihn an: »Nimm sofort das eklige Biest weg, du mit deinen verrückten Ideen kannst einem schon am Morgen den Appetit verderben! Sofort weg damit!«

Jakob trug den Froschkönig vorsichtig zurück ins Gras. Nein, geweint hat er nicht, aber um seine Kehle, seine Schultern und seine Brust schnürte sich etwas zusammen, wie drei eiserne Bänder.

Der Froschkönig kam nie wieder. Ein paar Tage später fand Jakob im Gras an der Stelle, wo er den Frosch wieder ausgesetzt hatte, eine goldene Kugel, so klein wie die kleinste Tonmurmel. Aber sie war sehr schwer. Und sie fühlte sich so wunderbar warm an. Er versteckte sie in einem kleinen Stoffbeutel, den er sich aus Stoffresten zusammenflickte. Noch lange trug er sie bei sich und faßte sie an, wenn er traurig und wenn ihm kalt war. Nie hat er jemanden gefunden, dem er sie hätte zeigen wollen, aber er hat immer darauf gehofft, daß einmal so jemand käme. Später, als er größer wurde, hat er sie verloren.

Bäume

Die *große Pappel*, eine Zitterpappel mit ausladender Krone, die auch bei Windstille raschelte und wisperte, stand hinter der *Laube*, dem mit Dachpappe gedeckten, offenen Holz- und Geräteschuppen; ihr borkig-rissiger Stamm war über einen halben Meter dick und hatte in etwa drei Metern Höhe einen fast waagerecht abgehenden, starken Seitenast. In diese Gabelung hatte der Vater ein *Baumnest* gebaut, eine kleine Bretterplattform mit einem Geländer aus runden Ästen. Zu erreichen war das Baumnest nur über das Dach der Laube. Ab Dachhöhe hatte der Vater einige Holme in den Stamm der Pappel genagelt, so daß man mühelos in das Nest gelangte. Für die kleineren Geschwister war der erste Teil des Aufstiegs, bis aufs Dach zu kommen, das Schwierigere. Jakob konnte leicht an dem offenen Lattengitter der Seitenwand emporsteigen und sich über den Dachrand stemmen, aber die Kleineren brauchten entweder Hilfe oder eine kurze Leiter, die man auf das Dach ziehen oder von ihm herunterlassen konnte. Auf diese Weise stellte sich eine Hierarchie ein: Die drei Älteren konnten die *Kleinen* aussperren oder gnädig zulassen. Bei den eigenen Geschwistern war das nie ein Problem, die wurden mit hochgeschleppt, durften dann im Nest hocken und wurden von Blätter-»Tellern« und »Löffeln« aus Ahornsamen mit »Grießbrei« gefüttert, und dazu gab es »Wein« aus Eichelnäpfchen. Zur Burg wurde das Baumnest erst, wenn alle Vettern und Basen, die Tauentziensträßler, die Buschener, die Geißlers, die Heidelberger, die Schneidemühler zu Besuch kamen; sie durften nicht hinauf. Meistens wurde das Baumnest mit frischen Pappelzweigen getarnt, so daß nicht zu erkennen war, ob jemand darin saß. Jakob stieg manchmal ganz allein hinauf und blieb oft stundenlang oben. Dann überkam ihn eine tiefe, schöne, unbenennbare Traurigkeit.

Nicht weit davon waren die drei *Klobirken*, so genannt, weil gleich daneben das Klohäusel stand. Das waren keine besonders bemerkenswerten Bäume, und Birken gab es in dieser sandigen Gegend eigentlich recht viele, doch übten diese eine magische Anziehungskraft aus. War es die weiße, papierne Borke, die Jakob so gern abzog, sich um den Finger wickelte, ableckte? Waren es die tief herabhängenden Birkengerten, die zärtlich durchs Gesicht streiften? Oder war es die Zahl drei? Die Birken bildeten ein gleichseitiges Dreieck, und der Platz in der Mitte war ein guter Lagerplatz, auch wegen des weichen, trockenen Grases, das dort wuchs. Wenn sie Indianer spielten, war dort der Beratungsplatz, wo auch die Friedenspfeife geraucht und das Kriegsbeil begraben wurden. Sicherlich war es kein Zufall, daß Jahre später die Mutter vor der Flucht ihren Schmuck genau in der Mitte dieses Dreiecks vergrub. Aber das gehört nicht mehr zu Jakobs Geschichte.

Von den Birken auf das Haus zu stand eine *Edelkastanie*, ein für das ostdeutsche Klima nicht sehr geeigneter Baum, der deshalb nur schwer vorankam; in kalten Wintern froren ihm die äußeren Zweige ab. Dementsprechend war er etwas verkrüppelt und zurückgeblieben, was wiederum den Vorteil hatte, daß er ein hervorragender Kletterbaum war. In manchen Jahren setzte er auch tatsächlich stachelige Früchte an, sehr kleine und verschrumpelte Eßkastanien, die im Herbst feierlich geröstet und ehrfürchtig verzehrt wurden. Da der Baum am Weg vom Haus zum Klohäusel stand, diente er dem männlichen Teil der Familie auch als Pinkelbaum. Ob das für die Düngung nützlich war, wie der Vater immer entschuldigend behauptete, oder ob es eher zu Versalzung und Verkümmerung des Baumes beitrug, ist jetzt nicht mehr zu entscheiden.

Vor der Veranda des Hauses stand die prächtige *Blutbuche* mit breit ausladenden, bis zur Erde reichenden Ästen, unter denen man sich gut verstecken konnte. Auch die Blutbuche war ein geeigneter Kletterbaum und dabei so dicht, daß man zwischen den Zweigen völlig verborgen war. Wenn Jakob und sein jüngerer Bruder die Erwachsenen auf der Veranda *belauschen* wollten, kletterten sie da hinauf, waren nur wenige Meter von den Redenden entfernt, konnten jedes Wort hören (wenn auch nicht verstehen) und blieben trotzdem unbemerkt, so meinten sie jedenfalls.

Am oberen Gartentor standen interessante Bäume. Da war zunächst die *Torlinde*. Die war entschieden der beste Kletterbaum für alle Alters- und Geschicklichkeitsklassen. Da die Zweige ganz unten ansetzten und eng standen, konnten auch die Kleinen bis etwa zwei Meter hinaufsteigen. Dann kam eine kritische Stelle, die man nur mit etwas längeren Armen überwinden konnte, und von da an ging es leicht noch sechs Meter in den luftigen Wipfel. Der war so leicht, daß man mit dem Winde schaukelte, was bei Jakob ein schaurig-schönes Kribbeln im Rücken und in den Oberschenkeln hervorrief. Auf der anderen Seite der Einfahrt an einem Abhang stand ein *Fichtenwäldchen* mit etwa zehn Fichtenstangen, die eher kümmerlich waren, weil sie viel zu dicht standen und sich gegenseitig das Licht wegnahmen. An denen konnte man natürlich nicht hochklettern, die waren viel zu piekig und harzig, aber die weiche, braune Fichtenstreu darunter war ein gutes Lager. Jakob *blieb da allein zurück*, verkroch sich dahin und geriet in eine ähnliche Stimmung wie auf dem Baumnest. Nein, doch anders, erdhafter. Er steckte seine Nase in das weiche, modrige Nadelbett, schnupperte, ließ die großen schwarzen Ameisen über sich krabbeln, von denen er wußte, daß sie, im Gegensatz zu den kleinen gelben, nicht beißen. Am Rande dieser ausgewachsenen Schonung, zum Zaun hin, stand ein kleiner, fast erdrückter wilder Pflaumenbaum, der im Spätsommer kleine dunkelblaue Früchte, die *Kriecheln*, trug, nicht grö-

ßer als Kirschen, aber von einer Süße und einem Wohlge-
schmack, als hätte sich der ganze Zucker und alles Aroma
einer Riesenpflaume auf diese winzige Frucht konzentriert.
In manchen Jahren trug er so reichlich, daß Jakob nach einem schwachen Tritt gegen den Stamm von einem süßen
Platzregen überschüttet wurde. Dann sammelte er die Kriecheln auf und trug sie zur Mutter. Dafür bekam er ein Lob,
ein etwas zurückhaltendes allerdings, denn es machte auch
wieder Arbeit, die Früchte auszulesen, zu waschen und in
eine Obstschale zu legen.

Weiter unten stand die prächtige *Steineiche am runden
Tisch*, ein weit ausladender Baum mit glattem, astlosem
Stamm, bis in vier Meter Höhe, an dem man unmöglich
hochklettern konnte. Die Steineiche lieferte wichtiges Spiel-
material: die runden Eicheln, aus denen man mit Stöckchen verschiedene Männchen und Tiere zusammenbauen
konnte. Jakob saß mit seinen Brüdern am roh gezimmerten
runden Gartentisch und bohrte und schnitzte mit seinem
Taschenmesser an den Eicheln, Stöckchen oder Rinden-
stückchen herum, bis sie eine ganze Familie von Eichelmänn-
chen oder einen Zoo von Eicheltieren beisammenhatten.

Noch weiter bergab stand mit tief herabhängenden Zweigen die *Schützengrabenweide*. Dort unten war der Boden
lehmig und feucht, so daß die Trauerweide einen guten
Standort hatte; im übrigen Grundstück herrschte leichter
Sandboden vor. Der Vater hatte, wohl als Erinnerung an
seine Erlebnisse im Ersten Weltkrieg, einen kompletten
Schützengraben mit gedecktem Unterstand und Schieß-
scharten ausgeschachtet. Obwohl er von Fronterlebnissen
nie im einzelnen berichtete, spielte er mit seinen kleinen Jungen Angriff und Verteidigung, Verwundung und Rettung,
Pardon und Friedensschluß. Lehmklumpen stellten Handgranaten dar, geworfene Kiefernzapfen waren Kanonenku-
geln, Bonbons eiserne Rationen. Bei gutem Wetter war der

41

Unterstand recht gemütlich und auch Ort vieler anderer, nichtkriegerischer Spiele, bei Regenwetter stand bald knöcheltief Wasser oder Lehmschlamm darin. Deshalb fingen die Deckenbalken an zu modern, und in einem Winter stürzte er zusammen. Er wurde nicht wieder aufgebaut, denn dann begann bald der neue Krieg, und aus solchen Spielzeugen wurde Ernst.

Vielleicht der schönste der Bäume war eine völlig frei stehende, weit ausladende, etwa acht Meter hohe *Blautanne*, die in der Mitte der unteren Wiese stand. Die Nadeln waren nicht so stachlig wie bei den Fichten, und Jakob und die Brüder konnten von Astquirl zu Astquirl hoch hinaufsteigen. Jakob liebte diesen Baum; in seiner riesigen Unerschütterlichkeit und pyramidalen Symmetrie war er ihm eine Herausforderung, eine stille Aufforderung zu ungleichem Zweikampf, den er natürlich niemals gewinnen konnte, auch wenn er wie wild im obersten Wipfel hin- und herschaukelte.

Einmal ließ er sich, als ob er einem Drang zum Fliegen nachgeben müßte, ohne die Folgen abschätzen zu können, von oben an der Außenseite des breiten Baumkegels hinabgleiten, ließ einfach los, rutschte nach außen, fiel auf den nächsten, weiter ausladenden Ast, rutschte, fiel, wurde abgebremst, rutschte wieder, fiel, fing sich, rutschte und kam schließlich einigermaßen sanft auf dem Grasboden an der breiten Peripherie der Tanne zur Erde. Ein neues Spiel war erfunden, nein, es war mehr als ein Spiel, es war ein Ritual, das auch nicht beliebig oft wiederholt werden durfte und in das Fremde nicht eingeweiht wurden, es war ein ritualisierter *Ringkampf* mit dem *Baumriesen*, der mit einer Art *Segnung* einherging. Deshalb rutschten sie auch vor der Abreise oft schnell noch einmal da hinunter.

Die Bäume waren aber auch Heizmaterial. Der kleine Kachelofen im Haus wurde ausschließlich mit selbstgefälltem

Holz aus dem eigenen Gelände eingeheizt. Schon die vier-
jährigen Kinder hatten jedes ihr eigenes Beil in abgestufter
Größe zum Holzhacken, und nie verletzte sich eines.

Gemüseladen

Ein Gemüseladen, eng, dunkel, muffig, schlauchartig, kein
Schaufenster, nur das Licht, das zur offenen Tür hereinfällt.
Friedrichstraße, nicht gerade die beste Gegend. Fast in jedem der fünfstöckigen, etwas verkommenen Häuser, oft
mit zwei düsteren Hinterhöfen, wohnten Vaters oder Großvaters Patienten. Dunkle Durchfahrten, hinten rostige
Klempner- oder lichtlose Tischlerwerkstätten. Tischlermei-
ster *Mommert* war ein schlichter Handwerksmeister und
doch ein Künstler; er ging an Sonntagen ins Kunstgewerbe-
museum und baute die Empire- oder Biedermeiermöbel
nach. Der Vater hatte bei ihm eine Vitrine bestellt, die Tür
war so sauber gearbeitet, daß beim Schließen die Luft mit
einem schmatzenden Geräusch entwich. Jakob fand diesen
satten Ton so aufregend, daß er die Tür manchmal heimlich
öffnete und schloß, denn eigentlich durfte er nicht an diesen
Schrank mit den wertvollen Meißner-Porzellan-Schaustük-
ken gehen.

Im Laden. Hoch aufgeschichtet Kartoffeln mit erdig-
staubigem Geruch, Porreebündel mit weißen Wurzelquasten am unteren Ende, Salatberge hoch über den Köpfen.
Der stechende Geruch der Mohrrübenbündel, der besonders intensiv wurde, wenn die Gemüsefrau zum Verkauf
oben das Kraut abdrehte. Der schmale, blasse, vierjährige
Jakob – *spillerig* nannten sie ihn oft, und das ärgerte ihn
maßlos – hing an der Hand seiner Mutter und war doch
vollkommen schutzlos diesen ganzen Gerüchen und Formen ausgeliefert. Aufmerksam hörte er dem Einkaufsge-

spräch zu. »Die Mohrieben sein heute ziemlich teua, Frau
Dokta. Aber ich hab Ihnen scheen billigen Salat. Nu, die
Bohnen sein ja och nich die billigsten. Aber die sind ihr Geld
wert, die sein ganz frisch und zart . . .« So lief das Gespräch
gemütlich und ohne Hast. Die ›Gemüsemuttel‹ erklärte der
›Frau Doktor‹ die Vorzüge und die Preiswürdigkeit ihrer
Waren. Der kleine Junge, der noch keinen Begriff von Geld
oder von Preisen hatte, verstand nicht, nahm nur die inten-
siven Gerüche des Gemüseladens wahr, jetzt den stechend-
animalischen Fleischgeruch der Sellerieknolle vor seiner
Nase. Als die Mutter schließlich sagte: ». . . ich nehme doch
die billigeren Tomaten«, ging es wie ein Erkenntnisblitz
durch seinen Kopf, eine wirkliche Erleuchtung, der dunkle
Gemüseladen wurde auf einmal strahlend hell: In diesem
Moment hatte er die Bedeutung von *billig* und *teuer* erkannt. Die Welt zwischen den alraunenhaften Knollen, den
plumpen Gurken, den gehässig-roten Tomaten, den massig-
grinsenden Kohlköpfen war durch diese *Erkenntnis* etwas
weniger bedrohlich geworden. Er fühlte eine schwache
Wärme in Mutters sonst meist kalter Hand. Aber er wußte
jetzt, schon mit vier Jahren, daß er sich seine Welt selbst
machen mußte, daß *er* billig und teuer festsetzen mußte. Er
wußte, was Einsamkeit ist, der kleine, spillerige Jakob.

Die Haut der Erde

Jakob wurde unwiderstehlich angezogen vom Geruch und
Geschmack von Erde. Das erste Mal nahm er ihn wahr nach
einem kurzen Gewitterregen im Spätsommer. Der Boden
war nur oberflächlich benetzt, darunter war das lockere,
sandige Erdreich staubtrocken geblieben. Er konnte die
feuchte, zusammengeklebte *Haut der Erde* richtig abheben,
abziehen und ein Stück davon auf die Hand legen. Er

schnupperte: Diese feuchte Haut war es, die so wundervoll roch, frisch und satt zugleich. Er mußte einfach davon kosten, fuhr mit der Zunge über die Handfläche, schmeckte, schluckte und leckte schließlich die ganze Handfläche aus. Wie wohl das tat, ihm wurde richtig warm und locker im Bauch. Zum Vergleich kostete er auch noch von dem Trokkenen darunter, doch das schmeckte weniger gut. Er hatte herausbekommen, daß die Erde eine Haut hatte, deren Berührung guttat: *Die Erde war gut.* Instinktiv wußte er, daß er etwas getan hatte, was nicht in die Erwachsenenwelt paßte, vielleicht sogar verboten war. Deshalb teilte er diese Erfahrung weder den Brüdern noch gar der Mutter mit.

Bald wurde auch ein Sandkasten für die Kinder eingerichtet, Jakob konnte stundenlang mit seiner kleinen Schaufel darin buddeln. Was er da alles entdeckte! Daß trockener Sand wunderbar glatte Kegel bildet, wenn man ihn aus der Hand rinnen läßt. Daß Sandlawinen (das Wort Lawine kannte er natürlich noch nicht) abrutschten, wenn er die Hänge zu steil machte. Daß trockener Sand aus dem Eimer fließen kann, als wäre es Wasser. Daß eine Ameise an dem Sandkegel nicht hochkrabbeln konnte, sondern hilflos zurückrutschte. Daß man in feuchtem Sand Gänge und Höhlen bauen konnte. Daß feuchter und trockener Sand sich nicht mischten, so, als wären sie völlig verschiedene Dinge, so daß er trockenen Sand in einer Rutschbahn aus feuchtem Sand zu Tal fließen lassen konnte. Oft konnte er sich so versenken, daß er nicht hörte, wenn nach ihm gerufen wurde. Das brachte ihm manchen Ärger ein. Einmal stand die Mutter plötzlich wütend vor ihm: Warum er sich versteckt habe, sie hätten doch gerufen und nach ihm gesucht, das Essen sei schon wieder ganz kalt! Sie packte ihn am Arm und zerrte ihn aus der Kiste, wobei die schöne Brücke, die er gebaut hatte, zerstört wurde.

Der Sand des Sandkastens hatte einen eigentümlich strengen Geschmack. Und er schmeckte morgens und nachmittags ganz verschieden. Das waren seine Entdeckungen. Die Freude darüber wurde ein wenig getrübt dadurch, daß er beim »Sandfressen« erwischt wurde. Der ältere Bruder sah es zufällig und posaunte heraus: »Der Jakob hat Sand gefressen, der Jakob hat Sand gefressen! Du kriegst Läuse im Bauch, du kriegst Läuse im Bauch!« Doch *er* wußte, daß Erde etwas Gutes war, *er* wußte, das die Erde gut war. Zum ersten Mal wehrte er sich, versuchte seinen Bruder umzustoßen, natürlich vergeblich. Aber es war immerhin ein Anfang der körperlichen und geistigen Selbstbehauptung.

Mit der Erde, der Erdkruste, der *Haut der Erde* blieb er sein ganzes Leben lang in einer fast zärtlichen Verbindung. Schlamm fand er niemals eklig, er wühlte gern in moorigen Waldtümpeln und entdeckte darin die Kaulquappen und kleinen Frösche. Er hob Steine auf und sah darunter die platten Asseln eilig davonhasten, diese merkwürdig flachen Tiere, die er jetzt ihres Schutzes beraubt hatte. Er grub mit den Fingern unterm Gras und betrachtete die Wurzelquasten. Er sah, daß dort die Regenwürmer wohnten und die kleinen gelben Ameisen ihre Häuser hatten. Mit der Zeit lernte er, Uferböschungen, Wegränder, Gräben oder Geröllhalden zu verstehen, wußte, wie steil sie sein konnten, ob er daran abrutschen würde, was für ein Leben darin war. Alle Stellen, an denen die Erde offen lag, zogen ihn an. Sein liebster Aufenthalt war später eine verlassene Sandgrube mitten im Wald. Da ging er hin, wenn er große Freude oder großen Kummer hatte, auch später noch, in der Pubertät, wenn er unglücklich verliebt war. Im Sommer legte er sich in den heißen, trockenen Sand, wühlte sich fast hinein in *seine Erde*. Einmal zog er sich auch ganz aus und legte sich bäuchlings in die *Mutter Erde*, die seinen Bauch und seine Schenkel warm empfing.

Als er schließlich in den Stunden vor seiner Zerfetzung in

seinem Erdloch am Rande des russischen Friedhofs lag, fühlte er sich fast bis zuletzt sicher und aufgehoben; das Erdloch war ihm ein Stück Heimat. Erst als er aus dem Loch hinaussprang, gab er die schützende Verbindung zur Erde preis und mußte allein um sein Leben ringen.

Wagenspiel

Die Regeln standen am Anfang noch nicht fest. Zuerst war es einfach ein *Fangspiel* mit *Erlösen*. Gefangen wurde mit dem Ball; wer getroffen wurde, war ›aus‹ und mußte in den *Kasten*. So ungefähr spielen das alle Kinder überall auf der Welt. Am Anfang war der Kasten in der alten Holzlaube, wo das Brennholz gestapelt war, wo der Sägebock und der Hackklotz standen, wo der hölzerne Leiterwagen aufbewahrt wurde, der *Kullerwagen*. Wer von den Geschwistern die Idee hatte, den Kullerwagen zum Kasten zu erklären, läßt sich kaum sagen, ihre Spielideen waren meistens kollektive Erfindungen. Aber das war das Entscheidende: ein nicht ortsfester Kasten. Zu Beginn des Spiels stand der Kullerwagen oben an der Toreinfahrt. Wer abgeschossen wurde, mußte hinein. Diejenigen, die noch *frei* waren, versuchten, den Handwagen zum Ziel, das heißt zur Laube, zu ziehen, unter der Gefahr, selber abgeschossen zu werden. Wenn es tatsächlich gelang, den Wagen bis zur Laube zu bringen, waren alle Insassen wieder frei. Die Gefangenen durften nicht in die Speichen greifen oder an den eisenbeschlagenen Rädern drehen, sie durften nicht einmal vorwärts ruckeln. Es war ganz selbstverständlich, daß diese Regeln eingehalten wurden, da bedurfte es keiner Überwachung, und es gab nie Streit darüber. Je voller der Wagen wurde – und oft spielten ein Dutzend Kinder mit –, um so schwieriger wurde es, ihn fortzubewegen, zumal er sich in die weichen Kieswege eindrückte. Andererseits ging es auf den etwa 200 Metern von der Toreinfahrt bis zur Laube ein paar Meter bergab. Eine der taktischen Entscheidungen war es, ob *obenherum* oder *untenherum* gefahren werden sollte: Oben war es zuerst eben und dann leicht abschüssig, unten hatte man den leichteren Teil zuerst und dann den mühsameren. Wenn Jakob im entscheidenden Moment ans Ziehen kam, wählte er immer den Weg obenherum. *Erst das Schwierige, danach das Leichte.* So machte er es auch beim Vokabelpauken und bei den Mathematikaufgaben. Wo hatte er das gelernt? Sicher nicht von den Eltern. *Er wollte es einfach hinter sich haben*, wollte die Angst loswerden, und auf diese Weise ging das am schnellsten.

Es gab viele Taktiken und Tricks. Eine Taktik für den Fänger war, möglichst rasch *die Kleinen abzuknallen*, damit der Kullerwagen voll, schwer und schwierig fortzubewegen war. Oft saßen fünf Drei- bis Sechsjährige drin, dann war kaum mehr etwas zu bewegen. Wenn Jakob bei den Gejagten war, versuchte er, den Fänger durch geschicktes Hin- und Hertänzeln vor dichtem Gebüsch zu unüberlegten Schlüssen zu verleiten – so wie der Torero den Stier zu sinnlos-rabiaten Attacken verführt, um sich dann listig rasch zu ducken –, so daß der Ball im dichten Gestrüpp lange gesucht werden mußte. So konnte er in der Zwischenzeit den Wagen ein Stück weiterziehen. Ein wichtiger Aspekt war auch, den Cousinen die sicheren Verstecke zu zeigen und sich mit ihnen dorthin zu hocken. Man flüsterte und faßte sich an und zog sich ins Gebüsch hinein, weil man ja der Bärbel, der Jutta, der Christine oder der Renate erklären mußte, wie man sich hinter einen Baumstumpf zu ducken hatte, wie man sich eng aneinandergeschmiegt hinter einem Baumstamm verbarg, wie man sich in eine Erdkuhle pressen mußte, wobei Jakob den kleinen Po der Cousine ganz zart und vorsichtig hinunterdrückte.

Auch im Wagen war es lustig. Man saß dicht zusammengedrängt, man war wie in einer abgeschotteten kleinen Familie, neckte und schubste sich, und manchmal konnte man vergessen, daß draußen das Spiel mit Fangen und Werfen und Abknallen weiterging. Wie in einer Familie konnte man sich die Mitgefangenen nicht aussuchen. Renate lachte immerzu und versuchte, Zeichen zu geben, wo der Fänger gerade lauerte (rufen durfte man nicht). Sie hatte keine Hose unter dem Kleidchen. Es roch unheimlich aufregend. Detlev zwickte die Mitgefangenen hinterlistig rasch von rückwärts, besonders die kleineren, so daß sie heulten, und blickte dabei unschuldig in die andere Richtung. Detmar war der einzige, der ungeniert furzte. Erwin nahm die Kleinen auf den Schoß und tröstete sie, wenn sie zu nörgeln anfingen, weil die Gefangenschaft zu lange dauerte.

Einmal lagen Jakob und Wieland nebeneinander im Gebüsch im Halbschatten. Die Sonne schien fleckig durch die Sträucher. Da stieß Wieland den Jakob leise an und wies mit seinen großen braunen Augen schräg nach oben. Zuerst sah Jakob nichts, weil der Himmel so blendete. Dann sprang plötzlich, wie aus einem Vexierbild, das Netz einer Kreuzspinne in sein Auge, seitlich von der Sonne beschienen, glänzend. An gewölbeartigen Haltefäden war es zwischen die Äste gespannt, ein großes, vielfaches Rad mit engen, konzentrischen Ringen und radialen Speichen. War es symmetrisch? Nein, nur fast. Die leichten Abweichungen von der Regelmäßigkeit faszinierten Jakob, das Fangnetz war schön. Im Mittelpunkt saß die Spinne, im Nabel ihrer Welt. Die beiden Jungen waren in ihre Betrachtungen versunken, versuchten diesen Formenkatalog zu entziffern. Diese feine Erfindung, diese vollkommene Schönheit war zum *Fangen* bestimmt! Draußen tobte das Spiel vorbei, der Wagen war jetzt unmittelbar vor ihrem Versteck angelangt. Plötzlich verfing sich eine Fliege im Spinnennetz. Erst sah es so aus, als flöge sie einfach durch die dünnen Fäden hindurch, aber dann wurde sie federnd abgebremst, verhedderte sich, brummte einmal kurz, und schon hatte die Spinne sie in ihren Fängen. Die drehte ihre Beute mit ihren Beinen wie ein Wollknäuel, das man spielerisch aufwickelt. Ein-, zweimal brummte die Fliege noch, dann war es still. Jakob und Wieland schauten sich an, ganz erstaunt blickten sie sich in die Augen, so als hätten sie sich vorher nie gekannt und erst jetzt entdeckt, daß sie Brüder *und* Freunde waren. Ohne ein Wort, gleichzeitig, sprangen sie auf, stürzten zum Wagen und brachten ihn, Jakob an der Deichsel, Wieland hinten schiebend, unter dem Jubel der Gefangenen ins Ziel, bevor der Fänger sie erreichen konnte.

Einen *Anfang* und ein *Ziel* hatte das Wagenspiel, und es bewegte sich *irreversibel*, unwiederholbar in *eine* Richtung, es war *lebendig*.

Vaters Unruhe

Nachts hatte wieder einmal das Telefon geklingelt, und der Vater war mit den schweren Entbindungskoffern davongegangen. Jakob hörte das alles nur im Halbschlaf, aber beim Zuschlagen der schweren Korridortür schreckte er auf; Vater zog sie, wegen der beiden schweren Koffer in den Händen, mit dem Fuß zu. Irgendwann war er dann zurückgekommen, war nicht mehr ins Bett gegangen, und Jakob hörte ihn jetzt hinten in der Werkstatt rumoren. Ab und zu surrte die Bohrmaschine, oder ein leichter Hammerschlag fiel. Es war noch dunkel draußen, wohl so zwischen fünf und sechs Uhr. Der Vater brauchte wenig Schlaf, jedenfalls blieb er öfter nach Nachtbesuchen auf und reagierte seine Unruhe mit Basteleien, mit Schreiben, mit aller möglichen Gedankenakrobatik ab. Gegen halb sieben stand Jakob auf, neugierig ging er im Schlafanzug in den hinteren Teil der langgestreckten Wohnung. Außer dem Vater war noch alles ruhig, auch Emmi war noch nicht in der Küche, die würde so gegen sieben mit den frischen Semmeln kommen, um das Frühstück vorzubereiten. Der Küchengang war ziemlich vollgestellt, rechts stand ein altertümlicher Eisschrank, der zweimal in der Woche mit Stangeneis beliefert wurde und schrecklich muffig roch. Links hinter der Küchentür gab es einen gußeisernen Ausguß mit einem einfachen Messinghahn und einem dicken, bleiernen Abflußrohr, das fast immer verstopft war. Dann wurde der Klempner Janke gerufen, der mit seiner fauchenden Lötlampe zunächst einmal alles schlimmer machte, ja sogar das Rohr ganz abschmolz, bis dann am Abend, nach viel Palaver, doch ein neues Knie eingesetzt wurde. Jakob fand es aufregend, wenn das graue Blei in der Hitze der Lötlampe so silberweiß heruntertropfte. Weiter links waren dann die beiden Klos, das große und das kleine, mit ihren Hierarchien und spezifischen Gerüchen. Das kleine war eigentlich fürs Personal und die Patienten: Es war viel interessanter. Da standen Besen, Leitern, Eimer mit Schmierseife, Dosen mit Schuhwichse, Bohnerwachs, an dem Jakob so gern schnüffelte. Da saß er auch verzweifelt, oft stundenlang, wenn sie ihm ein Knoblauchklistier wegen der unerträglich juckenden Würmer verpaßt hatten. Bis das endlich alles raus war. Aber das Interessanteste auf dem Weg nach hinten waren die acht Treppenstufen hinauf zu den Hinterzimmern. Der hintere Teil des Hauses hatte versetzte Stockwerke, weil für die Dienstboten und Hauswerkstätten eine niedrigere Geschoßhöhe genügte (in den vorderen Zimmern betrug sie 4,40 Meter). Vater hatte auf den Treppenstufen seine *Waffen* aufgestellt. Da standen tatsächlich funktionsfähige Gewehre hinter den Treppengeländern, mehrfach der berühmte Karabiner 98, aber auch französische und englische Beutewaffen mit eigentümlich altmodischen Magazinen. Patronen gab es in großen Mengen in verschiedenen Regalen gleich daneben. Wer sich mit diesen Waffen auskannte, hätte sie ohne weiteres durchladen und losballern können. Jakob und seine Geschwister benutzten sie nur so zum Spielen, Räuber und Gendarm, Indianer und Trapper oder so. Einmal hatte der zehnjährige Jakob versucht, einen Rahmen mit fünf scharfen Patronen, Kaliber 7,65 mm, in das Magazin des Karabiners einzuschieben, aber dann klemmte irgend etwas, so gab er es wieder auf und legte die Patronen zurück.

Woher der Vater dieses arglos-gefährliche Waffenarsenal hatte? Aus Restbeständen des deutschen Heeres nach der Niederlage von 1918? Aus seiner Freikorpszeit? Jedenfalls war der Munitionsvorrat reichlich. Manchmal schraubte der Vater einen Satz Patronen in den Schraubstock ein, entfernte mit der Rohrzange vorsichtig das kupferne Geschoß, sammelte das Schießpulver in einer Büchse und schlug mit einem spitzen Hammer auf den Zünder der leeren Patrone, der mit lautem Knall zerplatzte. Das Schießpulver wurde am nächsten Wochenende in Obernigk im Sandkasten für »Vulkane« und künstliche Sprengungen verwendet. Das Pulver wurde in einer trockenen Kammer vergraben, viel Sand darüber gehäuft, eine Zündschnur gelegt und aus sicherem Abstand gezündet. Alle Kinder mußten sich auf die Erde pressen, und man hörte die Zündschnur zuerst sprühen und knistern, bis das wandernde Feuer ins Unterirdische verschwand und nach schier endlosem Warten sich plötzlich der *Vulkan* mit einem dumpfen Puff in die Luft hob.

Jakob war jetzt oben auf der Treppe an der Tür des Bastelzimmers angelangt. Da er wußte, daß Vater oft Geburtstags- oder Weihnachtsgeschenke herstellte, vergewisserte er sich erst, ob er hineindürfe. »Ja, komm nur. Ich bin noch an der Arche Noah. Verrätst ja nichts.« Die Arche Noah sollte ein Weihnachtsgeschenk für den jüngeren Bruder werden, das schon im Spätsommer begonnen worden und jetzt zur Hälfte fertig war. Vater war viel zu begeistert von seiner Arbeit, als daß er seine Entwürfe und Ausarbeitungen hätte für sich behalten können. Deshalb zeigte er sie Jakob mit heller Begeisterung. Keine Spur einer durchwachten, arbeitsreichen Nacht: »Sieh mal hier, die drei Söhne Noahs, Sem, Ham und Japhet, mit ihren Frauen hab' ich grade fertig, auch schon angemalt.« Die Figuren der paarigen Tiere, der Menschen, der Schlangen, Hunde, Kamele, insgesamt 50 bis 60 (aber es wurden immer mehr, Vater konnte sich nicht bremsen, in nichts), waren aus Sperrholz ausgesägt, standen auf Brettchen, in die sie eingelassen waren, und hatten eine Höhe von etwa zehn Zentimetern. Die Konturen zeichnete er mit Bleistift ohne Vorlage direkt aufs Holz. Diejenigen, die ihn selbst am meisten interessierten, machte er als erste fertig. Sem, der Stammvater der Semiten, war eine ironische Übertreibung der Figuren aus Julius Streichers antisemitischem Hetzblatt mit seiner großen, krummen Nase und seinen mauschelnden Wurstfingern; und an der Darstellung seines üppig-interessanten Weibes, ihres hervorquellenden Busens, ihres fetten Hinterteils, hatte der Vater offensichtlich seine sexuellen Phantasien ausgelassen. Das Gegenstück dazu war Japhet, der Stammvater der Nordeuropäer: ein blondgelockter, tumber deutscher Jüngling mit einer gänzlich unattraktiven, flachbusigen, blondgescheitelten deutschen Idealfrau mit Knoten, die in Tracht und Haltung der NS-Frauenschaft mitmarschierte. Allein in diese beiden Paare hatte der Vater seine ganze Kritik und seinen Witz hineingelegt und damit das Wesen des rassistischen Unsinns besser gegeißelt, als das mit Worten möglich war – politische *Gespräche* interessierten ihn eigentlich nicht.

Während er an den Figuren weiterwerkelte und pinselte,

erzählte er Jakob die Teile der Sintflutgeschichte, die im Schulunterricht normalerweise nicht drankommen, etwa von Noahs Trunkenheit, wie er im Suff dagelegen hatte, nackt, mit entblößtem Geschlechtsteil, und einer seiner Söhne den Alten so entdeckt hatte. Allein deswegen wurde er von seinem Vater verstoßen und verflucht! Komisch, was die damals für Ansichten hatten. Vater lief oft nackt durchs Schlafzimmer. Die beiden anderen Söhne Noahs waren da schlauer, sie gingen rückwärts in seine Hütte, hielten ein Tuch zwischen sich und warfen es von rückwärts über den besoffenen, vollgekotzten und vollgeschissenen Alten – so drückte sich der Vater lachend aus. Auf jeden Fall wurden sie die Alleinerben! Ha, ha.

Inzwischen war Frühstückszeit. Jakob zog sich schnell an und eilte zu den frischen Semmeln und dem duftenden Kakao. Tante Irmi, die jüngere Schwester der Mutter, war über Nacht zu Besuch und saß, als Gutsfrau vom Lande an frühes Aufstehen gewöhnt, schon mit Vater am Frühstückstisch. Jakob mochte die Tante, sie war wohl eine Schönheit und vor Jahren von Vaters Freunden umschwärmt, bis schließlich ein langweiliger Landjunker sie auf sein Gut heimführte. Ab und zu mußte sie sich in der Stadt vom Landleben erholen. Sie war eine schönere und wärmere Auflage der Mutter, lebendig und lustig. Ihr gab er gern einen Kuß, sie duftete so ... er wußte nicht, wie. Vater setzte sich mit Wonne vor ihr in Szene, und sie ließ sich von den Erlebnissen des Nachtbesuches erzählen, zumal Mutter noch nicht aufgestanden war, die den Vater bestimmt in die Seite geknufft und zu gemäßigterer Gangart angehalten hätte. »Nein, es war keine besonders schwierige Entbindung, aber das Mädel hat sich ziemlich wehleidig angestellt. Na ja, ist ja auch verständlich. Vater unbekannt. Zwischen den Wehen hat sie immer wieder gejammert, daß sie nie etwas mit einem Manne gehabt hätte, sie wisse gar nicht, wie sie zu dem Kind komme. Die Hebamme Neugebauer ist nicht auf den Mund gefallen. Weißt du, was sie gesagt hat: Nu, Froll'n Scholz, der Heilige Geist kann's nich' gewäsen sein, der macht so was nur eenmal, dann hatter genug von des Vagniegen. Aber valleichte wird Ihn'n ja der Mond reingeschienen haben, der is' ooch männlich!« Tante Irmi prustete vor Lachen und mußte sich mit der Serviette den Mund zuhalten. Jakob verstand den Witz nicht so ganz, aber immerhin fing der Tag fröhlich an. Dann erschien die Mutter im Morgenrock, und Jakob mußte sich zur Schule aufmachen.

Weihnachten

Die Tür zum Weihnachtszimmer war noch fest geschlossen, sogar von innen verriegelt. Das wäre nicht nötig gewesen, denn keines der Kinder hätte je gewagt, das Weihnachtszimmer vorher zu betreten. Am Abend war der Baum aufgestellt worden, da durften sie noch dabeisein, es war eine riesige Tanne. Obwohl die Zimmer so hoch waren, mußte die Spitze sogar noch ein wenig gestutzt werden. Wie das frisch, grün und kalt duftete, als die Tanne aus dem frostigen Hof heraufgewuchtet wurde! Dann sägte der Vater sie unten gerade und paßte sie in den Ständer ein. Der Harzduft beim Sägen! Als der Baum riesig und kahl dastand, mußten sie raus und in die Betten. In der Nacht war dann der Weihnachtsmann tätig, jetzt klingelte hinter verschlossener Tür ab und zu ein Glöckchen, und der Vater rief manchmal unterdrückt: »Ah und Oh«. Jakob mußte vor Aufregung ziemlich oft pinkeln gehen. Auch war ihm kalt, obwohl die Wohnung gut geheizt war, denn am Vormittag waren sie noch auf dem Friedhof am Grab der Großmutter gewesen, und er war total durchgefroren, vielleicht hatte er sich die Blase erkältet.

Was würde diesmal das Hauptgeschenk sein? Im vorigen Jahr gab es den *bösen Feind*. Der Vater hatte aus dickem Kistenholz eine mannshohe Gestalt gezimmert, mit einer gräßlichen Visage, bösen grünen Schlitzaugen, einem unrasierten Nußknackerkinn, einem Quadratschädel mit Stoppelhaaren. Er stand aufrecht, eine Keule unter seinen Arm geklemmt, um den Nächstbesten damit zu erschlagen und auszurauben, der Prototyp eines Räubers, so wie ihn Vater in seinen zahlreichen Bildgeschichten für seine Kinder malte. Der *böse Feind* stand auf einem Fußbrett leicht vornübergebeugt, das Fußbrett war mit einem ziemlich großen Pflasterstein beschwert. Böse und fest stand er in der Mitte des friedlichen Weihnachtszimmers. Jakob war damals richtig entsetzt, als der ihn aus dem von mildem Kerzenlicht erleuchteten Raum anglotzte. Nach und nach – nicht sofort – erklärte ihm der Vater alles. Für jedes der Kinder gab es eine Keule, um auf den *bösen Feind* einzuschlagen. Die Keulen waren aus dem Stamm einer in Obernigk gefällten, etwa armstarken Tanne geschnitten, von dem einzelne Astquirle herausgesägt waren, an denen jeweils ein Ast als Keulengriff stehengeblieben war. Die anderen gestutzten Äste bildeten an der Trommel des oben und unten abgesägten Astquirls morgensternähnliche Zapfen. Auf den *bösen Feind* konnte man mit der flachen Seite des Astquirls einschlagen. Der Älteste hatte den untersten, dicksten Astquirl als Keule, die jeweils Jüngeren die darüberliegenden. Das war genau eingeteilt. Der *böse Feind* hatte in den Fußgelenken ein Scharnier und am Hinterkopf ein dickes Polster. Wenn man nun genügend fest auf ihn einschlug, insbesondere ihn mit der flachen Seite der Keule ins Gesicht traf, kippte er hintenüber, knallte mit dem Polster auf den Boden und war *tot*. Nicht nur im vergangenen Jahr rankten sich viele erfundene Spiele um den *bösen Feind*. Er blieb noch mehrere Jahre Bestandteil der Kinderstube, bis er dann schließlich trotz seiner robusten Stabilität völlig zertrümmert war.

Allmählich versammelte sich der ganze Hausstand vor der verschlossenen Tür zur Bescherung. Von oben kamen *Großvater*, *Tante Edda* und die neunzigjährige *Urmuck*, die zu besonders feierlichen Gelegenheiten ein schwarzes Kapotthütchen trug. Es stand der zierlichen Gestalt mit ihrem schlohweißen Haar gut. Jakob liebte den Urmuck, aber sie war doch ein bißchen weit entfernt für ihn. Die Großmutter war im vergangenen November gestorben, deshalb war dieses Weihnachten für den Großvater traurig, das spürte der Fünfjährige. So stellte er sich neben den Großvater und faßte seine Hand. Nicht daß Jakob Großvaters Trauer hätte nachempfinden können, aber sie verstanden sich, einfach so. Zuletzt kamen die *Dienstmädchen*, die sich noch rasch die Schürzen vor den Feiertagskleidern abbanden, nachdem sie in der Küche letzte Vorbereitungen für das Abendessen getroffen hatten. Wieder klingelte es im Weihnachtszimmer. Das waren die Glöckchen am Weihnachtsbaum, die irgend jemand berührte, vielleicht der Weihnachtsmann selber oder eines seiner Engelchen.

Endlich, endlich war es soweit. Mutter war durch die andere Tür hineingegangen und hatte sich an den Flügel gesetzt, um *Stille Nacht, heilige Nacht* anzustimmen. Ja, was würde es diesmal sein? Vater hatte sich vorher wochenlang im Bastelzimmer eingeschlossen, es mußte etwas Riesiges und Großes sein in diesem Jahr. Jetzt fing Mutter mit der ersten Strophe an, bei dieser blieb die Tür noch vollständig geschlossen. Der Gesang war laut und wahrscheinlich nicht sehr erfreulich. Großvater hatte einen schönen, musikalischen Bariton, aber Tante Edda verdarb mit ihrem unmusikalischen, blechernen Mezzosopran alles. Die Kinder sangen nur leise mit, am schönsten sangen die Dienstmädchen, die regelmäßig im Kirchenchor mitwirkten. Paula sang die erste und Emmi die zweite Stimme. Bei der zweiten Strophe wurde die Tür dann einen Spalt geöffnet.

Bei der dritten Strophe öffnete Vater beide Flügeltüren. Er trug am Heiligen Abend seinen schwarzen »Stresemann« mit den Orden aus dem Weltkrieg, das EK I auf der Brust. In der Mitte des großen Raumes stand vor dem riesigen Weihnachtsbaum mit vielleicht 30 oder 40 Kerzen ein großes Gebilde. Ja, es war eine Burg, eine Ritterburg, und auf der Burg silberne und vor der Burg schwarze Ritter. Den silbernen gehörte die Burg und die schwarzen, bösen wollten sie erobern. Das konnte man schon von weitem sehen. Denn näher gehen durfte man jetzt noch nicht. Erst mußte die dritte Strophe zu Ende gesungen werden, und dann mußte der Vater rufen: *Weihnachtsmann raus, Kinder rein!* Jetzt war es soweit. Die anderen stürmten gleich hinein, Jakob ging langsam an der Hand des Großvaters. Jetzt knieten sie vor der Ritterburg. Die Ritter waren aus Sperrholz ausgesägte, etwa zehn Zentimeter große Figuren, farbig angemalt. Da gab es Reiter, Bogenschützen, Schwerter schwingende Rekken, Felsbrocken schleudernde Verteidiger, ein oder zwei Gefallene mit einem Speer im Rücken, Burgfräulein, die für Jakob albern aussahen. Von entsprechender Größe war die Burg, auf einem viereckigen Sperrholzhügel stehend, zu dem eine Rampe hinaufführte, die mit feinem aufgeleimten Sand bestreut war, ein Fallgatter, eine Zugbrücke, ein von Zinnen gekrönter Turm, den man vorsichtig abheben konnte, eine Kemenate, ein Pferdestall, ein Rittersaal. Das Interessanteste aber war ein *geheimer* unterirdischer Gang, durch den die Ritter hinabrutschen und durch eine geheime Klappe einen Ausfall machen konnten. Die Figuren, ungefähr 40, gehörten jeweils zu einem der Geschwister und waren durch Farben auf der Bodenseite der Fußplatte in ihrer Zugehörigkeit gekennzeichnet. Jakobs Ritter, die Hälfte der silbernen, und ein Burgfräulein waren blau markiert.

Zusammen mit Wielands anderer Hälfte waren sie die *silbernen*. Die anderen beiden teilten sich die *schwarzen*, aber natürlich durften die *schwarzen* auch mal Besitzer und Verteidiger der Burg sein. Schwarz bedeutete ja nicht schlecht und silbern nicht gut. Das versicherten sie sich sofort gegenseitig.

Jakob wußte nicht, wo er zuerst hinsehen und hingehen sollte. Auf dem Flügel stand das große Transparent mit Albrecht Dürers *Stall von Bethlehem*, von hinten durch mehrere Kerzen erleuchtet. In manchen Jahren wurde es angesengt, oder es brannte sogar ein Loch hinein, aber das war nicht so schlimm, denn im Dürerhaus gab es das gleiche wieder neu. Dann die Gabentische mit den kleineren Sachen, Bilderbüchern, einer gestrickten Wollmütze von Emmi und natürlich der Süßigkeitenteller. Da war das ganze Selbstgebackene drauf, denn in den Wochen vorher hatten die Kinder eifrig mitgebacken, das Mürbegebäck ausgestochen, die Honigkuchenmänner mit Rosinen und Mandeln verziert, je nach Alter und Können mehr oder weniger schief, und auch die Marzipankartoffeln. Das Drehen der Marzipankartoffeln war besonders beliebt, da der Marzipanteig so gut schmeckte. Offenbar gewinnt man die Fähigkeit, Marzipankugeln zu drehen, erst ab vier Jahren, jedenfalls waren die Marzipankartoffeln der Kleineren krumm und schief und voller Narben und wollten nicht gelingen. Das führte in der Küche zu großem Geheule, und die Tränen und der Rotz aus der Nase flossen auf die Marzipankartoffeln. Allerdings wurde dadurch der Teig etwas feuchter und ließ sich besser bearbeiten, so daß dann schließlich doch noch ein rundliches Gebilde herauskam. Der mit hineingedrehte Schmutz wurde durch Kakaopulver oder Schokoladenguß wohltätig verdeckt, jedenfalls schmeckten sie hervorragend. Nur die gefüllten Datteln mußte die Mutter selber machen, das konnten die Kinder nicht. Meist war der Teller am Abend schon halb leer. Er wurde aber erst am dritten Feiertag wieder aufgefüllt.

Die Mädchen bekamen Aussteuerstücke, Bettwäsche oder so etwas Ähnliches. Dafür interessierte sich Jakob nicht weiter. Der Mutter schenkte Vater meist Schmuck. Die Kinder hatten Basteleien für die Eltern angefertigt. Jakob für die Mutter in diesem Jahr einen aus Laubsägebrettchen schief zusammengeleimten länglichen Behälter für Stricknadeln mit einer kleinen braunen Holzkugel als Deckelgriff. Beim Anschrauben von unten hatte ihm der Vater geholfen. Das hätte er noch nicht allein geschafft. Alle waren glücklich. Tante Edda und Mutter heulten ein bißchen, warum wohl? Noch alles wegen der Großmutter? Aber auch die Dienstmädchen heulten, obwohl es doch gar nicht ihre Mutter war.

Mittelpunkt war der Weihnachtsbaum mit den vielen Lichtern, den Süßigkeiten, die an kleinen Drähten befestigt waren, den Körbchen und Näpfchen, mit Schokoladenlinsen gefüllt, mit den Flitterengelchen, den Erzgebirgefiguren und unzähligem, jedes Jahr wiederkehrendem Krimskrams. Zum Anzünden auch der oberen Lichter hatte Vater eine lange Lunte konstruiert, zum Auspusten gab es ein Blasrohr mit einem Ebenholzmundstück. Für den Fall eines Brandes, besonders in den oberen Regionen, stand neben der Sprechzimmertür ein Wassereimer mit der gefüllten Klistierspritze, deren Strahl der Vater auf viele Meter genau dirigieren konnte. Ein Feuer gab es zwar selten, Jakob erlebte es zwei- oder dreimal, und auch das war nicht gefährlich, da der Baum immer frisch war und gleich nach Neujahr weggeräumt wurde. Aber auch beim kleinsten Glimmen oder Brand von Wachs auf einem Kerzenteller ließ es sich der Vater nicht nehmen, die Klistierspritze in Tätigkeit zu setzen, hemmungslos und ohne Rücksicht auf die Gardinen oder gar den Flügel.

Das Weihnachtsessen wurde von Jakob eher als störend empfunden, zumal er ja von den vielen Süßigkeiten längst satt war. Außerdem gab es ein bei den Kindern wenig beliebtes Essen, nämlich Entensülze (weil das vorher zubereitet werden konnte und am Abend nicht viel Arbeit machte) und hinterher Mohnklöße. Beides war Jakob verhaßt, die Sülze wegen ihrer Glibbrigkeit und die Mohnklöße, weil sie viel zu süß waren. Spätestens dann wurde ihm schlecht. Vielleicht kam das auch gar nicht von den Mohnklößen, sondern von der ganzen Aufregung. Er raste aufs Klo, das zum Glück nicht besetzt war. Als er blaß zurückkehrte, fragte die Mutter: »Ist dir wieder mal schlecht?«

Am nächsten Tag spielte sich fast das gleiche oben beim Großvater ab, nur daß diesmal der Großvater *Stille Nacht, heilige Nacht* auf dem Harmonium intonierte. Es war auch weniger festlich und weniger reichlich. Danach gab es aber ein richtiges Weihnachtsessen im großen Familienkreis, mit etwa 30 Personen. Der Bruder der verstorbenen Großmutter war aus Berlin angereist, einige verwitwete Schwestern des Großvaters waren dabei und wohl auch die Tanten Reisewitz, die Jakob nicht mochte, weil sie so säuerlich rochen. Die Menüfolge war jedes Jahr die gleiche. Das fing an mit *Brühe auf Tassen*, wie Tante Edda sich ausdrückte, dann wurde ein riesiger Braten hereingebracht, welchen Großvater fachmännisch und genüßlich tranchierte, wobei er zwischendurch immer wieder das große Messer mit dem Horngriff an einem Stahl mit ebensolchem Griff wetzte. Die Beilage war *Leipziger Allerlei*, wie man damals ein Mischgemüse aus feinen Erbsen, Karotten, Spargel und einigen Morcheln nannte. Das Wunderbarste aber war die *Zementspeise*, eine eiskalte Masse aus Schokolade, Schlagsahne, Krokant und anderen, seltenen Bestandteilen, die als Bombe serviert wurde und sich nur mühsam zerlegen ließ, so daß sogar dem behutsamen und geschickten Großvater beim Schneiden manchmal ein Stück durch die Gegend spritzte.

Die Bescherung beim Großvater war schon am zeitigen Nachmittag gewesen, das Weihnachtsessen so gegen sechs Uhr abends. Danach führte Großvater auf dem Puppentheater mit Figuren, die von oben an einem Draht befestigt waren, *Rumpelstilzchen* vor, als eine Art Familiendrama abgehandelt, in welchem die Tochter des Müllers Gerstenkorn als soziales Opfer dargestellt wurde. Die Großmutter hatte den Text, in Versen, verfaßt. Es war sogar einmal in Mainz als Weihnachtsmärchen für Kinder auf der Bühne aufgeführt worden. Jakob kannte es, jetzt im dritten Jahr, schon fast auswendig. Großvater bewegte die Puppen, und Tante Edda sprach den Text. Sie rollte dabei das R ganz fürchterlich, etwa als der Diener zum Müller sagt: »Fürrwahrr, Herrr Gerrstenkorrn, das ist zum Lachen ...«, und als dann schließlich Rumpelstilzchen zerplatzte, zündete Großvater einen Kracher. Jedesmal war das wieder unheimlich aufregend, und die alten Tanten schrien laut auf. Vom vielen Essen erschöpft, waren einige der Zuschauer eingeschlafen und wurden erst durch den Kracher geweckt.

Und dann konnte die kluge Müllerstochter ihr Leben als Königin mit ihrem kleinen Prinzen in Ruhe weiterleben ... und wenn sie nicht gestorben sind, so leben sie noch heute.

Das Holzbein

Der Onkel hatte im Ersten Weltkrieg ein Bein verloren und ging daher mit einem Holzbein. Das war sein Hauptmerkmal. Mit dem Bein war ihm fast alles andere abhanden gekommen. Schade. Jakob konnte ihn nicht einmal bedauern, es tat ihm auch nicht leid, daß sein Patenonkel ein Krüppel war, denn der selber fand sich ja so schön und edel und heroisch und tapfer und preußisch, da reichte nichts heran. Wenn er zu Besuch kam, und das war ziemlich oft der Fall, wohnte er hinten im Fremdenzimmer. Er stand spät auf, und Jakob, der damals noch nicht zur Schule ging, besuchte ihn, als er aufstand. Die Mutter hatte ihn geschickt, daß er seinem Patenonkel einen guten Morgen wünschen sollte. Die Oberschenkelprothese stand neben dem Bett, ein seltsames, hohles, einsames und doch menschenähnliches Gerät mit einem richtigen Strumpf und Schuh, vor dem er sich grauste und von dem er anfangs glaubte, es könne allein loslaufen und nachts vor seinem Bett auf und ab klappern.

Jetzt saß der Onkel im Nachthemd auf dem Bettrand, die Krücken neben sich, bereit, ins Badezimmer zu humpeln. Gott, war das alles eklig! Und es roch auch so abgestanden und nach saurem Schweiß und Leder. Auch ein bißchen verpißt. »Schön, daß du mir einen guten Morgen sagst, Jakob, war gemütlich gestern abend bei euch in der Steinecke. Deine Mutter is' wohl jetzt ärgerlich auf mich, weil ich euch so viel von meinem Regiment erzählt habe. Mann, das ist doch auch das einzige, was zählt, diese Kameradschaft. Na ja, du bist noch 'n bißchen klein dafür. Aber du willst doch bestimmt auch mal Soldat werden!« Jakob hatte mit seinen vier Jahren noch nicht so sehr darüber nachgedacht. Aber Soldat? Nein! Eher Lokführer oder Straßenbahnschaffner oder einfach Mutters Mann. Aber dem Onkel konnte er das unmöglich sagen. Verlegen stand er da, mit einwärts gedrehten Füßen, und kaute am Zipfel seiner Schürze, bis der ganz naß und zerlutscht war. Der Onkel hatte sich jetzt halb herumgedreht, um nach seinen Krücken zu greifen, dabei rutschte das Nachthemd von seinem Oberschenkelstumpf. Jakob starrte mit aufgerissenen Augen auf den gräßlichen Torso, das weiße, funktionslose Fleisch, die bläulich angelaufene, vernarbte Spitze. Er war wie erstarrt, und der nasse Schürzenzipfel fiel ihm vor Schreck aus dem Mund. Hatte der Onkel das Entsetzen des Kleinen nicht wahrgenommen? Oder war er so verletzt, daß er andere verletzen mußte? »Sieht doch toll aus, nicht?«, und dabei hob er den Stumpf schräg nach oben, so daß der unappetitliche Pseudophallus genau auf Jakob wies. Er wäre am liebsten davongerannt, aber wie in einem bösen Traum konnte er sich nicht vom Fleck rühren. »Darfst ruhig mal anfassen!« Unter fast hypnotischem Zwang hob er vorsichtig seinen Arm und legte seine kleine Hand auf das schlecht durchblutete, leichenhaft kalte Restglied. Im Augenblick der schrecklichen Berührung gewann er seine motorische Freiheit wieder, stürzte davon, rannte zur Mutter, die am Frühstückstisch saß, und versuchte, sich an ihren Knien zu bergen. »Was hast du denn? Hast du dem Onkel nun guten Morgen gesagt? Na, dann ist es ja gut. War's schön?« Jakob schüttelte den Kopf. »Manchmal ist er ja ein bißchen künstlich und verkrampft.« Jakob wußte nicht, was das heißen sollte, aber er merkte immerhin, daß die Mutter auf seiner Seite war, mehr war für ihn im Moment nicht zu holen. »Also, dann setz dich mal und frühstücke!« Er brachte kaum einen Bissen hinunter, nippte nur an seinem Kakao. »Warum ißte denn nich'?« »Mir ist schlecht, Mutter.« »Ach Gott, schon wieder mal. Dann leg dich halt 'ne Weile hin!«

Auch später noch glaubte der Onkel, einen besonderen Anspruch auf die Zuneigung und Aufmerksamkeit seines Patenneffen zu haben, der ihn in den Osterferien für ein paar Tage besuchte, wohl mehr angefordert als freiwillig. Das einzige, worauf er sich wirklich freute, war die neunjährige Cousine, die er liebte und mit der er sich beim Verstecken-mit-Anschlag in Obernigk immer gemeinsam versteckte. Sonst fühlte er sich im Hause des Onkels nicht besonders wohl, er lieh sich deshalb von seinem Cousin öfter das Fahrrad, um die Gegend zu erkunden. Heute war er vielleicht zwei Stunden unterwegs gewesen. Als er am Spätnachmittag zurückkam, war der Onkel schon längere Zeit aus dem Dienst zurück – er war Ministerialrat im Gesundheitsministerium. Er rief ihn in sein Arbeitszimmer, um ihm seine Sammlung von Kriegserinnerungen zu zeigen, seine kaiserlichen Orden, ein kunstvoll gehämmertes Kupferbüchschen mit blutgetränkter Erde aus Verdun, ein ehrfürchtig verwahrtes Schreiben von Hindenburg, Schrapnellsplitter, Korrespondenz mit seinen Regimentskameraden aus den zwanziger Jahren, wobei er ihm erklärte, daß sie stets die Briefmarken mit dem Kopf des Reichspräsidenten Ebert verkehrt herum aufgeklebt hätten, um ihre Verachtung für das ›Weimarer Regime‹ zu dokumentieren, und neuerdings – er war vor Stolz bis zur Unkenntlichkeit geschwollen – ein vom *Führer* persönlich unterzeichnetes Schreiben an ihn. Damit hatte es folgende Bewandtnis: Vor dem Ersten Weltkrieg war er ein begeisterter Bergsteiger und Kletterer gewesen. Das ging jetzt natürlich nicht mehr. *Das konnte er nicht verstehen.* Jeden Urlaub verbrachte er in Tirol und nährte seinen Amputationskomplex am Fuß der Berge. Dann, 1936, im Alter von 42 Jahren, bestieg oder erkletterte er als erster Einbeiniger mit Hilfe eines kräftigen Bergführers die Viererspitze bei Mittenwald im Karwendel. Sicher, für einen Normalen keine besonders schwierige Tour, aber für einen Krüppel eine ganz einmalige Leistung. Durch hochgestellte Freunde in der Partei (er selbst konnte wegen nichtarischer Belastung – leider! – nicht Parteigenosse werden) sorgte er dafür, daß die Nachricht an den *Führer* gelangte und er das Anerkennungsschreiben erhielt, er, ein verschleierter Vierteljude, ein verkorkster Untertan, ein Möchtegernpreuße, der zu den preußischen Tugenden eines Immanuel Kant, eines Gneisenau oder eines Theodor Mommsen nicht den geringsten Zugang hatte – ein armer Teufel. Jakob hätte das damals mit seinen 13 Jahren nicht so ausdrücken können, aber er spürte das Unechte, das Verlogene an diesem Leben: Das Wohnzimmer, wo sie jetzt am Tisch vor den ausgebreiteten Schätzen saßen, ein Militärmuseum, das Eßzimmer ein Museum für Meißner Porzellan, das Kinderzimmer ein Tiroler Heimatmuseum, nichts lebte hier. Der Onkel war auch nicht ganz bei der Sache, agierte fahrig, abgelenkt. Jakob stand auf: »Ich geh' mal rüber ins Kinderzimmer.« »Ach, warum? Ich kann dir noch mehr zeigen!« Der Onkel war enttäuscht, versuchte, ihn zurückzuhalten. Trotzdem ging Jakob. Im Kinderzimmer saß der elfjährige Cousin an seinem Schreibtisch bei Schulaufgaben, offensichtlich in mieser Stimmung, von der neunjährigen Cousine war nichts zu sehen. »Ist was los?« Der Cousin wies nur mit einer Kopfbewegung in die hintere Ecke des Zimmers. Dort lag sie zusammengekrümmt neben ihrer Puppenstube, über das Gesicht ein Kissen aus dem Puppenbett gepreßt, und zuckte in lautlosem Schluchzen mit den Schultern. »Ja, was, was is' denn? Soll'n wir nicht die Eltern holen?« »Nee, nee, der Vater hat sie vorhin verdroschen. Sie war heute morgen frech zur Mutter, und die hat's gepetzt.« »Ja, wie denn? Verdroschen, was heißt 'n das?« Jakob, der von seinen Eltern nie Schläge bekommen hatte, war fassungslos. »Och, nur fünf mit der Reitpeitsche übern blanken Hintern, ich bekomm' meistens zehn, neulich sogar zwanzig.« Jakob bewegte sich auf sie zu. »Ach laß die doch, die beruhigt sich schon wieder!« Trotzdem kniete er sich neben sie hin und strich ihr über das Haar, das in zwei dicken Zöpfen endete. Sie hörte auf zu zucken. Dann rannte er ins Badezimmer, dort schluchzte *er*. Draußen hörte er den Onkel mit seinem Holzbein vorbeiklappern.

Praxisspiele

Jakob war jetzt der Steuermann. Er steuerte einen schwierigen Zickzackkurs um verschiedene Klippen herum, indem er das unförmige Steuerrad einmal links, das andere Mal rechts herumdrehte. Derweil hielt der ältere Bruder als Kapitän Ausschau nach eventuellen Untiefen. Wenn die Sprechstunde zu Ende war, durften sie ins Sprech- und Untersuchungszimmer, durften dort mit allem spielen, während Vater am Schreibtisch saß und völlig ungestört seine Notizen in die Krankenscheine eintrug oder seine Quartalsabrechnung machte.

Das Schiff, auf dem sie durch die Wogen fuhren, war der gynäkologische Untersuchungsstuhl, das Steuerrad eine der beiden U-förmigen, drehbaren Auflagen für die Kniekehlen. Das Fernrohr des Kapitäns waren zwei ineinander gesteckte Specula, die sich wie ein astronomisches Fernrohr ineinander verschieben ließen. Jetzt hatte er in der Ferne ein Seeräuberschiff entdeckt. Jakob steuerte darauf zu und gab mit dem großen Drehhebel das Kommando »Volle Fahrt voraus« an den Maschinenraum. Der Drehhebel war die Auflage für die Fersen. Sie kamen dem Seeräuberschiff näher und näher und beschlossen, es zu entern. Das Seeräuberschiff war das Untersuchungssofa. Mit einem Hechtsprung schwangen sie sich hinüber, so daß die Sofafedern krachten. Bald waren die Seeräuber überwältigt, und ihre Schätze, zwei Säcke voll Gold, die Kissen, die auf dem Sofa lagen, wurden auf das Schiff gebracht, die Seeräuber einfach über Bord geworfen. Dann setzten sie ihre Fahrt fort, an Eisbergen vorbei, begegneten Walen und Haifischen, machten einmal eine waghalsige Exkursion an Land, indem sie mit dem Beiboot hinüberfuhren. Das Beiboot war ein Stuhl, der ruckelnd fortbewegt wurde, denn auf das Linoleum des Fußbodens durfte man natürlich nicht kommen, dann ertrank man sofort, oder die Haifische fraßen einen auf. Das Ruckeln des Stuhles hinterließ fürchterliche Spuren auf dem Linoleum, die die Putzfrau am nächsten Morgen wieder wegbohnern würde. Bald waren sie im Sprechzimmer neben dem anderen Untersuchungssofa, fast neben Vaters Schreibtisch.

Vater war ganz in seine Abrechnungen vertieft, hatte vor sich viele Zettel und Berge von Krankenscheinen. Über seinem Schreibtisch hing ein Bild, das ganz anders war als die übrigen Bilder in der Wohnung, sehr bunt, sehr märchenhaft: ein Baum oder so etwas Ähnliches, unter dessen Wurzeln ein kleines Kind auf dem Kopf zusammengekauert in einer eiförmigen Blase schwamm. Jakob konnte sich das nicht erklären. Er fand es schön, hauptsächlich wegen der Formen und Farben. Ein Malerfreund von Vater hatte es gemalt, und Vater hatte es ihm zunächst wohl aus Mitleid abgekauft. Aber jetzt liebte er es, eher heimlich und gegen den Widerstand der Familie, besonders den der Mutter, die mehr für konventionelle Bilder war. Es war das expressionistische Ölgemälde eines Embryos im Mutterleib, gemalt etwa in der Manier von Pechstein oder Kirchner. Aber solche Überlegungen konnte Jakob natürlich nicht anstellen. Er mochte das Bild einfach wegen seiner Buntheit und wegen des Phantasiereichtums.

Jetzt waren sie an Land, auf dem zweiten Untersuchungssofa, kletterten von dort auf eine Bergspitze, um Ausschau zu halten. Die Bergspitze war einer der Bücherschränke neben dem Sofa. Dann kamen Eingeborene, um sie zu vertreiben. Sie mußten ziemlich schnell zu ihrem Schiff zurück. Also sprangen sie von der oberen Kante des Bücherschranks zwei Meter hinunter auf das Sofa, daß die Federn erneut krachten. Es war so aufregend, daß sie das Springen vom Bücherschrank auf das Sofa mehrmals wiederholten. In diesem Moment kam Tante Edda herein und rief ihrem Bruder entsetzt zu: »Hans, wie kannst du denn erlauben, daß die Kinder dauernd auf dein Sofa hinunterspringen, die Federn krachen ja schon und werden gleich zerbrechen!« »Ach was, Edda, gesunde Kinder sind mir lieber als ein heiles Sofa.«

Vater war selbst motorisch so unruhig, daß er den Bewegungsdrang seiner Kinder nicht nur verstand, sondern als ganz selbstverständlich hinnahm. An verregneten Wochenenden war das manchmal schwierig. Die Mutter war genervt, wenn die Kinder auf ihren kleinen Fahrrädern um den Eßtisch fuhren oder sich mit Bauklötzen bewarfen. Sie schickte dann dem Vater flehentliche Blicke zu, er möge doch irgend etwas zur Beruhigung der Kinder tun. An solch einem Wochenende erfand er die Poltermaschine. Sie gingen miteinander in den Keller und suchten sich eine Holzkiste aus. Mit der Bohrwinde wurde in beide Seitenwände ein Loch hineingebohrt, durch das gerade ein Besenstiel paßte, an dessen Schaft wurden Stricke fest angebunden, die am anderen Ende um kleine Pflastersteine geschlungen waren, kleine blaue Basaltwürfel von etwa fünf Zentimetern Kantenlänge, die man damals zur Pflasterung von Gehwegen verwendete. Am äußeren Ende des Besenstiels wurde eine Kurbel angebracht. Nun konnte man den Besenstiel so drehen, daß er die mitgeführten Basaltsteine entweder langsam emporhob und auf den Boden der Kiste fallen ließ oder aber bei schnellem Drehen die Basaltsteine herumschleuderte, so daß sie polternd gegen alle vier Wände der Kiste schlugen. Das war ein dröhnendes Höllenspektakel. Die Mutter hatte sich die Beschäftigung der Kinder bei schlechtem Wetter nicht ganz so vorgestellt und verzog sich in ihr Schlafzimmer, weil sie Kopfschmerzen bekam. Die Kinder waren begeistert und drehten die Poltermaschine unentwegt vor der offenen Sprechzimmertür, in der der Vater seine Quartalsabrechnung machte.

Vaters Praxis war in das Familienleben integriert. Die

Sprechstundenhilfe, Frau Masur, die später zusammen mit ihrem Mann nach Palästina auswanderte, kam genauso in die Wohnräume, wie die Kinder in die Praxisräume kamen. Die schwarze Schreibmaschine durfte von den Kindern benutzt werden, und oft genug wurde sie von ihnen verdorben, sei es, daß die Typenhebel sich verklemmten oder daß das Farbband sich verdrehte. Frau Masur nahm das gelassen hin. Vater stand manchmal von seinem Schreibtisch auf, wenn die Sprechstunde zu Ende war, um in das Ausgußbecken im Untersuchungszimmer zu pinkeln. Er nahm sich nicht die Mühe, bis zum Klo zu gehen. Das war auch ganz unproblematisch, und er unterhielt sich dabei mit seinen Kindern, zog sein ziemlich großes Glied aus dem Hosenschlitz und hängte es über den Beckenrand. Manchmal erzählte er auch von den Patienten, mit der ärztlichen Schweigepflicht nahm er es nicht sehr genau. Es gab da sehr interessante Patienten, einige, die ständig zitterten, andere, die so komisch schnieften, manche, die die Augen rollten, und dann besonders die dicke Frau Meißner, die wog vier Zentner. Wenn sie zur Bauchwasserpunktion kam (wahrscheinlich hatte sie einen Leberschaden mit Ascites, oder sie war einfach bulimisch), sagte der Vater ihnen das vorher, und sie standen hinter den Türritzen, um das schaurigschöne Schauspiel zu erleben. Dann rannten sie wieder zurück in ihr Kinderzimmer und rasten mit ihren Fahrrädern um den Eßtisch.

Inzwischen waren Jakob und sein Bruder vom Landausflug wieder auf ihr Schiff zurückgekehrt, ruderten mit ihren Beibooten längsseits und stiegen die Bordwand hinauf. Es sollte heimwärts gehen, denn die Abendbrotzeit nahte. Jakob drehte den Hebel auf volle Kraft voraus und steuerte in Richtung Heimathafen. Der Kapitän erblickte mit seinem Teleskop bald einen Küstenstreifen, und wenig später konnten sie daheim anlegen, gerade rechtzeitig zum Abendessen.

Kleines Kompendium über Hexen

Was tun Hexen? Sie machen sich an kleine Kinder heran, sperren sie in Käfige, schlachten sie vielleicht, mindestens symbolisch, oder üben sonst irgendeine Form von Gewalt auf sie aus. Sie reiten auf Besen. Dazu reiben sie sich häufig mit Hexensalbe ein, meist in der Anal- oder Genitalregion. Und warum tun sie all das? Das Reiten auf Besen ist offensichtlich eine sexuelle Ersatzhandlung. Dazu gehört auch die Hexensalbe, entweder als sexuelles Stimulans oder als Gleitmittel. Die Gewalt gegen kleine Kinder, der übertriebene pädagogische Impetus, das Mästen, muß genauso verstanden werden: Kein eigener Sex – und auch keine Hoffnung darauf, weil eine Hexe zu häßlich ist –, keine eigenen Kinder, also muß man sich die fremden irgendwie aneignen.

Hexen haben ihre Lieblingstiere: schwarze Kater, die einen krummen Buckel machen, oder schwarze Raben, die auf den krummen Hexenbuckeln zwischen den skoliotisch degenerierten Schulterblättern herumkrächzen. Ein besonderes Verhältnis haben Hexen zu Fröschen und Mäusen, denn ihr Vetter, der Teufel, ist ja bekanntlich der Herr der Frösche und Mäuse. Auch Spinnen und Milben und ähnliches Gewürm stehen unter der Gewalt und dem Schutz der Hexen und sind ihnen dienstbar.

Hexen haben auch riesige Hakennasen, gierig wie Geierschnäbel. Gier und Geiz. Auf Familienfesten sammelte Tante Edda immer Leckerbissen auf kleine Teller, ein Stück Hühnerbrust, ein knuspriges Ende vom Filet, ein halbes Tortenstück, zwei oder drei Pralinen, die es nachher zum Kaffee gab, und versteckte sie für später auf Schrankkanten, hinter Vorhängen, unter überhängenden Blumen. Jakob und seine Brüder, die das natürlich sofort bemerkten, machten sich einen Spaß daraus, Gier mit Gemeinheit zu vergelten, und schafften die versteckte Beute in andere Verstecke.

Da Tante Edda, wie ein Eichhörnchen, alle ihre Verstecke kannte, wurde sie am Abend vor dem Nachhausegehen unruhig und schnüffelte mit ihrer großen Hakennase und ihren kurzsichtigen Augen nach ihrem Raub. Auf diesen Moment hatte Jakob gewartet (meist übernahm er die Rolle, wohl, weil er von den Brüdern am ehesten kühl, überlegen und mit einer gewissen Ironie reden konnte). Er sagte ganz unschuldig, laut und vor allen Leuten: »Ach, Tante Edda, du suchst wohl deine Restesammlung. Hier hast du einen Teller hingestellt und da und da«, und zog eines nach dem anderen hervor. Für einen Augenblick war sie konsterniert, aber sofort überwog die Gier. Sie sammelte ihre Beute gierig ein und bemerkte nicht einmal die Blamage. Und sie lernte auch nichts daraus, die gleiche Szene spielte sich immer wieder ab. Hexen sind nicht lernfähig, sind im Grunde dumm und vertrauen zu sehr auf ihre magische Routine und nicht so sehr auf Beobachtung, Verstand und Instinkt. Nur deshalb konnten sich ja Hänsel und Gretel schließlich befreien.

Hexen haben auch ihre guten Seiten, zwischen einer bösen und einer guten Fee sind die Übergänge bekanntlich fließend. Ihre pädagogische Machtbesessenheit reagierte Tante Edda, besonders nach ihrer Entlassung aus dem Schuldienst 1933, an ihren Neffen und Nichten ab. Für Jakob war das nicht schlecht: Der offizielle Schulunterricht wurde allmählich unzureichend, wurde »gleichgeschaltet«, und da konnte Tante Edda ihm einiges bieten. Wenn er zum Beispiel in der Schule erfuhr, daß die Tschechen keine eigene Kultur hätten und Johannes Huß ein tschechischer Fanatiker gewesen sei, der zu Recht verbrannt worden sei, dann konnte er das nicht glauben und ließ sich die Zusammenhänge am Nachmittag von Tante Edda ausführlich erklären. Und wenn Goethe als demokratischer Schwächling und Logenbruder dem heroischen Schiller des »Wilhelm

Tell« oder der »Jungfrau von Orléans« entgegengesetzt wurde, war ihm das höchst unsympathisch, denn er verachtete von Anfang an das Schillersche Pathos. Tante Edda machte ihn mit Goethe vertraut. Auch mit Kleist. Aber danach gab es bei ihr fast nichts mehr, weder den »Zauberberg« noch Franz Kafka. Ihre magische Routine war auf den Bereich der Klassik eingeschränkt, da konnte sie zaubern, und er war verzaubert von ihrem Wissen und ihrer Darstellungskraft. Dennoch gelang ihm immer die kritische Distanz. Vielleicht als einziger von seinen Geschwistern konnte er sich immer wieder entziehen, manchmal durch Arroganz, manchmal einfach durch Geschick. Schließlich respektierte sie den Vierzehnjährigen.

Sie war noch mit Mitte Vierzig, als sie am nächsten an Jakobs Leben stand, eine gute Bergsteigerin und Skiläuferin. Beim Abseilen an der glatten Wand muß man ja bekanntlich das Seil zwischen den Beinen durchlaufen lassen. Auf dem Seil reiten ist so gut wie auf dem Besen reiten. Und die Abfahrt auf den langen, leicht gekrümmten Skiern ist etwas Ähnliches, ist, zumindest für potentielle Hexen, sehr erotisch.

In allem war sie recht unappetitlich, schmatzte beim Essen, bohrte in der Nase, hockte sich bei gemeinsamen Ausflügen zum Pinkeln direkt neben den Weg und ließ ihren dicken Strahl vor den Augen ihrer halbwüchsigen Neffen herauslaufen. Manchmal, wenn Jakob sie in ihrer Wohnung im hinteren Teil des Hauses besuchte und sie ein oder zwei Stunden lang interessante Gespräche über Lessings »transitorisches Moment« oder über die Hohenstauferzüge nach Italien geführt hatten, wurde sie unangenehm vertraulich und begann über Körperliches zu klagen. Sie hatte wohl öfter Furunkel »am Arsch oder sonstwo da unten«, wie Jakob und seine Geschwister sich ausdrückten, die äußerst schmerzhaft waren und mit Salbe bestrichen oder gar geschnitten werden mußten. Sie schilderte das ausführlich und hielt ihm eine schwarze Salbe vor die Nase, um ihn daran schnuppern zu lassen mit dem Bemerken, damit streiche sie die unaussprechlichen Stellen ein, die sei sehr stark, aber das einzige, was nütze, die zöge alles Böse heraus. Die Salbe roch wirklich teuflisch. Nach Schwefel, nach Teer. Man konnte auch ein wenig süchtig danach werden, wie nach Äther oder Benzin. Wenn das Gespräch diese Wendung nahm, verzog sich Jakob rasch.

Jakob, seine Geschwister, seine Cousins und Cousinen gingen nicht zimperlich mit ihr um. 1941, immerhin fast zwei Jahre nach Kriegsbeginn, war die ganze Großfamilie noch einmal, das letzte Mal, in den großen Ferien zusammen, diesmal in Oberbayern, 12 Vettern und Cousinen und deren drei Elternpaare. Natürlich mußte Tante Edda dazukommen. Sie drängte sich überall hinein und war zu dieser Zeit bei Jakob und den anderen nicht gerade beliebt. Wegen ihrer völligen Instinktlosigkeit war sie seit jeher ein bequemes Ziel von Spott und Schabernack: Sie merkte nichts vorher und fiel auf alle Scherze herein. Jakob heckte folgenden Plan aus: In dem moorigen Gelände der Umgebung wurden ein paar Dutzend Frösche gefangen und in einen Eimer mit Deckel gesperrt, in einem alten Gemäuer, das sie kannten, ein Dutzend Fledermäuse vorsichtig von den Dachbalken abgenommen und in ein Tuch geschlagen. Schon beim gemeinsamen Abendessen in der Pension wurde Liebe geheuchelt und der gemeinsame Wunsch der jüngeren Generation geäußert, der guten Tante gemeinsam am Bett gute Nacht zu sagen. Die Rollen waren genau verteilt. Während Bärbel, die »Lieblingsnichte«, ihr einen langen, ausführlichen Gutenachtkuß gab, praktizierte Detlev die Fledermäuse unter die Decke am Fußende, und Jakob schob den umgelegten Froscheimer unter das Bett und nahm den Deckel ab. Bald patschten Frösche durch das Zimmer, und die Fledermäuse krabbelten an ihren Füßen oder flatterten, ängstlich nach einem Ausgang suchend, umher. Die »geliebten Neffen und Nichten« lagen erwartungsvoll unter ihren Bettdecken. Natürlich wandte sie sich gleich an die richtige Adresse, zog wutschnaubend Jakobs Decke weg und verlangte sofortige Entfernung der »ekligen Tiere«. Jakob stellte sich erst schlaftrunken, aber dann sammelten sie die Tiere ein und brachten sie vorsichtig ins Freie. Tante Edda schimpfte noch eine Weile und war auch beim Frühstück noch ein bißchen beleidigt, besonders wegen des heuchlerischen Judaskusses von Bärbel, aber im Grunde hatten sie genau das Richtige getroffen: Frösche und Fledermäuse. Die Hexe als Herrin der Frösche und Fledermäuse. Damit konnte man ihr den gehörigen Hexengruß erweisen. Sie fühlte sich geehrt und geschmeichelt durch diese Aufmerksamkeit. Und nachdem der Ärger sich gelegt hatte, schrieb sie, auf der Seeterrasse sitzend, Erzählbriefe an die ganze Verwandtschaft über das wunderschöne Zusammensein mit ihren originellen Neffen und Nichten, die ja manchmal ein wenig zu weit gingen, aber doch ganz in Ordnung seien; was sie sich alles in ihrem überschäumenden Erfindungsreichtum ausgedacht hätten, und überhaupt: Eine bessere Familie als diese könne es gar nicht geben.

Jakob war mit ihr, wie gesagt, nicht zimperlich, aber sie achtete ihn deshalb eher noch mehr.

Im Keller bewahrte sie seit Jahren einige Flaschen sehr alten sizilianischen Rotweins auf, die sie in ihrem Geiz niemals heraufholen würde. Wie könnte man sie ihr abnehmen? Jakob entwickelte einen Plan. Er hatte mit seinen Brüdern ein Gespräch über eine völlig fiktive Glasmilbenepidemie verabredet. Als Tante Edda das nächste Mal kam, war *zufällig* gerade das Gespräch darüber im Gange. »In Frankreich soll das aufgetreten sein?« »Ja, gerade die besten Weinkeller sind stark gefährdet.« »Und wie macht das Biest

das?« »Ja, irgendwie knabbert es das Glas des Flaschenhalses halt an, um an die Nährstoffe des Weins zu gelangen.«
»Aber bei uns kommt das doch nicht vor?« »Bisher nicht, aber durch den Frankreichfeldzug scheint die Glasmilbe irgendwie eingeschleppt worden zu sein.« »Sie soll sich inzwischen auch auf Weck- und Marmeladengläser ausgedehnt haben.« »Wenn eine Flasche einmal luftdurchlässig geworden ist, ist der Wein natürlich rasch verdorben.« »Na klar.« »Auch bei sizilianischem Wein wird die Glasmilbe manchmal aktiv.« »So?« Jetzt fing Tante Edda an, die Ohren zu spitzen, nachdem sie bisher teilnahmslos dabeigesessen hatte: »Woran erkennt man den Befall?« »Am Anfang sind am Flaschenhals nur so ein paar kleine Flecken, wie Kratzer, das ist der erste Milbenfraß. Aber dann geht es sehr rasch weiter und ist oft schon zu spät. Die winzigen Tiere kann man mit bloßem Auge gar nicht erkennen.« »Sagtest du ›sizilianischer Wein‹?« »Ja, aber für uns kommt ja so etwas ohnedies nicht in Betracht.« Dann hatte Jakob plötzlich eine Idee der Steigerung: »Ich schau' mal im Brockhaus nach.« Er zog den entsprechenden Band aus dem Regal und las – wahrheitsgemäß – alles über Milben vor, wie sie sich überall einbohren und saugen, wie sie sich unter die menschliche Haut eingraben und die Krätze hervorrufen, zeigte die Bilder, wie scheußlich sie in mikroskopischer Vergrößerung aussehen, und improvisierte dann völlig fließend: »Eine Subspezies ist die Glasmilbe, Milba vetrica, die mit Hilfe ihres stark sauren Sekrets Glas auflösen und so an die in gläsernen Gefäßen aufbewahrte Speisen und Getränke, z. B. Wein, gelangen kann. Vorkommen: Frankreich, Italien/Sizilien, gelegentlich Mitteleuropa.« Damit klappte er das Lexikon energisch zu: »Na ja, das ist zu scheußlich, die Milben sind ja Geschöpfe aus der Hexenwelt. Das sollten wir rasch vergessen!« Nicht so die einzige anwesende Hexe. Sie insistierte auf einer Inspektion des

Kellers. Gemeinsam machten sie sich auf. Freilich hatte Jakob einige Tage vorher mit einer Glasfeile an einigen Flaschenhälsen kleine Kratzer und Schrammen angebracht, die nun völlig unerwartet von ihr aufgefunden wurden, so daß der herrliche Weinbestand in den nächsten Tagen gemeinsam ausgetrunken wurde. Noch war nichts verdorben!

Wie sterben Hexen? Eines gewaltsamen Todes, selbstverständlich, obwohl sie meist uralt werden. Sie werden verbrannt, auf Scheiterhaufen, in Backöfen, werden in Brunnen oder in siedendes Öl gestoßen. Tante Edda wurde 97, starb also lange, lange nach Jakobs Zerfetzung. Im Alter hatte sie einen schlimmen Buckel, konnte nur noch mühsam und vornübergebeugt gehen, war ganz zusammengeschrumpft und schaute ihre Gesprächspartner beim Reden im Stehen (sie redete gern im Stehen und sprach bis zum Tage ihres Todes lebhaft und ausdauernd) auf den Stock gestützt von schräg unten an. Tatsächlich stammen viele der Berichte über Jakob aus ihren bis zuletzt lebhaften, plastischen und faszinierenden Erzählungen.

Sie starb einen echten Hexentod, sie verbrühte in der zu heißen Badewanne, aus der sie sich nicht mehr befreien konnte, lag gräßlich rot und abgeledert und mit schreckensweit geöffneten leeren toten Augen in der Wanne, deren Wasser bereits kalt war, als man sie fand.

Tauentzienstraße

Die Tauentziensträßler waren ein noch größerer Zweig der Familie, Großmutters jüngster Bruder hatte mit Tante Bertha sieben Kinder, und jedes von ihnen hatte auch schon drei oder vier, so daß Jakob da auch an die zwanzig Cousins und Cousinen hatte, allerdings zweiten Grades. Die hockten fast alle noch in dem Patrizierhaus in der Tauentzienstraße zusammen. Dauernd gab es da Taufen, Konfirmationen, Hochzeiten, runde Geburtstage, zu denen selbstverständlich immer die ganze Großfamilie eingeladen war. Allerdings gab es bei den Tauentzriensträßlern im Gegensatz zu den Zimmersträßlern echte Familienkräche und langandauernde Fehden, so daß einige Onkel und Tanten ostentativ fernblieben, was immer ein wichtiges Gesprächsthema an solchen Nachmittagen war. Die Gegend war jetzt nicht mehr vornehm, die besseren Leute wohnten inzwischen in Kleinburg am Südpark oder in Leerbeutel am Scheitniger Park. Das Haus war von Tante Berthas Großvater, einem reichen Brauereibesitzer, etwa 1850 oder 1860 errichtet worden und hatte noch etwas von der vornehm-gediegenen Bescheidenheit des Spätbiedermeier. Während der Inflation hatte die Familie viel Geld verloren und der Großonkel als Brückenbauingenieur das große Rußlandgeschäft eingebüßt. Trotzdem lebten sie in dem weitläufigen, freilich etwas abgewirtschafteten Haus noch auf großbürgerlichem Fuß oder zumindest in unbekümmerter Erinnerung daran. Der Großonkel trat wenig in Erscheinung, es hieß, er sei senil. Jakob konnte sich darunter nichts vorstellen. Wenn der am Kopf der langen Festtafel saß, sah er vornehm, ja würdig aus, aber er sagte nie ein Wort und aß kaum, wenn Tante Bertha ihn nicht dazu aufforderte. Die Feste wurden im Gartensaal gefeiert oder bei schönem Wetter auf dem Grasplatz zwischen Haupthaus und Gartensaal, auch für die Kinder war vornehm, mit mehreren Tellern und Gläsern, eingedeckt, die Jungen hatten ihre Matrosenanzüge an, die Mädchen meist rosa Kleidchen. Trotzdem mußte man sich nicht unbedingt fein benehmen: Gleich bei der Suppe, einer feinen klaren Brühe, warf Cousin Detlev eine Blume der Tischdekoration in Jakobs Suppenteller. Jakob revanchierte sich sofort, indem er Detlevs halb herabhängenden Matrosenschlips (die Dinger hingen immer schief) abriß und ihm in seine Suppe warf. Dennoch entwickelte sich nicht gleich eine Prügelei, da die jeweiligen Mütter streng Obacht gaben.

Als nach der Suppe die ersten, völlig unverständlichen Reden gehalten wurden, krochen Jakob und einige der Cousins unter dem Tisch umher, um die Cousinen in die Beine zu zwicken. Die mußten natürlich das Quietschen unterdrücken, um die Reden nicht zu stören, was der Sache einen besonderen Reiz gab. Zum Hauptgang gab es für die Kinder Vaters Speziallimonade; Vater hatte sich zur Feier des Tages (vielleicht war es Tante Berthas goldene Hochzeit?) eine besondere Limonade ausgedacht, er hatte gewöhnliches Selterswasser mit angeblich unschädlichen Farbstoffen aus seinem medizinisch-histologischen Präparateschrank versetzt; da gab es rotes, blaues und gelbes Selterswasser, das blaue, mit Methylenblau gefärbt, war am beliebtesten, wahrscheinlich, weil es am unnatürlichsten war. Jakob trank Unmengen davon, so daß er bald aufs Klo mußte. Und Wunder: Er pinkelte blau! Zuerst bekam er einen gewaltigen Schrecken, dann aber begriff er sofort, lief zur Tafel zurück und wisperte dort mit seinen Cousins. Einer nach dem anderen verschwand und kehrte voller Begeisterung zurück. »Was habt ihr denn wieder für Geheimnisse?« beschwerten sich die Cousinen. Aber das konnte Jakob ihnen wirklich nicht erzählen. Das Essen zog sich oft über Stunden hin, aber für die Kinder war es nie langweilig, sie durften zwischendurch aufstehen, spielen und Unsinn treiben oder auch in die riesige, gekachelte Küche gehen und bei der Zubereitung des nächsten Ganges durch die Köchin und die Mädchen zuschauen.

Das Haus bestand aus einer komplizierten Ansammlung von Wohnungen in Zwischengeschossen, Dachgeschossen, Seitenhäusern, Gartenhäusern, aus denen viele Menschen quollen. Da war die Familie von Frank, dem intelligenten und scharfzüngigen Gerichtsassessor, der lange vor 1933 Mitglied der Nazipartei war und nach der Machtübernahme rasch zum Landgerichtsdirektor emporstieg. Noch höhere, etwa Freislersche Weihen blieben ihm erspart, da er noch vor Kriegsbeginn an Leukämie starb. Sein nächster Bruder, Erwin, war brutaler und primitiver, er wurde so etwas wie Kreisleiter in einem pommerschen Nest und starb als Volkssturmmann gegen Ende des Krieges. Er war ein strikter Vertreter der Hitlerschen »Rassenlehre« und brach deshalb nach 1933 die Beziehungen zu den »Zimmersträßlern« ab; eine seiner hübschen Töchter bekam 1947 von einem schwarzen amerikanischen Soldaten ein süßes, schokoladenbraunes Baby. Tante Doris lebte nicht mehr im Elternhaus, ihr Mann war angesehener Direktor eines Gymnasiums und hatte sich mit seinen Nazischwagern überworfen. Nach 1933 wurde er als Demokrat und Vertreter des »Weimarer Systems« entlassen. Auch Mutter sprach das Wort »Demokrat« verächtlich aus und meinte, daß Tante Doris falsch und unzuverlässig sei. Tante Edda, die kleine Edda zur Unterscheidung von Jakobs hexenhafter Tante Edda ersten Grades, war wohl eher eine harmlose, unbedarfte, aber mütterliche Frau, Jakob mochte sie und spürte da eine Wärme. Dafür war ihr Mann, der Onkel Knut, um so undurchsichtiger: geschickt, lustig, witzig, aber vollkommen undurchsichtig. Er wurde später Ministerialrat im Ministerium Bormann und dürfte die Ausbeutung der Ostgebiete mitorganisiert haben, wenn nicht Schlimmeres. Er starb in hohem Alter im Besitz einer stattlichen Ministerialratspension. Tante Irma war vollkommen anders, sie war Ärztin, eine attraktive, warmherzige Brünette, manchmal vertrat sie den Vater in der Arztpraxis, so daß sie oft in Jakobs Elternhaus war. Sie war glühende Antifaschistin und wohl auch mit irgendwelchen Widerstandskreisen verbunden.

Am interessantesten war Onkel Wolfram, Mathematiker und Philosoph, brotloser Privatdozent, der aus seiner antifaschistischen Einstellung kein Hehl machte. Gerade hielt er zwischen Hauptgang und Eis eine Tischrede, die Jakob zwar nicht verstand, nach deren Ende aber die Brüder Erwin und Frank wütend und unter Zurückstoßen und Umwerfen der Stühle die Tafel verließen. Das war noch vor 1933. Nach der Machtübernahme war Onkel Wolfram oft in der Zimmerstraße, er verstand sich gut mit Vater, pumpte ihn wohl auch gelegentlich an (Vater verlieh grundsätzlich kein Geld, sondern schenkte ein Zehntel des geforderten Betrages), und sie hatten lebhafte und laute Gespräche. Onkel Wolfram schimpfte auf Hitler, nannte ihn laut einen Verbrecher und Verrückten. Jakob sperrte die Ohren weit auf. Es war im Hochsommer, alle Fenster standen offen, Mutter sprang auf: »Wolfram, nicht so laut!«, und schloß rasch die Fenster.

Die Familienfeier ging allmählich zu Ende, es wurde freundlich-chaotisch, nicht nur bei den Kindern. Die Erwachsenen hatten wohl auch einiges getrunken. Die Gesichter waren gerötet, und Witze wurden erzählt. Da die Hauptnazis unter Protest bereits gegangen waren, konnte Vater sogar seine jiddischen Witze loslassen. Jakob stand auf. Er war neugierig. Jetzt, da noch alle im Garten waren, wollte er allein in aller Ruhe das Haus ansehen. Da standen so viele interessante Sachen herum: ein Zimmer voller seltsamer Uhren, die zu vollen Stunden vielstimmig und mißtönend durcheinanderschlugen; das Arbeitszimmer mit dem schweren, geschnitzten Schreibtisch des alten Onkels; ein saalartiger Raum, in dem Erinnerungsstücke aus Rußland versammelt waren, altertümliche Waffen und Keulen mit Nägelköpfen, Samoware, goldglänzende Ikonen, ein Bild von einem Pferdeschlitten, dem ein Rudel Wölfe nachjagt; der Damensalon mit leichteren, fast eleganten, mit rosa

Chintz bezogenen Sitzmöbeln und unüberschaubar vielen Familienbildern, die in Öl gemalten hingen an der Wand, die Fotografien in geschnörkelten Silberrahmen standen auf Tischchen oder Etageren, vom zahlreichen Hauspersonal geputzt und in Ordnung gehalten. Dann kam Jakob an eine Tapetentür, von der er wußte, daß sie in ein kleines Kabinett führte mit einem von Putten umflatterten Spiegel und einer bequemen Chaiselongue für den Mittagsschlaf der Tante. Vorsichtig öffnete er die Tür: Da stand der alte Onkel mit heruntergelassenen Hosen, die Beine spindeldürr, die Gesäßhaut faltig herabhängend, in einer Pfütze von Urin. Die gelbe Scheiße lief ihm an den zerknitterten Schenkeln entlang, und er starrte vollkommen bewegungslos in den Spiegel. Entsetzt, doch leise schloß Jakob die Tür, rannte durch das festliche Treppenhaus in den Garten zur Mutter und erzählte ihr stockend, was er eben gesehen hatte. Die sagte nur: »Aber du weißt doch, er ist senil.« Ja, jetzt wußte er, was senil ist.

Schulweg mit Tante Utah

In der ersten und zweiten Klasse wurde Jakob noch zur Schule gebracht. Warum eigentlich? Den fünfundzwanzigminütigen Weg von der Zimmerstraße zum Sauerbrunnen hätte er natürlich leicht selbst gefunden. Und gefährlich war da auch nichts; wenige Straßenübergänge ohne Verkehr und, wenn man einmal über den Luisenplatz hinweg und durch die Bahnunterführung hindurch gekommen war, durchweg »gute Viertel«, gehobener Mittelstand, mit Bäumen bepflanzte Straßen, die Hohenzollernallee sogar mit zwei Fahrbahnen und einem Reitweg in der Mitte. Davor war es allerdings proletarisch, da hingen an entsprechenden Tagen rote Kommunistenflaggen von den Fenstersimsen der hohen Mietshäuser, aus deren breiten Haustürbögen Kohldünste und Uringeruch strömten. Aber natürlich war es nirgends unsicher. Er wurde gebracht, weil es in bürgerlichen Familien so üblich war.

Und von wem eigentlich? Sehr selten war es die Mutter, manchmal eines der Dienstmädchen, oft auch Verwandte, die gerade zu Besuch waren. Am liebsten war ihm Tante Utah, die war öfter bei ihnen, auch für längere Zeit. Es hieß, sie brauche mal eine andere Umgebung. Merkwürdig. Sie war damals etwa 20 Jahre alt und hatte irgendeine Ausbildung abgeschlossen. Jedenfalls war es schön mit ihr, und Jakob faßte sie gern an der Hand, die so warm und weich war, ganz anders als die seiner Mutter. Sonst ließ er sich natürlich nicht mehr gern an die Hand nehmen, aber bei Tante Utah war das etwas anderes, da gehörte Anfassen zum Miteinanderreden. Und sie konnte interessant erzählen. Alle Märchen selbstverständlich, die kannte er zwar schon, aber Tante Utah erzählte sie etwas anders:

Als das Rotkäppchen im Walde dem bösen Wolf begegnete, bekam es zuerst Angst wegen seiner tiefen Stimme und der grauen, borstigen Haare um die Schnauze, aber dann merkte es, daß das der gute Großvater war, nur ein bißchen verkleidet und unrasiert. Er wollte auch zur Großmutter gehen. Als dann Rotkäppchen, wie üblich, ihre Blumen und Beeren gepflückt hatte und entsprechend zu spät zur Großmutter kam, lag da der gute Großvater im Bett, und die böse Großmutter war verschwunden. Das fand Jakob eine sehr gute Lösung, denn Großvaters Frau, seine Großmutter, die im vorigen Jahr gestorben war, hatte ihm immer Angst eingeflößt. Sie blickte so streng, und sie machte so merkwürdige Fingerspiele mit einem Fingerhut, den sie zum Verschwinden brachte. Es sollte eine Zauberei sein, die er aber sofort durchschaute und die so unkindlich war, daß er ihren Sinn nicht verstand. Manchmal schenkte sie ihm ein Bon-

bon, aber stets knüpfte sie eine Bedingung daran. Das mochte er nicht; die Großmutter war ihm unheimlich. Deshalb gefiel ihm Tante Utahs Variante sehr. Der gute Großvater hatte nämlich die böse Großmutter eben aufgefressen, und nun feierten sie mit dem Jäger zusammen und tranken die Flasche Wein aus dem Korb.

Als sie das erzählt hatte, waren sie gerade über den Hohenzollernplatz gegangen. Tante Utah blieb stehen, gluckste ein bißchen vor Lachen, horchte dann aufmerksam und sagte leise zu Jakob: »Hörst du? Hör doch!« Jakob konnte beim besten Willen nichts hören: »Was ist denn?« »Er ist noch ganz satt und hat eben ein bißchen gerülpst.« Sie lachte. »Aber sag davon den Eltern nichts!« Und tatsächlich hörte Jakob jetzt den sonst so gesittet-disziplinierten Großvater schwach rülpsen. Unglaublich unanständig und schön. Seitdem herrschte noch größeres Einverständnis zwischen Tante Utah und ihm.

Einmal berichtete sie ihm, daß am Morgen, während sie sich gerade frisierte (sie hatte sehr dichtes, rötlichbraunes, volles Haar, in das er gern sein Gesicht vergraben hätte, aber das wagte er natürlich nicht), Moses zu ihr gesprochen habe. Jakob hatte vor wenigen Tagen im Religionsunterricht von den Gesetzestafeln und den Zehn Geboten gehört, und auch da hatte ja eine Stimme gesprochen, deswegen fand er das alles besonders interessant und einleuchtend. Moses hatte zu Tante Utah gesagt, beim vierten Gebot habe er einen Fehler gemacht. Eigentlich sollte es heißen: Du sollst Deinen Vater und Deine Mutter ehren, damit es Dir *nicht zu wohl* gehe auf Erden. Jakob fand das zuerst sehr lächerlich, aber dann bei weiterem Nachdenken eigentlich ganz gut. Hatte nicht gerade gestern die Mutter geschimpft: »Tobt doch nicht so laut, euch ist anscheinend zu wohl!« Wenn Moses sich damals getäuscht hatte, dann brauchte er ja die ganzen Verbote nicht mehr zu beachten, und es würde ihm trotzdem viel wohler sein. Tante Utah sagte, sie sei über dieses Moseswort erst sehr erschrocken, aber sie wolle doch schließlich, daß es *ihr* gutgehe, also sei für sie Schluß mit der Verehrung der Eltern und Großeltern.

Moses komme, sagte sie, öfter zu ihr, aber so deutlich habe er sich bisher nie ausgedrückt. Meistens krieche er nur zu ihr ins Bett und streichle sie, das sei sehr schön. Jakob stellte sich den alten Mann so vor, wie er in der Bilderbibel abgebildet war, stark und zornig, als er die ersten Gesetzestafeln hochhebt und zertrümmert. Die Vorstellung, daß der mit Tante Utah im Bett liegen könnte, erschreckte ihn, aber wenn sie sagte, daß es schön sei, mußte es ja wohl stimmen. Auch beneidete er den Alten, denn bei ihr mußte es warm und gemütlich sein im Bett. »Wir stammen ja beide von Moses ab oder zumindest von seinem Bruder Aaron.« Das war ihm neu. »Doch, mein Großvater, dein Urgroßvater hieß doch Cohn, war ein Kohen, durfte als Nachkomme von Aaron den Segen über die Gemeinde sprechen: Der Herr segne und behüte Dich ... weißt schon.« Auf seinem Grabstein in Berlin seien die segnenden Hände abgebildet. Und diese Hände legte Moses manchmal auf sie, das tue ihr gut. Heute nacht auch wieder.

Jakob lauschte diesen Berichten fast mit Verzückung: Alles paßte so wunderbar zusammen, endlich einmal fielen Wünsche und Tatsachen nicht auseinander wie sonst in seinem kleinen Leben. Tante Utah tat ihm wirklich gut, er liebte sie. Nach einigen Wochen ging sie wieder zurück zu ihren Eltern, es hieß, sie sei krank. Das fand er ganz und gar nicht, sie schien ihm so gesund und voller Leben, gesünder als all die anderen. Dann erzählten die Eltern, sie müsse in ein Sanatorium, weil es zu Hause nicht mehr ginge, sie habe nämlich Schizophrenie. Er wußte nicht, was das ist, aber es mußte etwas sehr Schlimmes und Ansteckendes sein, so daß man auch nicht mit anderen Menschen zusammenkommen durfte, jedenfalls hörte er nie von jemandem in der Verwandtschaft, daß sie im Sanatorium besucht worden sei.

Einige Jahre später kam die Nachricht von ihrem ›plötzlichen‹ Tod. Sie war eines der ersten Opfer des Hitlerschen ›Euthanasie‹-Programms.

Die Rothaarige

Die Privatschule war sehr katholisch, aber preußisch-tolerant und ziemlich fein. Das mit Subjekt, Prädikat, Objekt, sogar adverbialer Bestimmung hatte Jakob sofort verstanden. Das ältliche Fräulein Battig hatte in ihrer langen Laufbahn als Lehrerin so etwas noch nicht erlebt. Dabei war er noch nicht einmal stolz darauf, lächelte nur ganz still nach innen. Er war nicht einmal besonders zufrieden; denn das konnte doch nicht alles sein – das war doch im Kopf zu lösen – was im Kopf ist, geht doch leicht – das braucht man doch nur abschnurren zu lassen – er hatte Mitleid mit den anderen, die das Selbstverständliche nicht konnten: richtig und schnell denken – es machte ihn schließlich traurig, so wie die Begegnung mit einem Blinden traurig macht.

Das Traurige kommt von unten, jetzt spürte er es wieder, dieses Unbenennbare, Ängstigende. Er schaute vorsichtig zur Seite, fast alle quälten sich mit der grammatischen Zuordnung, nur die rothaarige Jüdin war auch schon fertig und schaute ihn mit ihren glänzenden, fast tränenüberzogenen braunen Augen frech und unternehmungslustig an. In den Pausen hielt er sich eher von ihr fern, er kam sich klein und jünger vor, dabei waren sie beide neun Jahre alt. Aber sie war reifer, und sie hatte auch etwas Orientalisch-Üppiges, kurz vor der Pubertät. Jetzt bewegte sie ihre vollen, roten Lippen, wölbte sie vor und zog sie wieder ein, mehrmals.

Über den Gang zwischen den Bänken roch er sie: scharf und lieblich. In seinem Bauch, irgendwo ganz tief, brannte es, Angst und Traurigkeit wuchsen. Aber vielleicht könnte er sich befreien, dieser Bauchangst einen Ausgang verschaffen. Das Mädchen lockt ihn wieder, der Rhythmus der Lippen wird unmerklich schneller, arhythmisch schließlich. Nichts mehr von Grammatik: Sein steifes Glied ist irgendwie heraus, fingerstark und mit einer winzigen roten Eichel. Das Mädchen legt den roten Wuschelkopf seitlich auf die Bank, ihre Augen blitzen verzückt, und ihre Lippen öffnen und schließen sich unkontrolliert. Sein Glied zuckt, und die untere Angst läßt nach. Die Augen versinken ineinander, ihre Lippen saugen an ihm, er riecht ihr Innerstes, alles wird weich und gut, ganz weit unten. Die Zeit bleibt stehen, eine Sekunde, eine Ewigkeit. Ein Schaum, ein kleines heiliges Gefühl. Jetzt lächelt er wirklich. Alle Schleier zerreißen.

Vorsicht! Kopfkontrolle. Fräulein Battig schaut unruhig und kurzsichtig vom Katheder auf.

Ach Gott, der Jakob, so begabt und so undurchsichtig. Ich kann es nicht fassen und krieg ihn nicht zu fassen. Er ist einfach zu fix, das wird ihm nicht guttun. Wenn er wenigstens katholisch wäre, ich würde ihn dann aufs Jesuitengymnasium empfehlen. So ist er einfach zu gefährdet. Was treibt er eigentlich? Daß ausgerechnet die Rothaarige so nah bei ihm sitzen muß. Sie sind sich ja ähnlich, meine Gescheitesten – und beide im Stand der Sünde, lutherisch und jüdisch. O Gott, erbarme Dich! Nein, das kann doch nicht sein! Wie sie sich angucken! Dieses verflixte, frühreife Judenmädel. Nein, diese Sünde, ich darf nicht hinsehen. Mutter Gottes, steh mir bei! Ich muß mit den Eltern sprechen. Wie soll ich das sagen, es ist unaussprechlich. Nein, dieser liebe, liebe Junge.

Gnadenlose Grammatik greift ein. »Jakob, lies mal vor, was du herausbekommen hast!« Jakob erhebt sich, makellos, liest flüssig und bescheiden. Alles ist vorbei. Aber er ist doch ein kleines bißchen glücklicher.

Reichsbanner, Reichswehr

Die Zimmerstraße war keine besonders wichtige Straße, aber sie war relativ breit, hatte auf der einen Seite Bäume, und sie war eine kurze Verbindung zwischen dem mehr proletarischen Viertel der Luisen- und Friedrichstraße und der ins Geschäftsviertel und in die Innenstadt führenden Gartenstraße. Die Buslinie Nr. 8 fuhr da durch, und einmal in der Woche ritt das Regiment aus der Kürassierkaserne früh am Morgen dort vorbei, um auf die Exerzierplätze zu gelangen, wohl aber auch, um in den Vierteln der Luisen- und Friedrichstraße, wo Sozis und Kommunisten wohnten, deutschnationale Präsenz zu zeigen. Emmi kam an die Betten der Kinder gestürzt: »Sie kommen, sie kommen! Hört ihr's?« Jakob rieb sich die Augen und stürzte dann im Nachthemd ans Erkerfenster. Ja, da kamen sie gerade vom Luisenplatz her um die Ecke der Friedrichstraße. Vornweg der Kesselpauker, am Rist seines Reitpferdes hingen rechts und links die kupfernen Pauken. Dann der Schellenbaum, in einer Tülle neben dem Hals des Pferdes stehend, dann die Trompeten, Schalmeien, Tuben, Hörner. Gerade bevor sie unter dem Erker vorbeikamen, stimmten sie einen neuen Marsch an. War es ›Preußens Gloria‹ oder der ›Radetzkymarsch‹? Wie das klang und klingelte. Jakob lief es schaurig-schön den Rücken hinunter. Emmi und Paula bekamen feuchte Augen und legten ihre Arme über die Schultern der Kinder. Aber sie winkten nicht, dafür war es zu ernst. Nach der Kapelle kam der Regimentskommandeur; er hatte mehr Silber. Er ritt ganz allein, niemanden neben sich. Danach Offiziere und Lafetten mit Kanonen, vierspännig gezogen.

Dann Munitions- und Mannschaftswagen, dann wieder Kanonen, Lafetten, Soldaten, die starr geradeaus sahen. Ob sie sich für die vielen Leute am Fenster nicht interessierten? Oder ob sie nicht durften? Als die Blasmusik vorn in die Gartenstraße einbog, kamen hinten immer noch neue Geschütze und Lafetten. Manchmal tänzelten die Pferde und waren schwer im Zaum zu halten. Einige Pferde äppelten, und dann stürzten sofort Anwohner herbei, um mit Besen und Kehrschaufel die Pferdeäpfel für den Schrebergarten zu sichern. Nach einer Viertelstunde war der Zug vorbei, zum Schluß kam ein großer Planwagen mit einem roten Kreuz auf weißem Grund. Stimmt ja, im Krieg werden Leute verletzt! Ganz schön blöd, dachte Jakob und ging noch einmal zurück in sein Bett, um sich aufzuwärmen. Dann zog er sich an.

Sonntag früh marschierte manchmal das Reichsbanner, die militante Organisation der SPD. Sie hatten grünliche Uniformen und Schirmmützen, und vornweg marschierte eine Kapelle mit Schalmeien und Flöten. Immer häufiger kam jetzt auch die SA in ihren gelbbraunen Uniformen und den komischen Turmmützen. Ihnen voran ein Fanfarenzug und Trommeln. Es war furchterregend für Jakob, sie hatten die Kinnriemen der merkwürdigen Mützen heruntergeklappt und unter das Kinn geschoben. Das paßte alles nicht zusammen. Manche waren ziemlich dick und feist. Emmi und Paula schüttelten sich.

An einem Sonntagmorgen passierte es: Von der einen Seite kam die SA, von der anderen das Reichsbanner. Stur marschierten sie aufeinander zu. Jakob machte sich vor Schreck fast in die Hose. Jetzt noch fünfzig Meter, dann zwanzig, dann zehn: Stöcke und Gummiknüppel wurden herausgezogen, mit bloßen Fäusten wurde traktiert, die Mützen weggerissen und zertrampelt, Menschen mit blutigen Nasen zu Boden geschleudert. Die Mädchen schrien auf. Die Spitzen der beiden Marschkolonnen waren ineinander verkeilt. Hinten marschierten sie noch immer ruhig drauflos. Wie sollte das weitergehen? Plötzlich fiel ein Schuß. Von wo er abgefeuert worden war, ließ sich nicht sagen. Aber einer der Reichsbannerleute stürzte zu Boden, direkt unter dem Erker. Blut sickerte auf die Straße. Die Mütze lag auf dem Pflaster. Der Mann krampfte die Hände. Alles geriet ins Stocken. Halt, halt, halt! schrien sie und marschierten doch weiter. Über den Verletzten hinweg? Oder war er tot? *Wir werden weiter marschieren, bis alles in Scherben fällt, denn heute gehört uns Deutschland und morgen die ganze Welt.* Jakob wurde blaß und kalt. Den Verletzten trug man in den Hausflur, weil dort ein Arztschild war, aber der Vater war nicht da. Schließlich ging der Großvater hinunter. Die Kinder hielt man fern. Der Großvater hatte einen Verband angelegt. Später fragte ihn Jakob, ob der Mann tot sei. Großvater sagte nur: »Nein, nein. Aber die Kugel steckt noch in seiner Schulter und muß herausoperiert werden.«

Kellerwohnungen

Das Haus der Familie – es gehörte dem Großvater – war ein typisches Bürgerhaus der Gründerzeit mit einer großen, schweren, zweiflügligen Haustür, die sich zu einer Durchfahrt öffnete, durch die man in den Hof mit Hinterhaus und Wagenremise gelangte. In der einen standen jetzt die Fahrräder der Familie, in der anderen später die Pese, das skurrile dreirädrige Auto, das Vater 1936 anschaffte. Die Hintergebäude waren verwinkelt und geheimnisvoll; hier war auch die feuchte und lichtlose Waschküche, in der Dienstmädchen und Waschfrau jede Woche an der großen Wäsche schufteten, eine Woche für die ›Sanitätsrats‹, die andere Woche für die ›jungen Doktersch‹. Dann drang schwerer, dichter Wasserdampf aus Tür und Fensterklappen, und im Winter bildeten sich unter den Simsen Eiszapfen. Aber die Straßenseite des Hauses war herrschaftlich: großzügige Doppelfenster, von Simsen und Säulen eingefaßt, im ersten und zweiten Stock ein gedeckter Erker, der von grimmigen Halbriesen und wenig anmutigen Karyatiden gestützt wurde. Unter dem Niveau der Straße gab es noch eine Kellerwohnung, fast lichtlos, die Zugang vom Hausflur hatte. Etwa zehn steile Stufen führten hinunter. Da wohnte die Hausmeisterfamilie Barth in zwei kleinen Zimmern, das eine mit etwas Oberlicht, das andere ganz dunkel, es waren sieben Menschen, die gebrechliche alte Großmutter, die Großel, die Eltern Barth und vier Kinder. Herr Barth hatte als Kesselschmied bei Linke & Hoffmann vom Lärm sein Gehör verloren, er bekam wohl eine kümmerliche Rente und war außerdem Hausmeister. Wahrscheinlich hatte er dafür das Kellerloch umsonst. Die Mutter sagte mit innerem Erschauern, aber doch einer gewissen Achtung, er sei Sozi. Frau Barth putzte die Praxisräume und war Waschfrau. Jakob besuchte sie manchmal da unten und redete gern mit ihr. Da war es sicherlich ungesund, aber warm und muffig und herzlich.

Sie sagte, was sie dachte: »Weeste, die Mutter is ja so kihle, manchmal is mer's, als wenn ich gefriern mechte, wenn ich mitt'a sprech'n tu. Die hat ja ooch keen leichtes Läb'n nich mit'm Herrm Dokta. Immazu is' der unterwegens, und wenn'a daheeme is, peest a ooch egalweg rum, vom Sprechzimmer ei de Werkstatt und ruff zum Herr'n San'tätsrat un zum Frolln Edda. Weeste, Jackel, das Frolln Edda, die wees ja ooch nich, was se will. Dauernd reist se in der Weltgeschichte rum, eis Riesengeberge und sogar nach Eestreich, die sollt sich amal an Kerl zuleegen, der tät ihr 'n Pfeffer schon aus'm Hintern wegblas'n. Jetze werd se balde vierzig, da werd's schon heechste Eisenbahn. Statt dem rennt die nur uff VDA-Versammlingen (VDA = Verein für das Deutschtum im Ausland, eine deutschnationale Vereinigung, die unter anderem für den »Anschluß« Österreichs und die »Heimführung« der Sudetendeutschen eintrat). Dem Herrn San'tätsrat macht se's ja ooch nich leichte, jetze, wo die Frau Sa'tätsrat gesturben is. Die und a Haushalt fihr'n! Daß ich nich loache! Wenn die Frieda nich wär, da wär doch schon alles drunta und driiba. Und von die kleenen Leute hat die ja keene Ahnung. Da sind die Herr und Frau Dokta ma schon lieba. Der Herr San'tätsrat is ooch ganz gutt, er is halt bloß a bissel gnietschig. Aber da Herr Dokta, der schmeißt mit vollen Händen raus. Neilich hat a der Großel zum achzigsten fuffzich Märker geschenkt, und der Emmi za Konfirmation ne Armbanduhr. Nee, uff den laß ich nischt komm'.«

In der etwas besseren Kellerwohnung nach der Straße hin wohnte der Schneidermeister Paul Kowalski. Das war schon eher ein Geschäft, ein breites Fenster im Lichtschacht war zu einem regelrechten Schaufenster ausgebaut, in dem auf einer Schneiderpuppe ein Maßanzug ausgestellt war. Man stieg ein paar Treppen hinunter in die Werkstatt, wo der schmächtige Mann auf dem Schneidertisch hockte; die Frau saß auf einem Stuhl unter dem Fenster mit Hilfsnäharbeiten. Weiter hinten waren noch eine lichtlose Wohnküche und ein dunkles Schlafzimmer. Immerhin war die Werkstattwohnung heller und nicht ganz so muffig wie die Barthwohnung. Es lebten ja auch nur zwei Leute darin. Untereinander sprachen die Kowalskis polnisch, was dem Jakob etwas unheimlich war. Sie waren übrigens die einzigen Leute in Breslau, die er je hatte polnisch sprechen hören. Herr Kowalski schneiderte manchmal Jacken und Hosen für Jakob und seine Geschwister. Als Jakob noch nicht einmal konfirmiert war, redete Herr Kowalski ihn mit »Sie«

und »Junger Herr« und in der dritten Person an, besonders als Mutter ihm und seinen Geschwistern schließlich auf langes Drängen von Jakob Knickerbocker schneidern ließ: »Mechten der junge Herr sich jetze amol umdrehn. Kennten der junge Herr sich amol bicken. Danke scheen, junger Herr!« Die Knickerbocker waren ursprünglich Jakobs Idee, er hatte sie in der ›Berliner Illustrierten‹ beim Prince of Wales, dem später abgedankten Edward VIII., gesehen und die Mutter so lange bearbeitet, bis sie zugestand, daß er zu Kowalski gehen durfte. Mit dem unterwürfigen Herrn Kowalski mit seinem pomadisierten Haar wurde er aber niemals so vertraut wie mit den übrigen Kellerbewohnern der Straße.

In der Kellerwohnung des Hauses Nr. 6 hatte Herr Mroß seine Werkstatt. Der war ein böhmischer Schuster, ein geschickter Handwerker und dabei Philosoph und Weiser. Schräg über seinem Arbeitsplatz zum hochgelegenen Fenster hin hing eine Schusterkugel, die das wenige vom Straßenschacht her einfallende Licht auf seinem Arbeitsplatz sammelte (eine Schusterkugel ist eine mit Wasser gefüllte Glaskugel von etwa 30 Zentimetern Durchmesser, die von der Decke herabhängt und, als Sammellinse wirkend, den Arbeitsplatz beleuchtet). Manchmal, wenn Herr Mroß sich beim eindringlichen Reden vorbeugte, fiel das Licht auf seinen kahlen, runden Schädel, dann hatte er fast einen Heiligenschein. Um seinen Werktisch herum hingen die Ahlen, Zangen, Pechdrähte, Schnurrollen, schweren Lederscheren, Messer, Raspeln, alles ziemlich unordentlich, aber für ihn übersichtlich und griffbereit. Weiter nach hinten an den Wänden standen Regale mit unzähligen hölzernen Leisten früherer Kunden. Aber jetzt machte er nur noch selten Maßschuhe. Auch Jakob bekam Schuhe aus dem Salamander-Geschäft. So war Herr Mroß nun hauptsächlich Besohl- und Flickschuster und hatte auch da nicht sonderlich viel zu tun, so daß er viel Zeit zum Lesen hatte, in der Bibel, in Erbauungsbüchern, in Journalen. Er nahm sich aber auch Schwieriges vor. Er las dann an seiner Werkbank, weil das der einzige helle Platz in der dunklen Werkstattwohnung war.

Als Jakob am zeitigen Nachmittag mit zwei Paaren reparaturbedürftiger Schuhe die sechs Stufen zur Werkstatt hinuntergehüpft war und die Tür geöffnet hatte, saß der Schuster an seinem Platz und las in einem gelben Reclamheftchen, die halbfertige Arbeit neben sich. »Guten Tag, Herr Mroß!« »Gutten Tag, Jakoble! Weeste, die mechten ja jetze, daß wa alle ›Heil Hitler‹ sag'n. Das is nischte fa mich. Das soll'n die Braun'n mal unter sich machen. Da kenn'se meinentwägen egal anander vorbeimarschier'n und a rechten Arm iiberanstreng'n. Ich brauch den fa was beßres, nämlich fa meene Arbeet. Und weeste, so was hat ja nichamol der eingebil'te Kaiser Willem gemacht. ›Heil Wilhelm‹, stell da das mal im Koppe vor! – Die woll'n ja ooch die Kolonien wieder zaricke bekomm'. Was wir bloß mit all' die Neger sull'n, die ham doch schon damals nur Ärger gemacht. Eben hab ich da was Scheenes gelesen, horch emol: Ach lauf doch nicht nach Witz und Weisheit übers Meer, der Seele Würdigkeit kommt von der Liebe her! Hat eener vor dreihundert Jahr'n hier in Breslau geschrie'm. Scheen, nich'? Hieß Angelus Silesius. In dem Bichel les' ich gern amol. Ich uff meene Parte tu am liebsten hier in meen'm Keller sitzen und a bissel sinnier'n. Frau, bringst' amol a Kerndelkaffee fa uns beede hier?« Aus dem dunklen Hintergrund erschien die unscheinbare Frau mit zwei Bechern und stellte sie auf die Werkbank. »Aber Herr Mroß, gehen Sie denn gar nicht spazieren oder fahren mal in die Ferien?« »Ach, weeste, spazierengehen! Wozu sull ich denn egalweg rumtigern, ich hab's doch hier ganz gutt und mei Weibel bringt ma alles, was ich brauch'. Nu ja, wa fahr'n mal mit der Elektrischen raus in'na Scheitniger Park, wenn's abends scheen is. Und am Sunntich machen wa ooch mal 'naus nach Oswitz zur Tochta. Aber sunste komm' se doch alle ze mir mit ihr'n kaputt'n Schuh'n und ooch mit ihrem kaputten Gemiite. Grade vor a poar Minutten hat sich die Liebschern von gegeniiber bei mer ausgeflennt, weil der Karle, was ihr Mann is, doch jetze in die SA gegang'n is. Und da meent er, se dirft nimma in'nem jüdischen Geschäft arbeeten. Und se is doch de rechte Hand vom Geschäftsfihrer beim Seidenhaus Mugdan, und das sein so anständje Leute. Verdienen tutt se auch gutt. Der Karle, der macht ja garnischt Vaninftjes und wann se ihm mal a bissel Geld gibt, kommt a glei besuffa heem und vapriigelt se. Nee, nee, in da SA gibt's ziemlich iible Typen.« »Was meinen Sie denn zum Reichtagsbrand, Herr Mroß?« »Ach weeste, Jackel, wenn's wirklich der van der Lubbe war, hat's den Nazis ganz gutt inna Kram gepaßt. Aber ich gloob denen nischte mehr. Wenn de mich froagst, dann sprech ich: Die ham's selber gemacht. Siehste ja jetzt mit dem Ermächtigungsgesetz. Jetze kenn se doch machen, was se wull'n. Die kennten mich glatt hier raushol'n, vapriegeln und einsperr'n, da kennt keener was fa mich tun. Nee, das is beese und werd amol a beeses Ende nehm'. Aber ooch das Beese is bei Gott. Wenn der allmächtig is, muß er ja ooch das Beese gewollt haben. Der is so groß, daß er iiber allem steht. Schließlich hat er ja ooch sein eig'nen Sohn umbringen lassen. Hätt' uns ja auch irgendwie anders erleesen kenn', meenste nich?« Jakob hatte sich darüber wirklich noch keine Gedanken gemacht, aber das klang plausibel, was Herr Mroß sagte. »Ich kann dir nur eens flistern, Jackel, 's werd schlimm wer'n! Kenns'te die Geschichte vom Buch mit den sieben Siegeln in der Apokalypse? Nu, ich werd' se dir erzählen, denn jetze mit dem Reichstagsbrand ha'm se's zweete uffgemacht. So heeßt's ja in da Bibel: Und es ging heraus ein Pferd, das war rot, heerste: rot wie Feuer. Und dem, der darauf saß, ward gegeben, den Frieden zu nehmen von der Erde und daß sie sich untereinander erwürgten: Und ihm ward ein großes Schwert gegeben. So, und genau da stehn wa jetze. Und nu kannste da ausrechnen, wie's weitergeht, nämlich genau wie's in der Bibel geschrieben steht: Beim dritten Siegel mit dem schwarzen Pferd ham wa erschtemol ganz gutt zu fressen mit Gerschte und Weezen und Öl und Wein, und alle wer'n se glooben, der Hitler meent's gutt mit uns. Pustekuchen! Beim vierten Siegel kommt das fahle Pferd. Und der darauf saß, des Name hieß Tod, und die Hölle folgte ihm nach. Und ihnen ward Macht gegeben, zu töten den vierten Teil auf der Erde. Beim fünften Siegel gibt's schon amol a bissel Hoffnung, weil die Seelen der Märtyrer den lieben Gott um Gnade für die Menschen uff da Erde bitten. Aba beim sechsten Siegel wird's firchterlich: Siehe, da ward ein großes Erdbeben, und die Sonne ward schwarz wie ein härener Sack, und der Mond ward wie Blut; und die Sterne des Himmels fielen auf die Erde, gleichwie ein Feigenbaum seine Feigen abwirft, wenn er von großem Wind bewegt wird ... Denn es ist gekommen der große Tag des Zorns, und wer kann bestehen? Das dauert nich mehr lange, das rote Pferd zwee Johre, das schwarze zwee und das fahle zwee, da sein wa bei 1939. Von da ab werd's ferchterlich, das kannste ma glooben. Wann dann endlich das siebente Siegel wird erbrochen sein, so in Stücka zwelf Jahr'n, da bin ich schon lange hiniiber: Da ward eine Stille im Himmel bei einer halben Stunde, und ich sah die sieben Engel, die da stehen vor Gott, und ihnen wurden sieben Posaunen gegeben ... Sie werden nicht mehr hungern noch dürsten: Es wird auch nicht auf sie fallen die Sonne oder irgendeine Hitze; denn das Lamm mitten im Stuhl wird sie weiden und leiten zu den lebendigen Wasserbrunnen, und Gott wird abwischen alle Tränen von ihren Augen!«

Herr Mroß war in eine visionäre Verzückung geraten, die letzten Sätze stieß er mit geschlossenen Augen und starker Emphase hervor. In diesem Augenblick trat die Sonne hinter den Wolken hervor und schien, gerade noch über dem Dach des gegenüberliegenden Hauses, für einen seltenen Moment in das Kellerfenster, und im gesammelten Licht der Schusterkugel hatte Herr Mroß einen wirklichen Heiligenschein.

Mehrere Minuten war es ganz still. Aber Jakob war das nicht unheimlich, im Gegenteil, es wurde ihm warm im Bauch, und er mochte den alten Mann. Und er glaubte alles, was der sagte, obwohl er es mit seinen neun Jahren natürlich nicht verstand. Später kam die Frau von hinten angeschlurft und legte die Hand auf die Schulter ihres Mannes: »Lasses ock gutt sein, Vatel. Trinkt amol eiern Kaffee jetze, der werd ja schun gonz kalt!« Herr Mroß erwachte glücklich lächelnd aus seiner Verklärung, sie schlürften wortlos den Kaffee, und beim Weggehen sagte Herr Mroß: »Iiba-morgen sein de Schuhe fettich, da kannst'se abholen. Da kenn' wa wieda a bissel räden. Mit dir kann man gutt räden, Jakob.«

Tod der Schwester

Die vierjährige Elisabeth spielte in ihrer Ecke mit den Puppen und Steifftieren, stundenlang, wortlos, ohne den sieben Jahre älteren Jakob zu bemerken, wenn der sie, von seinen Basteleien am Tisch daneben ab und zu aufschauend, aufmerksam beobachtete. Beide wollten sie allein gelassen werden, aber wahrscheinlich aus ganz verschiedenen Gründen.

Für Jakob war das Basteln mit Lämpchen, Drähten und Batterien, kleinen Schaltern und Magneten eine faszinierende Möglichkeit, mehr zu verstehen. Auch mehr zu verstehen als seine Eltern. Eine Möglichkeit, sich aus dem Familiengetöse zurückzuziehen, die Dauerreden des Vaters nicht mehr ertragen zu müssen, der weitgehend literarisch-humanistischen Tradition der Familie etwas Eigenes, etwas Neues entgegenzusetzen. Er liebte seine kleine Schwester, vielleicht weil sie sich bei aller Verschiedenheit so ähnlich waren, sich so geschwisterlich ergänzten. Er sah, wie sie mit unglaublich zärtlichen Bewegungen ihre Tiere streichelte, besonders das kleine Rehkitz, wie sie, nur mit Gebärdensprache, vollkommen überzeugend zu ihnen redete, wie sie sie fütterte, wie ihre übergroßen braunen Augen feucht wurden, wenn einer von ihren Schützlingen krank war oder Schmerzen hatte. Er liebte sie, wahrscheinlich, weil sie so früh schon diesen Weg zu sich selbst gefunden hatte, einen ganz anderen als seinen. Oder wollte sie einfach nicht in diese Welt kommen? Sie war ganz bei ihren Gefühlen geblieben, war selber wie ein kleines Reh, mit ihren ängstlichen Augen. Er konnte sich nicht vorstellen, daß sie einmal größer oder gar erwachsen werden sollte. Manchmal hatte er den Eindruck, daß sie nicht sprechen könnte, nicht zu sprechen brauchte. Hatte sie überhaupt je sprechen gelernt? Sprechen wäre eine viel zu grobe Ausdrucksform für sie.

Die Mutter saß nicht weit von ihnen an ihrem Mahagoninähtischchen, auch sie ganz vertieft und dankbar für diese stille Stunde. Es war ein Spätnachmittag Anfang Dezember, draußen war es schon dunkel, und jeder hatte eine kleine Lampe an seinem Platz. Zwischen ihnen herrschte ein tiefes, wortloses Einverständnis. Plötzlich rumorte es draußen, die Tür flog mehr auf, als daß sie geöffnet wurde, und Vater und Tante Edda platzten mit lautem Gespräch herein. Die beiden konnten ja nicht leise sprechen und auch kaum zuhören, so daß sie sich gegenseitig zu übertönen versuchten und die Lautstärke sich immer mehr steigerte. Es ging wie-

der um die Ariernachweise. Jakob wußte das schon: Beim
großen Ariernachweis, der für Beamten gefordert wurde,
mußte man Deutschblütigkeit bis zum Jahre 1800 beweisen
(die Beweislast lag beim jeweiligen Bürger, damals hieß das
Volksgenosse). Tante Edda war als Nichtarierin von ihrem
Posten als Studienrätin entlassen worden. Vater blieb als
frei praktizierender Arzt im großen ganzen ungeschoren.
Zum kleinen Ariernachweis genügte es, daß die vier Großeltern nichtjüdisch waren. Damit konnte man dann Arbeiter,
Angestellter oder Freiberufler werden, wohl auch studieren
und normale Arier heiraten.

Tante Edda verteidigte doch tatsächlich die Nürnberger
Gesetze, deren Opfer sie wurde: »Hans, du mußt immerhin
einsehen, daß man das Deutschtum rein erhalten muß. Dafür müssen wir dann auch persönliche Opfer bringen!« Jakob traute seinen Ohren nicht, vor ein paar Wochen hatte
Frieda, das Dienstmädchen von Großvater und Tante Edda,
vor ihm geweint und geschluchzt: »Nee, nee, Jackel, so 'ne
Ungerechtigkeit, das gutte Frollein Edda darf nich mehr
Lehrerin bleiben!« Diesmal hielt Vater dagegen, und es
wurde ziemlich laut. Aber Jakob interessierte sich nicht
weiter dafür. Bei lauten Gesprächen schaltete er ab, er kon-
zentrierte sich jetzt ganz auf seine Magnetspulen. Beim Her-
einstürmen der beiden war die Kleine ängstlich zusammen-
gezuckt und hatte das Reh und den Teddybären fest an sich
gedrückt. Ihre Augen waren sofort wie stumm. In Jakobs
Gesicht konnte man Ärger über die Störung lesen (die zwei
Eintretenden sahen natürlich nichts), und er zog seine Uten-
silien näher an sich, damit sie ihm nichts durcheinander-
brächten. Nur Mutter blieb scheinbar gelassen und strickte
weiter. Der Vater versuchte jetzt, in Elisabeths Spielecke mit
den Tieren eine kleine Vorstellung für das Mädchen zu in-
szenieren, eine Handlung, in der Katze und Hund sich um
das Essen zanken, das ihnen während des Streits schließlich

der Affe stiehlt. Es war viel zu lehrhaft und konzentriert, als daß das Kind es verstehen konnte. Elisabeth blieb in ihrer ängstlichen Zurückgezogenheit, die beiden Lieblingstiere im Arm. Da Vater kein Publikum hatte (ohne Publikum machte er es nicht), hörte er bald auf. Dann fing Tante Edda an: »Nein, wie ist das Kind liebreizend, engelhaft und ätherisch. Ach, Elisabethchen, komm doch mal zu mir!« Und sie bückte sich nieder, um das Kind aufzuheben, tauchte mit ihrer hexenhaften Hakennase in die Sphäre des Kindes ein. Die Kleine weinte herzzerbrechend, aber sie hatte niemanden, zu dem sie jetzt flüchten konnte. Jakob hatte sich schon herausgezogen, Vater merkte nichts, und Mutter machte gemeinsame Sache mit Vater und Tante Edda: »Heul doch nicht gleich!« Dann zu Vater: »Ich glaube, sie ist erkältet und hat Halsschmerzen, willst du sie dir nicht mal ansehen?« Vater hörte das nicht mehr, weil er schon wieder mit Tante Edda über die Ariernachweise sprach und die Notwendigkeit, in diesen kritischen Zeiten Opfer zu bringen, auch wenn es ins eigene Leben einschnitt. Erst drei Tage später konnte Mutter den Vater dazu bringen, der Kleinen in den Hals zu schauen. Sofort bestand Verdacht auf Diphtherie, ein Abstrich wurde gemacht und eingeschickt. Da lag die Kleine schon ganz apathisch da. Jakob durfte sie nicht mehr sehen, sie war wegen der Ansteckungsgefahr im hintersten Teil der Wohnung isoliert. Der Verdacht bestätigte sich. Mutter hatte jetzt ihr Bett auch da hinten und war Tag und Nacht bei ihr. Auch die Mutter konnte Jakob jetzt nicht mehr sehen. Jakob hielt sich an Emmi, das Dienstmädchen, das später ihre eigenen Kinder Jakob und Elisabeth nennen wird. Medizinisch geschah eigentlich nichts, Vater meinte, die Natur müsse sich selber helfen. Alle schlichen leise durch die Wohnung. Die Wohnung roch nach Desinfektionsmitteln. Gegen Ende wurde ein Kinderarzt als Consiliarius hinzugezogen, aber da war es schon zu spät. Zehn

Tage vor Weihnachten starb die Schwester. An toxischer Diphtherie, wie es auf dem vom Vater ausgestellten Totenschein hieß. Das kleine Herz blieb vor Fieberschwäche, Auszehrung, Flüssigkeitsmangel und innerer Vergiftung durch die Diphtherietoxine einfach stehen.

Von jenem Abend an, als Vater und Tante Edda hereinstürmten und Elisabeth zu so schrecklichem Weinen brachten, als Vater ihr nicht in den Hals sehen wollte, von da an wußte Jakob, daß mit der kleinen Schwester etwas Schreckliches geschehen würde. Er hatte keine genaue Vorstellung, was das sein könnte, er wußte nur, daß sie von allen Erwachsenen im Stich gelassen wurde. Sie war so arm und allein, mitten im verschneiten Wald, wie das Sterntalermädchen, das wundersamerweise nicht längst vor Schwäche und Einsamkeit tot umgefallen war. Hier nützten auch die Goldstücke nichts. Das Schwesterchen mußte sich mit seinen Puppentieren wieder in ihre stille Welt zurückspielen, wieder das kleine Tierchen werden, als das sie auf die Welt gekommen war. Und noch weiter zurück. Das hätte Jakob damals natürlich nicht so ausdrücken können, aber er spürte, daß sich ein kostbares Stück Gefühl und Wärme von der Familie verabschieden wollte, weil es dort keinen Platz gefunden hatte.

Während Elisabeths Krankheit änderte sich am äußeren Leben wenig. Jakob ging weiter zur Schule und war eher noch fixer und aufmerksamer, wie er überhaupt in Zeiten äußerster seelischer Belastung nach außen hin besonders ruhig und zuvorkommend wirkte; dann durfte niemand nahe an ihn heran, das war sein Schutz, seine Flucht nach vorn. Am Sonnabend wurde es zugleich stiller und aufgeregter im Haus. Der Großvater kam mehrmals herunter, einmal blieb er beim Vorbeigehen in den hinteren Teil der Wohnung neben Jakob stehen und ließ sich dessen einfache Batterieschaltung erklären. Dann streichelte er ihm über das Haar.

Da wußte Jakob, daß es schlimm um die kleine Schwester stand. Tante Edda wollte mit ihm und seinen Geschwistern spazierengehen, aber er weigerte sich standhaft, mitzukommen, obwohl sie ihm das übelnahm. Emmi ging an diesem Sonnabendabend nicht, wie sonst regelmäßig, zu ihrem evangelischen Sing- und Lautenkreis. Sie setzte sich, während die anderen mit Tante Edda draußen waren, still zu ihm und stickte an einem Deckchen. Es fiel kein Wort zwischen ihnen, gerade das tat Jakob gut. Nach dem Abendessen wurden sie alle zu Bett gebracht. Emmi betete mit ihnen. Erst das normale Gebet: Lieber Gott, kannst alles geben, gib auch, was ich bitte nun; schütze diese Nacht mein Leben, laß mich sanft und sicher ruhn. Sieh von deinem Himmel nieder auf die lieben Eltern mein, laß uns morgen alle wieder fröhlich und dir dankbar sein. Als Emmi eine improvisierte Fürbitte für die kranke Schwester anschloß, brach ihr die Stimme. Die Brüder wunderten sich. Jakob weinte sich leise in den Schlaf.

Nach Mitternacht erwachte er von lautem Getrappel. Alle Erwachsenen waren vorn im Korridor, die Tür war halb offen, und er konnte alles mithören. Gerade war eine telefonische Verbindung nach Heidelberg zustande gekommen, Vater sprach mit Tante Hester: »Hestel, es ist alles vorbei, Elisabethchen ist vor einer halben Stunde gestorben!« Tante Edda jaulte bei diesen Worten ihres Bruders kurz auf. Dann ging das Gespräch endlos weiter, weil jeder mit jedem sprechen und immer wieder dasselbe sagen mußte. Nachtwandlerisch schob Jakob die Decke zur Seite, glitt geräuschlos aus seinem Bett und schlich durch die andere Tür nach hinten zur Schwester, mit bloßen Füßen, katzengleich. Er war so leicht, daß nicht einmal die Stufen des hinteren Treppenabsatzes unter ihm knarrten. Alles war hell erleuchtet. Elisabeth lag wie ein Wachspüppchen in dem Kinderbett, er hätte sie beinahe nicht erkannt, weil sie so klein geworden war. Und die Nase so spitz. Aber doch, sie war es: Dies überirdische Lächeln war ihr geblieben. Die Augen waren geschlossen, die doch das Wichtigste an ihr gewesen waren. Vorsichtig beugte er sich über das Bettgitter und ließ seine Fingerkuppen über ihre Wange gleiten. Sie war kalt! Ein Schlag warf ihn zu Boden. Plötzlich wußte er, was sterben heißt: nie, nie, nie wieder zurückkehren können. Er trommelte mit Fäusten auf den Holzfußboden und schrie und schluchzte wieder und wieder: Nein! Nein! Nein! Nein! Nein! Minutenlang, bis er merkte, daß ihm die Ballen weh taten und daß er vor Kälte und Erregung mit den Zähnen klapperte.

Niemand hörte ihn, weil alle im Vorderteil der großen Wohnung um das endlose Telefonereignis versammelt waren. Jakob schlich genauso leise und unbemerkt in sein Bett zurück. Jetzt waren die Schneidemühler am Telefon, und Mutter weinte gerade in den Hörer. Später kam der Vater ins Schlafzimmer, ging an die Betten seiner vier übriggebliebenen Kinder und streichelte jedem über die Haare. Jakob hätte ihn am liebsten abgeschüttelt und Mörder gerufen, aber sein Mund blieb stumm in der Qual. Vater mußte doch eine Gegenbewegung gespürt haben, er fragte leise: »Jackel, bist du wach?« »Ja.« »Elisabethchen ist gestorben, sie ist jetzt im Himmel.« »Ja, ich hab' gehört, wie ihr telefoniert habt.« Das sagte er ruhig und sachlich, schon war sein Schutzkreis wieder geschlossen. Später schlief er erschöpft ein, es kam niemand mehr an sein Bett. Am nächsten Morgen war der hintere Teil der Wohnung hermetisch verschlossen und wurde desinfiziert. Niemand sollte die Tote sehen, keines der Kinder den Sarg bemerken oder den Abtransport erleben, das geschah heimlich über die enge Hintertreppe. Die Kinder wurden deshalb im vorderen Teil der Wohnung beschäftigt. Natürlich wußte Jakob alles. Unter dem Vorwand, daß er aufs Klo gehe, verdrückte er sich ins

Eßzimmer und versteckte sich dort mit Blick auf den Hof zwischen Gardine und Fenster. Irgendwann liefen Leute über den Hof, und Türen wurden aufgesperrt. Dann schwebte der kleine weiße Sarg vorbei. Ja, er schwebte, es brauchte ihn niemand tragen. Die groben, schweren Männer hätten ihn auch gar nicht berühren dürfen, die machten nur die schweren Türen der Durchfahrt auf und später wieder zu. Ganz allein, strahlend, suchte sich die tote Schwester den Weg ins Freie. Als der Sarg in die dunkle Durchfahrt hineinschwebte, war diese von einem weißen, überirdischen Licht erfüllt. Und dieses Licht kam jetzt aus allen Fenstern des Hauses: Das ganze Haus war für einen Augenblick weißglühend! Dann fiel all das Schöne plötzlich in sich zusammen. Jetzt sah er, daß Emmi neben ihm stand, sie hatte ihn hinter der Gardine längst bemerkt. Fassungslos heulte er an ihrer Schulter. Dann zog sie ihr Taschentuch heraus und sagte nur: »Komm, ich wisch' dir die Tränen ab.« Minuten später war er wieder bei den anderen, und nichts war ihm anzumerken. Mutter fragte mißtrauisch: »Wo bist'n so lange gewesen?« Er antwortete nicht.

Der Tag der Beerdigung kam. In Taxen fuhr man nach Obernigk hinaus auf den kleinen Dorffriedhof. Es war ein bitterkalter Tag, sechs Tage vor Weihnachten und alles weiß verschneit. Damals gab es noch keine Heizung in Autos, Fußsäcke, Decken und Wärmflaschen wurden für die etwa einstündige Fahrt mitgenommen. Trotzdem war Jakob bei der Ankunft vor Kälte vollkommen erstarrt, vielleicht mehr innerlich als äußerlich. Als der Sarg, der jetzt nicht mehr strahlte, in die Grube hinabgelassen wurde, schrie er laut auf, warf sich auf den hartgefrorenen Boden, krallte sich fest und drückte sein blasses Gesicht in den dünnen Schnee. Alles krampfte sich in ihm zusammen, und er röchelte mehr, als daß er heulte. Eine Verwandte hob ihn auf (nicht seine Mutter) und brachte ihn zuckend und schluchzend zu einer der Taxen, wo der Fahrer ihn liebevoll einwickelte und beruhigte: »Nu, Jingerle, 's wird ooch mal wieder gutt. Flenn ock ruhig, dann wird's dir leichter ums Herze.« Auf der Rückfahrt erbrach er sich mehrmals und bekam schließlich hohes Fieber. Halb ohnmächtig wurde er ins Haus getragen und mußte mehrere Tage im Bett bleiben. Erst nach den Weihnachtsferien ging er wieder in die Schule.

Innerhalb des nächsten halben Jahres verlor jede der beiden Familien der Geschwister des Vaters ein Kind. Tante Hesters älteste Tochter starb mit acht Jahren an einer Lungenentzündung, und Onkel Fritz' zweiter Sohn wurde mit fünf Jahren auf dem Weg zum Kindergarten vom Auto überfahren.

Berlin

Der Großonkel war seit einigen Jahren Witwer. Seine beiden Söhne waren im Ersten Weltkrieg gefallen, die Tochter Annchen hatte 1922 Selbstmord begangen, und so lebte er jetzt allein in seiner Grunewaldvilla. Sein nächster Verwandter war sein Neffe, Jakobs Vater, zu dem er auf ganz natürliche Weise eine erwiderte Vater-Sohn-Beziehung entwickelt hatte. Denn eigentlich paßte auch Jakobs Vater besser zum Großonkel als zu seinem eigenen Vater.

Jakob durfte manchmal mit nach Berlin reisen. Schon die vierstündige Zugreise war aufregend genug, sie fuhren erster Klasse, da der Onkel alles spendierte. Der Großvater hielt das für Luxus und rausgeworfenes Geld, so hatte es jedenfalls Tante Edda berichtet, und Jakob hatte ihm gegenüber ein schlechtes Gewissen, als er sich in die roten Samtpolster drückte – und der Vater wahrscheinlich noch mehr. Zum ersten Mal aß er im Speisewagen, ein Wiener Schnitzel, so was gab es im häuslichen Speiseplan nicht. Jakob staunte, wie flink der Kellner sich bewegte und wie oft er sich verbeugte. Wie er in Kurven das Tablett im Gleichgewicht behielt! Wie er schließlich die Geldtasche mit einem eleganten Schwung hinter den Frackschößen plazierte und »Danke, mein Herr!« sagte! Am Schlesischen Bahnhof stand Klopsch, der Chauffeur, auf dem Bahnsteig, nahm den Koffer und trug ihn zum beigefarbigen großen Horch. Das Haus lag im alten Grunewaldviertel unweit der Erdener Straße, durch die etwa zehn Jahre später die Berliner Juden zum Bahnhof Grunewald getrieben wurden, von wo sie in Viehwaggons nach Auschwitz transportiert wurden. Der Großonkel Meffert war ein erfolgreicher Anwalt, die Villa eine Mitgift des Schwiegervaters, des jüdischen Kaufmanns Immerwahr aus Breslau; der Großonkel hätte sich das gleich nach seiner Hochzeit noch nicht leisten können. Jetzt freilich war er ein reicher Mann, der auch mit seinem Reichtum etwas anzufangen wußte und das Leben zu genießen verstand, nach Italien oder Amerika reiste, Künstler unterstützte, einen exquisiten Weinkeller besaß, im Adlon stets vom Geschäftsführer persönlich an seinen Tisch geleitet wurde. Kürzlich war er von einer Ägyptenreise zurückgekehrt, die er zusammen mit seinem Schwager Fritz Haber unternommen hatte; davon erzählte er begeistert und plastisch, wobei nicht immer alles genau stimmen mußte, Hauptsache, daß es interessant war und eine Wirkung auf die Zuhörer hatte.

Jakob war von dem alten Mann fasziniert, aber auch von seiner lauten Direktheit ein wenig eingeschüchtert. Er war wirklich das Gegenteil vom Großvater, der damals schon eine feste Leitfigur für Jakobs Bild eines alten Mannes war. Er trug einen riesigen weißen Vollbart, gepflegt und nur unter den Mundwinkeln von den schweren Zigarren, die er rauchte, ein wenig gelb gefärbt. Als er sich einmal zur Seite drehte, bemerkte Jakob, daß er eine Krawattennadel mit einer großen Perle und Brillanten trug. Jakob fragte verwundert: »Warum trägst'n du 'ne Schlipsperle, wo man die doch sowieso nich' sieht?« Er lachte dröhnend: »Gut beobachtet, mein Junge, das tu' ich aus Selbstachtung!« Der Vollbart war im preußischen Deutschland ein Zeichen von bürgerlicher Liberalität, ein Rest von Achtundvierzigertum, ein Bekenntnis zum liberalen 99-Tage-Kaiser Friedrich und damit ein Ausweis des Antiwilhelmismus. Aber solche Zeichen hatten jetzt schon kaum noch Bedeutung. Die Umwertung aller Werte war bereits eingeleitet und die dumme, eitle, antibürgerliche Oberlippenfliege eines Adolf Hitler schon im Kommen.

Die Wohnung von Jakobs Eltern war nicht gerade klein, aber diese Grunewaldvilla war fast unerforschbar groß. Jakob ging durch die schwere Haustür über eine breite Marmortreppe in eine große, holzgetäfelte Diele, die über zwei Stockwerke offen war. Eine geschwungene, behäbige Eichentreppe führte nach oben auf die Galerie, von der zahlreiche Schlafzimmer abgingen. Dort hatte der Onkel auch sein Büro und die Kanzlei. Seine Empfangsdame hieß Frau Sanders, hatte alles im Griff und ein echtes Berliner Mundwerk. Wenn Jakob etwas über den häuslichen Betrieb wissen wollte, konnte er sich bei ihr erschöpfende Auskunft holen. Hinter der Diele, in einer Linie mit der Haustür, lag das große Gesellschaftszimmer, das jetzt nur noch selten benutzt wurde, aber voller merkwürdiger Requisiten war: Kunstgegenstände und auch Kitsch von den vielen Reisen, neuerdings ein ägyptischer Horusfalke aus grünlichem Stein. Daneben eine Nachbildung der Nofretete in Originalgröße aus dem Berliner Museum. Jakob bewunderte den langen, schmalen Hals, das feine, kleine Gesicht, das ergründliche Lächeln, die exotischen Nasenlöcher und fragte sich, ob es so etwas in Wirklichkeit geben könnte. Heutzutage jedenfalls nicht mehr, entschied er. Auf der anderen Seite standen viele Bücherschränke, auch mit Werken in fremden Sprachen. Der Onkel sprach und las fließend Französisch, Englisch und Italienisch. Zwischen zwei Bücherschränken eine gipserne Goethebüste auf einem Sockel. Mit der hatten sich Vater und Onkel Fritz den in der Familie berühmt gewordenen Spaß erlaubt: Am Morgen des 28. August, vielleicht Goethes 180. Geburtstag, saß ein mit Frack bekleideter Johann Wolfgang auf dem Klo. Das Foto machte die Runde in der Familie.

Natürlich gab es in dem großen Raum überall Sessel und Sofas, und er war dick mit Teppichen belegt. Vom Gesellschaftszimmer konnte man durch eine breite Tür hinaus auf die große Terrasse gehen, von wo flache, lange Stufen auf die Wiese und direkt hinunter zum See führten. Der Garten mutete verwunschen an, und man hätte hier herrlich Verstecken spielen können, aber das hatte wohl schon seit Jahrzehnten hier kein Kind getan. Unten am See gab es sogar einen hölzernen Bootssteg mit einem kleinen Ruderboot. Allein hätte sich da Jakob nie hinausgetraut, obwohl er schon gut schwimmen konnte. Ringsum war alles so vornehm-unheimlich. Man sah nie Menschen in den Häusern und parkartigen Gärten. Und das Wasser war so moorig-trübe, man konnte nicht hindurchsehen, und es schien unendlich tief zu sein. Viele der Häuser gehörten reichen Juden, Namen wie Samuel Fischer, Mendelssohn, Max Liebermann waren hier zu Hause. Das wußte Jakob natürlich nicht, aber vielleicht spürte er doch den Hauch des Untergangs, des Verfalls, der weniger als ein Jahr danach tatsächlich einsetzen sollte. Es war die Zeit, in der die Nazis, schon vor 1933, dem kulturellen Berlin, mit seinem Max-Reinhardt-Theater, mit seinen Kaiser-Wilhelm-Instituten, die vielfach von berühmten jüdischen Wissenschaftlern geleitet wurden, mit seinen Cabarets, mit der ›Dreigroschenoper‹, mit den Comedian Harmonists, durch gezielte Provokationen und Schlägereien, durch den Goebbelsschen SA-Terror, den Garaus zu machen begannen. Sie waren dabei, dem ganzen Weimarer Quatsch, wie sie ihn nannten, den Todesstoß zu versetzen. Der Neunjährige spürte die apokalyptische Atmosphäre, und deswegen war ihm die reiche Gegend unheimlich. Er bestieg nur einmal den Kahn, mit Vater zusammen, und sie ruderten an den Villen entlang, unter schmiedeeisernen Brücken hindurch, unter überhängenden Weiden, vorbei an zierlichen hölzernen Bootshäuschen und zurück zum Haus des Onkels. Meist aber spielte er allein am Ufer, wenn oben die Erwachsenen ihre Gespräche führten, ließ Holzstückchen schwimmen, dirigierte sie mit einer Gerte, steckte einen Zweig als Mast in ein Holzbrettchen und ließ es, mit einem Ahornblatt als Segel, davonziehen. Manchmal zogen Schwäne vorbei und hinterließen fächerförmige Muster im Wasser. Einmal wasserte ein Schwan mit großem Getöse und Gespritze nur wenige Meter von ihm entfernt; da zog er sich doch erschreckt hinter einen Baum zurück.

Im Parterre gab es das große und das kleine Speisezimmer – letzteres wurde jetzt fast ausschließlich benutzt – und gleich rechts von der Diele den Salon, alles in dunklem Holz getäfelt, reich möbliert und mit Teppichen oft mehrfach belegt, so daß im ganzen Haus gedämpfte Stille herrschte. Für Jakob gab es viel zu sehen: Familienbilder, die ihm der Vater erklärte, Stiche aus Italien, ein Vesuvausbruch und ein Canaletto von Venedig, eine Vitrine mit Kriegsorden der gefallenen Söhne, alte türkische oder maurische Säbel an den Wänden, eine große Fotografie der Niagarafälle und vieles andere. Er konnte stundenlang beobachten, während die Erwachsenen ihre Gespräche führten. Dachgeschoß und Keller waren aber fast noch interessanter. Da oben wohnten Klopschens, er Hausmeister und Chauffeur, sie Köchin und

Haushälterin. Es gab weiteres Personal, aber das trat nicht so in Erscheinung und gehörte wohl auch nicht ständig zum Haus. Auch die Wohnung im Dachgeschoß war riesig und konnte von den Klopschens gar nicht genutzt werden, viele Räume waren Rumpelkammern. Das Schönste am Haus war die Turmstube, zu der eine kleine Nebentreppe hinaufführte und die gemütlich eingerichtet war. Frau Klopsch hatte ihn zum ersten Mal dahin geführt, denn von der Familie ging nie jemand dort hinauf, die waren alle mehr am Reden als an den Ausblicken interessiert. Jakob war erstaunt, was für einen Ausblick man von dort oben hatte. Überall blinkten Wasserflächen zwischen den Bäumen hindurch, nach allen Seiten erstreckten sich die schönen Villen, auf der Königsallee die Straßenbahn, auf der anderen Seite in einiger Entfernung der Bahndamm, auf dem ab und zu ein S-Bahn-Zug vorbeirasselte. Weiter hinten der Funkturm, der abends prächtig erleuchtet war.

Überhaupt verstand er sich mit Frau Klopsch gut, er durfte ihr auch beim Kochen zuschauen. Die riesige Küche mit verschiedenen Vorratskammern lag im Untergeschoß. Hier ging es ganz anders und viel raffinierter zu als zu Hause, nur edelste Zutaten, viele französische und italienische Rezepte, Pasteten, herrliche Nachspeisen, keine Puddings oder gewöhnliche Kompotte, sondern Cremes, Mousse, Kandiertes, Biskuitspeisen. Auf viele jüdische Rezepte der verstorbenen Tante Immerwahr legte der Onkel großen Wert, und Frau Klopsch konnte sie originalgetreu nachkochen: gefilte Fisch, gefüllter Gänsehals …

Nach dem guten Essen machte Jakob mit dem Vater einen »kleinen Verdauungsspaziergang«, wie der das nannte. Sie kamen an der Stelle vorbei, wo Walther Rathenau vor zehn Jahren ermordet worden war, im offenen Auto auf dem Weg von seiner Grunewaldvilla ins Ministerium, an der Ecke Königsallee und Erdener Straße, in einer Kurve, in der der Chauffeur langsamer fahren mußte. »Gut geplant«, sagte der Vater. Jakob glaubte so etwas wie eine Billigung des Mordes herauszuhören und fragte nach. »Nun ja, er war schon einer, der den verdammten Versailler Vertrag buchstabengetreu erfüllen wollte, und dafür hat er eine saftige Abreibung verdient. Aber sie hätten ihn ja nicht gerade töten müssen. Jedenfalls waren die Täter anständige Frontoffiziere, die aus ehrlicher Überzeugung gehandelt haben. Einen kenn' ich sogar, ein netter Kerl. Na ja, lange mußten sie ja nicht sitzen.« Jakob mußte jetzt lebhaft an den Großvater denken. Und auch an die tote Katze.

Am Sonntag vormittag hatte der Onkel zu einem Austernfrühstück eingeladen, um mit seinen alten Freunden die Rückkehr von der Ägyptenreise zu feiern und um zu erzählen. Ein gutes Dutzend alter Herren versammelte sich nach und nach zwischen elf und zwölf Uhr, Anwälte, Professoren aus Dahlem, Bankdirektoren, der Admiral Manthey, der Schwager Gottstein, Staatssekretär im Gesundheitsministerium, mit seiner unscheinbaren Frau, der Tante Mimi, der Admiral Raeder, der später unter Hitler Großadmiral wurde, der Porträtmaler Harnisch, der wenige Jahre später das bekannteste Führerporträt anfertigen sollte, und dann natürlich Fritz Haber, der berühmte Schwager, Nobelpreisträger, Erfinder des Gaskrieges und der Ammoniaksynthese, mit der man endlich genug Stickstoff aus der Luft gewinnen konnte, für Düngung und für all die vielen Sprengstoffe, wie Salpeter und TNT (Trinitrotoluol). Er erhielt von der BASF »nur« einen Pfennig pro Kilo Stickstoff als Erfindervergütung. Da aber jährlich viele hunderttausend Tonnen Ammoniak hergestellt wurden, waren das viele Millionen Mark. (Merkwürdig, daß Nobelpreise und Sprengstoffe miteinander verknüpft sind, denn Nobel hatte ja sein Stiftungsvermögen mit der Erfindung des Dynamits erworben.)

Während die Herrschaften langsam eintrafen, war Jakob unten bei Frau Klopsch in der Küche. Da sah er zum ersten Mal Austern. Eigentlich sahen sie ganz interessant aus in ihren bizarren, barocken Formen. Herr Klopsch tat sich schwer beim Öffnen, denn an die zweihundert mußten aufgeknackt werden. Geschickt setzte er das spitze, kurze Austernmesser am Gelenk der Muschel an und bohrte es kraftvoll hinein, den Holzgriff fest in seiner großen Faust, bis die Muschel, tödlich getroffen, aufgab und die Schalen sich öffneten. Dabei kam es darauf an, daß das Meerwasser nicht herausfloß, denn der natürliche Salzgeschmack war wesentlich für den Genuß, das hatte ihm der Hausherr oft genug eingeschärft. Klopsch schimpfte: »Det der olle Meffert ooch sowatt ausjefallnet ham will. Und eijentlisch is et ja ›i gitt i gitt‹, so jlitschisch und schleimisch. Und unjlaublick mihsam, bis man's jeeffnet hat. Und dann is nischt dran. Da lob' ick ma so 'ne ächte Boulette oder n' Rippken mit Kraut.« »Laß doch dem Ollen sein Vajniijen, Klopsch, er bezahlt uns ja juut und is ooch sonst 'n feiner Herr. Wenn nur die Braun'n nich' drankomm', dann jeht's ihm und ooch uns iibel.« »Och watt, 'n bisken mehr Jerechtikkeet fa die armen Volksjenossen tät nischt' schaden. Missen die hier unbedingt Austern und Kaviar runterwürjen?« »Mensch, Klopsch, laß ihn'n doch det kleene Vajniijn. Wat meens'te, wat die varrickten Politika fa Jeld rausschmeiß'n fa nischt unn wieda nischt.«

Jakob half der Klopschn, die geöffneten Austern auf Platten mit gestoßenem Eis zu verteilen, er fand sie eklig-glitschig, aber auch interessant und schaurig-schön. Klopsch servierte sie dann oben mit weißen Handschuhen, die so gar nicht zu seinen Bärentatzen paßten. Dazu wurde Chablis eingeschenkt. Die Ägyptenreise war das Gesprächsthema. Fritz Haber brillierte – wie stets. Ob es die Besteigung der Pyramiden, die Fahrt auf dem Nildampfer bis Assuan, die

Besichtigung der Luxortempel oder des vor kurzem entdeckten Tut-ench-Amun-Grabes im Tal der Könige war, Haber erzählte alles als einmalige, aufregende Neuigkeit, so, als seien er und der Onkel die ersten Ägyptenreisenden gewesen. Und alle alten Herren waren völlig überzeugt, daß das eine einmalige, erstmalige, völlig neuartige Expedition gewesen sei, waren begeistert und voller Bewunderung und schlürften zwischendurch ihre Austern und ihren Chablis. Jakob hörte gebannt zu. Obwohl er bei weitem nicht alles verstand, begriff er doch, daß es andere, uralte Kulturen gab, die sogar mit der Realität Moses' zu tun hatten und mit ihm zusammenhingen. Im Ägyptischen Museum in Kairo, so berichtete Haber mit Emphase, sei die Skulptur eines Hofbeamten aus der Zeit des Echnaton zu sehen, der möglicherweise mit dem Statthalter des Pharaos, Joseph, des Sohnes des biblischen Jakob, identisch sei. Fritz Haber besaß, vielleicht wegen seines unbegrenzten Selbstbewußtseins, eine ungeheure Ausstrahlung. Wenn er, der mit seinen hinter dem Zwicker verdeckten Augen, seiner spiegelnden Platte, seinen wulstigen Lippen, seinem fleischigen Gesicht eigentlich häßlich war, zu reden anfing, leuchtete sein Gesicht geradezu dämonisch. Jakob empfand plötzlich lähmende Angst. Kein Wunder, daß Fritz Habers erste Frau Clara Immerwahr sich das Leben genommen hatte.

Ein Jahr später mußte dieser preußische Jude in die Schweiz emigrieren, wo er bald darauf im Alter von 65 Jahren an gebrochenem Herzen starb. Denn dieser eitle und erfolgsverwöhnte Mann hatte ein Herz, das brechen konnte.

Zwei Jahre später, Ende 1934, war Jakob noch einmal mit beiden Eltern beim Onkel. Zu der Zeit war er schon ziemlich krank, hatte Wasser in den Beinen, und Deutschland war aufgebrochen. Düsternis hatte sich über das Grunewaldviertel gelegt, und Nazibonzen begannen, von den

Villen Besitz zu ergreifen. Auch bei Klopschens war düstere Stimmung, der Sohn war als aktives SPD-Mitglied einige Wochen in Haft gewesen, dort schwer mißhandelt und anschließend aus dem städtischen Dienst als politisch unzuverlässig entlassen worden. Der Onkel verstand das alles – zum Glück – nicht mehr richtig.

An einem Vormittag kam Hähnchen vorbei, der alte Freund Otto Hahn. Jakob und er schlossen sofort Freundschaft. Für den Onkel, zur unfehlbaren Heilung seiner Gebrechen, hatte er die Rose von Jericho mitgebracht, ein vertrocknetes und verschrumpeltes Gebilde, das sich in einer Glasschale mit Wasser innerhalb von Minuten in eine blühende, verlockende Rose verwandelte, die enorme Heilkraft bei Herzbeschwerden und Durchblutungsstörungen besaß, wenn man das kalte, glitschige Ding täglich für einige Minuten auf die Brust legte. Hahn wußte so überzeugend zu erzählen, von der Wüste um Jericho, wo es nur alle paar Jahre einmal regnete, von den Felsspalten, in denen die Rose jahrelang überdauern könne, bis sie dann durch einen einzigen Regenguß zum Leben erweckt würde, wie die Araberkinder aufgeregt gleich nach dem Regen auf die Suche gingen, um die Rose ihren alten, gebrechlichen Großeltern auf die Brust zu legen. Ja, dachte Jakob, die Rose muß einfach wirksam sein.

Otto Hahn fragte Jakob, was er später einmal werden wolle. Forscher? »Dann willst du wohl fremde Erdteile erforschen?« »Nein, nein, Herr Hahn, mehr so elektrische Sachen. Oder: warum die Sonne und die Sterne dauernd leuchten. Das find' ich interessant. Die müßten sich doch rasch abkühlen bei der Kälte im Weltraum.« »Junge, Junge, was du für Fragen stellst! Ich bin nämlich auch Forscher. Aber das kann ich dir nicht beantworten, noch nicht. Das hat aber etwas mit Atomzerfall zu tun.« »Was? Atome können doch gar nicht zerfallen, daraus ist doch alles zusammengesetzt, und kleiner geht's nicht mehr.« »Stimmt – oder besser: hat bis vor kurzem gestimmt. Bei mir im Institut gibt's ein paar seltsame Atome, die doch tatsächlich zerfallen können. Und das geschieht nicht einfach so, sondern nach bestimmten Regeln, die ich gerade herauszubekommen versuche.« Jakob war wie gebannt, leider mußte Otto Hahn bald weg. Zum Abschied sagte er noch: »Wenn du wieder mal hier bist, kannst du mich ja mit dem Onkel Meffert im Institut besuchen.« Dazu kam es nicht mehr, denn der Großonkel starb wenige Monate später.

Und bald senkte sich auch die braune Finsternis über Berlin.

Frau Dr. Mohnheim

Vaters Praxis lief sehr gut, er konnte es trotz seiner großen Arbeitskapazität und seinem geringen Schlafbedürfnis kaum mehr schaffen. Manchmal hörte Jakob nachts im Schlaf das Telefon klingeln und den Vater mit den schweren »Entbindungskoffern« davongehen. Wenn er dann im Morgengrauen zurückkam, legte er sich meist nicht mehr ins Bett, sondern ging in die Werkstatt im Hinterhaus. Dort bastelte er an irgendeinem größeren Spielzeug für einen der Kindergeburtstage oder für Weihnachten, und Jakob hörte morgens beim Aufwachen von fern das Geräusch der Laubsäge oder Bohrmaschine. Das war ihm in dieser frühen Morgenstunde zwischen Traum und Tag unheimlich. Er beneidete den Vater auch um seine Unermüdlichkeit. Das würde er nie schaffen. Ihm war nach dem Aufstehen erst einmal eine Weile lang schlecht und zitterig.

Aber dann nahm Vater sich doch eine junge Kollegin, die frisch von der Universität kam, zur Hilfe, mindestens für die Routine und für die Sonntagsdienste. Sie hieß Frau Doktor

Mohnheim. Als nachmittags die Sprechstunde zu Ende war und Jakob, wie öfter, zum Vater ins Sprechzimmer ging, sah er sie zum ersten Mal. Sie hörte ihn kommen, ging auf ihn zu, nahm seine schmale Hand und hielt sie in dem warmen, weichen, aber gleichzeitig festen Fleisch ihrer Handhöhle. Da war nichts von Knochen zu spüren wie bei der Mutter oder den meisten Tanten: »Ach, du bist der Jackel, von dir habe ich schon so viel Gutes und Liebes gehört. Komm, setz dich zu mir, ich muß nur noch die paar Krankenscheine eintragen.« Sie zog ihn zu sich, so nahe, daß er ihre breite Hüfte berührte, und plazierte ihn dann auf den Patientenstuhl neben ihrem Schreibtisch. Während sie die Eintragungen machte, konnte er sie in Ruhe betrachten. Sie hatte sehr volles, starkes, brünettes Haar, das sich nicht recht in die Bubikopffrisur einzwängen ließ, große, lustige Augen, zwischen bernsteinfarben und grün, und einen breiten Mund mit sehr vollen Lippen, die überdies noch rot geschminkt waren. Das war zu Beginn der Nazizeit zwar noch möglich, aber bereits unüblich und auffallend. Die deutsche Frau schminkt sich nicht! Der Meinung waren auch Tante Edda und Jakobs Mutter, sie hatten gestern beim Essen gesagt, daß die Neue ziemlich unmöglich sei. Er war dadurch nur um so neugieriger geworden.

Sie kam ihm keineswegs unmöglich vor. Wie er so neben ihr saß, bestaunte er ihre rosige Haut, die Grübchen an den Handgelenken und neben dem Mund. Sie hatte einen größeren Busen als alle jüngeren Frauen, die er kannte. Und sie trug ihn sehr stolz (er hätte das damals freilich nicht so ausdrücken können). Natürlich gab es alte Tanten und Großtanten, die riesige Balkone vor sich herschoben, das fand er unappetitlich. Die rochen auch so muffig und säuerlich. Die hier war auf fast unheimliche Weise schön, lebensvoll und appetitlich. Sie duftete süßlich, schwer, fast schwermütig. Das war wohl Parfüm (was in der preußischen Familie als

116

ein bißchen anrüchig galt); Jakobs Mutter benutzte höchstens 4711. Und wie geschmeidig sie sich bei ihren Hantierungen bewegte. Sie spürte den Blick des Jungen auf sich und genoß das.

»So, jetzt muß ich nur noch ordnen, die rosa, die weißen und die hellgrünen auf je einen Stapel. Und dann nach dem Alphabet. Willst' mir dabei helfen?« Begeistert sortierte er die Krankenscheine und war beim alphabetischen Sortieren sogar fixer als sie. »Na, du bist ja helle! Aber auch sonst mag ich dich«, und sie legte ihm den Arm um die Schultern. Welche Wärme da überfloß, es war nicht zu fassen, er fühlte sich ganz stark. »Ich mag Sie auch sehr, Frau Doktor, ich ... ich bin mit ihnen ... be ... freundet!« Er lachte sie selig an. Sie drückte ihn für einen Moment fest an sich, so daß er mit wonnigem Erschauern ihre Brust spürte, und machte sich dann zum Fortgehen bereit. Das dauerte bei ihr lange, weil sie sich erst noch vor dem Spiegel zurechtmachen mußte, die Haare glätten, die Kappe aufsetzen, den Seidenschal umlegen. Und Jakob durfte zusehen. Das Aufsetzen der Kappe dauerte allein fünf Minuten – Jakob konnte es gar nicht lang genug dauern. In den nächsten Wochen besuchte er sie fast täglich im Sprechzimmer nach der Sprechstunde.

Vater hatte öfter etwas mit ihr zu besprechen, auch nachdem sie schon mit der Praxisvertretung aufgehört hatte. Sie wohnte, zusammen mit ihrer Mutter, in einer großbürgerlichen Etagenwohnung in der Rehdigerstraße. Jakob durfte den Vater gelegentlich dort hinbegleiten. Schon das Treppenhaus mit den bunten Jugendstilfenstern war beeindruckend, noch mehr die mit dunkelblauem Teppich belegten weißen Marmortreppen. Der Teppichläufer wurde auf jeder Stufe von Messingstangen gehalten, die immer blank geputzt waren. Und die Wohnung war so hell und licht. Aber das Schönste für Jakob waren die Blumensträuße: im Frühjahr Tulpen und Narzissen und blühende Kirschzweige (er wußte gar nicht, daß man von blühenden Bäumen Zweige schneiden kann), im Sommer große, fast riesige Mohnblumen, Rittersporn, Gladiolen, im Herbst Astern und Sonnenblumen, viele große Vasen voll, teils auf dem Boden stehend, teils auf dem weitläufig verteilten, edlen Mobiliar. Bunt und üppig wie sie. Ein unbeschreiblich verlockender Duft durchzog die Wohnung. Aber das Wunderbarste war, wenn sie auftrat. Ja, es war ein Auftritt. Auf den hatte er lange gewartet. Sie war viel schöner und bunter als ihre Blumen! Meist ging sie sogar zuerst auf ihn zu und drückte ihn ein wenig an sich, was Wonneschauer in ihm erzeugte, stellte ihm dann ein Schälchen mit Süßigkeiten und etwas zu lesen in eine bequeme Sofaecke (solche bequemen Ecken gab es bei ihnen zu Hause nicht) und zog sich dann mit dem Vater zur Besprechung in den hinteren Teil der Wohnung zurück. Wie der hintere Teil der Wohnung aussah, wußte er nicht, da kam er nie hin. Jedenfalls stand ihr Schreibtisch vor einem der Fenster des weitläufigen Wohnzimmers. Dort hatte sie auch ihre Besprechungsunterlagen liegenlassen, die sie wohl nicht so nötig brauchte. Die Wohnung war ganz mit Perserteppichen ausgelegt, die alle Geräusche sehr dämpften. Auch die Türen waren sehr solide. Manchmal war ihm unheimlich in der Stille, er konnte weder den Vater noch sie reden hören. Dann vertiefte er sich in seine Lektüre und hätte wahrscheinlich ohnehin nichts wahrgenommen.

Nach einer guten halben Stunde hörte er von hinten eine Klospülung rauschen, und nach weiteren zehn Minuten war die Besprechung schließlich zu Ende, der Vater und sie erschienen wieder. Sie wirkte noch schöner, hatte noch rötere Backen und glänzendere Augen. Nur roch sie etwas fremdartig, als sie sich zum Abschied zu ihm herunterbeugte, fast so wie der Vater, was doch gar nicht zu ihr paßte. Der Vater war dagegen etwas blaß, für ihn mußte die Besprechung wohl eher anstrengend gewesen sein. Auch war er auf dem Heimweg zuerst ziemlich still, bis er allmählich wieder in seinen Geschichtenerzählton verfiel. Zu Hause war Mutter recht mürrisch. Nach dem Abendessen, als Vater schon wieder in der Praxis zu tun hatte, fragte sie Jakob, wie es denn bei den Mohnheims gewesen sei. Jakob erzählte begeistert von der schönen Wohnung mit den vielen Blumen. Seine Mutter mußte wohl einen Vorwurf herausgehört haben, daß es zu Hause nicht so schön sei, jedenfalls wurde sie wütend und schnauzte ihn giftig an: »Dann geh' halt öfter mit dem Vater dorthin!«

Gänge mit Großvater

Es war ein klarer, kalter Winternachmittag, und der zunehmende Halbmond stand am Himmel. Großvater hatte noch ein paar Krankenbesuche zu machen, und Jakob begleitete ihn. Es herrschte ziemlicher Frost, und Großvater hatte seine Hände in einem warmen Pelzmuff. Jakob kannte sonst keinen Mann, der einen Muff trug, und fragte den Großvater, warum er das tue: Für einen Arzt seien die Hände das wichtigste Instrument, und die müßten warm sein, damit sie richtig funktionierten. Zum Beispiel die Frau, zu der sie jetzt gingen, hätte Bauchschmerzen. Da müßte er ihr den Leib abtasten. Das könne er schon ihretwegen nicht mit kalten Händen tun. Aber die Hände fühlten auch nicht so fein, wenn sie kalt seien. Mit seinen Händen könne er fühlen, ob es nur Blähungen seien oder eine Blasenentzündung oder gar eine Blinddarmentzündung. Natürlich komme noch einiges hinzu, bei Blinddarm ein leichtes Fieber, bei Blasenentzündung müsse man den Urin untersuchen, aber das Wichtigste seien erst mal die Hände.

Der Großvater hatte schöne Hände, denen man sich gern

anvertraute, mit langen, sensiblen, aber keineswegs schwachen Fingern. Wenn er mit Jakob bei wärmerem Wetter auf Krankenbesuche ging, faßte er ihn gern bei der Hand. Jakob hatte jetzt dicke Wollhandschuhe an und eine Pudelmütze auf dem Kopf, der Großvater eine Pelzmütze. Trotz seiner siebzig Jahre ging er federnd und leicht. Genauso leicht und mühelos konnte man mit ihm reden. Und so war Jakob überhaupt nicht kalt, weil das Gespräch ihn fesselte. Es ging jetzt um den Mond, warum er erst halb und dann voll und dann wieder andersherum halb zu sehen sei, daß er sich um die Erde drehte und diese sich gleichzeitig um die Sonne. Warum sie dann niemals zusammenstießen? Großvater erklärte ihm die Entfernungen und Bewegungsgesetze. Nein, zusammenstoßen könnten sie nicht, aber immerhin könnten sie sich gelegentlich das Licht wegnehmen, sich verdekken, wenn Sonne, Erde und Mond zufällig in einer Linie stünden. Wenn der Schatten der Erde auf den Mond falle, so nenne man das eine Mondfinsternis. Jakob dachte eine Weile angestrengt nach, was sich bei ihm in vermehrtem Hüpfen während des Gehens äußerte. Plötzlich rannte er zwei Schritte vor, stellte sich breitbeinig quer vor den Großvater, so daß dieser stehenbleiben mußte, und sagte mit leiser, aber fester Stimme: »Dann kann also eine Mondfinsternis nur bei Vollmond auftreten, Großvater!« »Tatsächlich, darüber habe ich noch gar nicht nachgedacht.« Diese altklug-gescheite Bemerkung seines Enkels erzählte der stolze Großvater bei nächster Gelegenheit Tante Edda, von wo sie Eingang in die von ihr gesteuerte Familienkorrespondenz und Familienfama fand.

Die Patientin habe höchstwahrscheinlich eine Blasenentzündung, sagte der Großvater auf dem Heimweg, er habe eine Urinprobe mitgenommen. Zu Hause im Sprechzimmer füllte er Proben in zwei Zentrifugenbecher der kleinen Handzentrifuge, die Jakob mit der Kurbel drehen durfte, so schnell er konnte. Der Überstand wurde in je zwei Reagenz-röhrchen gefüllt. Im einen wurde auf Eiweiß geprüft, indem ein Tropfen einer Flüssigkeit hineingeträufelt und dann alles auf dem Spiritusbrenner erhitzt wurde. Dicke, weißliche Wolken entstanden im Reagenzglas. Großvater schüttelte besorgt den Kopf. »Ist es sehr schlimm, Großvater?« »Na ja, ziemlich heftig und vor allem schmerzhaft, aber nicht eigentlich gefährlich. Wenn sie sich an meine Anweisungen hält, ist es in einer Woche wieder in Ordnung. Sie muß nur viel, viel Blasentee trinken.« »Wieviel denn, Großvater?« »Na, mindestens drei, besser vier Liter am Tag.« Jakob staunte; die Milchkanne, mit der er manchmal am Milch-wagen die Milch holte, faßte zwei Liter. Die Wolken im Reagenzglas hatten sich noch mehr verdichtet. »Das ist Ei-weiß. Ungefähr so, als wenn man mit Hühnerei eine Ein-laufsuppe macht. Aber natürlich nicht so appetitlich.« »Gibt's denn verschiedene Arten Eiweiß, Großvater?« »O ja, allein beim Menschen wahrscheinlich mehr als zwanzig, aber so genau weiß man das noch nicht, da gibt es noch viel zu erforschen.« Er wollte noch fragen, was »erforschen« ist und wie man das macht, aber diese Frage hob er sich für später auf.

Im anderen Röhrchen wurde vorsichtshalber auf Zucker geprüft (mit Fehlingscher Lösung), aber da ergab sich nichts. Das Sediment der Zentrifugenröhrchen strich Groß-vater mit einem kleinen Spatel auf ein Glasplättchen und legte es unter das Mikroskop. Jakob beobachtete den kon-zentriert beobachtenden Großvater. Die große Nase ver-deckte fast den glänzenden Messingtubus, der Gesichtsaus-druck war jetzt streng oder eher angestrengt, der weiße Spitzbart war gegen seine Brust gedrückt. Die feinen Finger hantierten an den verschiedenen Rädern. Nach einigen Mi-nuten fragte der Großvater: »Willst du mal durchsehen?« Jakob kniete sich auf den Schemel. Es dauerte eine Weile, bis er überhaupt etwas sah, und dann war es eher enttäuschend: Klumpen und Fetzen und längliche Dinger, wie Semmeln. »Das meiste sind Schleimhautreste, die durch die Entzündung abgestoßen worden sind, aber man kann auch ein paar Bakterien entdecken. Ich zeig dir mal welche, wenn ich anfärben muß. Bei Tuberkuloseverdacht zum Beispiel.«

Die Zeit des Abendessens war längst überschritten, aber wenn Jakob vom Großvater kam, durfte er zu spät kommen.

Viele ältere Patienten hatte der Großvater im Trinitas-Hospital, kurz der *Spittel* genannt. Es war das um die Mitte des 19. Jahrhunderts erbaute Altersheim einer frommen Stiftung, in welchem alte Ehepaare oder Verwitwete in eigenen, winzigen Wohnungen lebten, kochten, sich zankten und schließlich starben. Die Treppenhäuser waren eng und ausgetreten mit wackeligen Holzgeländern und rochen nach Kohldunst, Griebenschmalz und Schmierseife. Oft spielten sich rührend-groteske Eifersuchtsszenen zwischen siebzig- bis achtzigjährigen Ehepaaren ab. Einmal kam Großvater mit Jakob zur alten Pietschen, die beklagte sich: »Wissen Se, Herr San'tätsrat, mei Mann, was der Pietsch-Paule is, der hoat was mit insrer Nachbarin hier uff'm Flure, doas mecht' ich schweeren. Doas is Ihnen valleichte eene Pa'son! Der gibt ihr heimlich was von insrem Griewenschmalz. Und dann gloobt a noch, doaß ich das nich' merken tu! Da hoat der sich aober valleichte getäuscht! Gestern, als ich aus'm Goarten wieder hochkomm', merk' ich doch glei', doaß da was us'm Tippel fahlt. Paule, sprech ich, da fahlt ja woas aus'm Fatt-Tippel. Der tutt ganz tulpe und meent: 's werd wohl die Katze gewäst sein. Nu, da sprech ich: Pietsch, Pietsch! Da hat wohl ooch die Katze 'n Deckel ärschlich (= verkehrt herum) wieder druffgelegt!?«

Zu jeder Wohnung gehörte ein kleines Gärtchen mit einer Laube; die kleinen Parzellen waren über das weiträumige, von einer Mauer umfriedete Parkgelände verteilt. Dem Großvater stand als dem Spittelarzt auch eine solche Laube zu, so daß die Kinder ab und zu dort spielen konnten. Aber Jakob ging nicht gern hin, es war ihm unheimlich.

Fast jeden Tag mußte Großvater zur alten Frau Nitschke gehen. Sie hatte Krebs und schlimme Schmerzen, Großvater spritzte ihr täglich Morphium, aber es gab keine Hoffnung mehr. Jetzt bekam sie bereits zwei Spritzen am Tag. An diesem Nachmittag ging der Großvater mit seinem Enkel wieder zu Frau Nitschke. Vor dem Haus sagte er sehr ernst: »Es kann heute ein bißchen länger dauern, aber es wäre schön, wenn du trotzdem wartest und nicht nach Hause gehst!« »Natürlich warte ich, Großvater.« »Ich danke dir sehr, mein lieber Junge.« Es war eine fast feierliche Stimmung. Nach einer halben Stunde kam der Großvater wieder herunter, faßte, sichtlich bewegt, Jakobs Hand und sagte: »Komm, wir gehen einmal ums Viertel, dann kann ich der alten Frau Nitschke den Totenschein ausstellen.« Der elfjährige Jakob wußte sofort Bescheid: Der Großvater hatte sie erlöst. Es fiel kein Wort zwischen ihnen, es war auch kein Wort nötig, sie wußten ja alles, ohne Worte. Sie hatten sich an den Händen angefaßt und gingen wie in einer stillen Prozession durch die dunklen Straßen, bis sie wieder an dem Haus ankamen. Diesmal, zum ersten Male, nahm der Großvater den Enkel mit hinauf in die Wohnung. Durch die offene Zimmertür sah Jakob das wächserne Gesicht der Toten, sah, wie der Großvater noch einmal das Stethoskop ansetzte, wie er die Augenlider anhob und mit der Taschenlampe die Pupillenreflexe prüfte und dann, auf den Knien schreibend, den Totenschein ausstellte.

Als Jakob wenige Jahre später von der systematischen Nazieuthanasie erfuhr, wußte er längst, was Recht und was Unrecht, was echt und was unecht ist.

Lehrer

Die Umstrukturierung und Nazifizierung der gymnasialen Lehrkörper war bereits weitgehend abgeschlossen, als Jakob 1934 von der frommen, behüteten, vornehmen, katholischen Vorschule auf das Gymnasium kam. Aber so einfach war die Sache für die neuen Machthaber doch nicht. Zwar wurden jüdische und nichtarische Studienräte entlassen, denn dafür gab es das neue Gesetz zur *Wiederherstellung des Berufsbeamtentums*, aufgrund dessen auch Tante Edda den Dienst quittieren mußte, aber jemand, der sich nichts zuschulden kommen ließ und nur anderer Meinung war, konnte nicht so ohne weiteres hinausgeworfen werden. Denn noch war das Beamtenrecht gültig. Freimaurer gewesen zu sein (die Logen waren inzwischen verboten), war kein beamtenrechtlicher Tatbestand. Auch Demokraten (das Wort Demokrat war inzwischen ein Schimpfwort geworden) mußte man tolerieren, wenn sie sich beamtenrechtlich nichts zuschulden kommen ließen. In vielen Fällen aber wurden Straftatbestände konstruiert, Homosexualität mit Schülern, Unzucht mit Minderjährigen, mangelnde Wahrnehmung der Aufsichtspflicht, wenn z. B. ein Schüler in der Schule oder auf dem Nachhauseweg verunglückte, aber solche Konstruktionen gelangen bei inzwischen mißliebig gewordenen Lehrern nur selten. Der Direktor des Gymnasiums, zwar ein strammer Deutschnationaler, aber kein Nazi, hatte es verstanden, eine Reihe von hochqualifizierten Lehrern an seiner Schule zu versammeln, besonders unmittelbar nach 1933, als *demokratische* Direktoren durch Nazis ersetzt wurden, wobei man die Demokraten zwar ihrer Funktion entkleiden, aber doch nicht degradieren konnte. Dr. Hinkelmann, der Deutschlehrer, stand aufrecht und selbstbewußt über dem braunen Sumpf. Als ihn einmal ein Schüler mit »Herr Studienrat« anredete, sagte er kalt und stolz: »Entweder sag einfach Herr Hinkelmann, aber wenn schon Titel, dann bitte: Herr Oberstudiendirektor.« Denn der war er seiner Gehaltsgruppe nach geblieben. Später war Heidelck Jakobs Deutsch- und Klassenlehrer. Als Deutscher in Bromberg aufgewachsen, war er in den frühen dreißiger Jahren gewählter Abgeordneter im polnischen Sejm und vertrat dort die Belange der Deutschstämmigen in Westpreußen, bevor er an die Schule in Breslau kam. Er hatte einen weiten, internationalen Horizont und sah die gegenwärtigen Ereignisse in Deutschland mit den Augen des polnischen Landedelmannes. Die Nazis waren für ihn proletenhaft und dumm und verstanden nichts von internationalen Angelegenheiten, insbesondere nichts von der Vielfalt der Völker in Osteuropa, von ihrem fruchtbaren Zusammenleben über viele Jahrhunderte. Als der Polenfeldzug begann, kam Heidelck tief deprimiert in die Klasse und las ein Gedicht des polnischen Lyrikers St. Zeromski vor, erst auf polnisch und dann auf deutsch. Er sagte nichts dazu, ließ es von den Schülern interpretieren wie jedes deutsche Gedicht. Die Nazis in der Klasse wunderten sich. Es war für Heidelck gefährlich, aber Jakob und seine Freunde wußten sofort Bescheid.

Heidelck brachte ihnen auch bei, wie man einen Stoff gliedert und daß man einen Aufsatz nur schreiben kann, wenn man vor dem Beginn des eigentlichen Schreibens schon genau weiß, was man sagen will, daß man sich an das vorgegebene Thema halten muß. Einmal bekam Jakob einen flüssig und interessant geschriebenen Aufsatz mit der Note »Fünf« zurück und der Unterschrift »Thema verfehlt«. Er war erschrocken, denn es war die erste Fünf in seiner ganzen Schulzeit, aber dann sah er ein, daß Heidelck recht hatte.

Jakobs Lateinlehrer war Paul Linde, ein wirklicher Gelehrter, der den Zehn- bis Zwölfjährigen nicht nur die

Grammatik erklärte und einpaukte, sondern auch die Etymologie der Wörter ableitete, Verwandtschaften zu deutschen Wörtern aufdeckte und die Sprache als etwas Lebendiges darstellte, indem er immer wieder zeigte, wie auch im Lateinischen sich die Bedeutung der Vokabeln im Laufe der Jahrhunderte geändert hatte. Er war ein wirklicher Gelehrter und Privatdozent an der Universität, der gleichzeitig Studien über die versunkene Sprache der Etrusker trieb. Eines Morgens stürmte er sichtlich erregt und beglückt in die Klasse, hielt einen Zettel in der Hand und rief: »Jungs, ich habe das fünfte etruskische Wort entziffert.« Seine Augen leuchteten begeistert. Dann stellte er sich an die Tafel und leitete den Gedankengang seiner Entzifferung vor den Zwölfjährigen ab. Jakob wurde von der wissenschaftlichen Begeisterung des Lehrers mitgerissen und hielt eine Zeitlang das Etruskische für die wichtigste Fremdsprache. Wahrscheinlich war es das erste Mal in seinem Leben, daß er die Begeisterung für wissenschaftliches Arbeiten bei einem Menschen spürte.

Im nächsten Jahr gab es einen jähen Absturz: Dopke wurde Klassen- und auch Lateinlehrer. Der dicklich-feiste Mensch trug das Parteiabzeichen im Knopfloch und gebärdete sich brutal. Sein Unterricht war schlecht, das konnte Jakob beurteilen. Dopke sprach das Lateinische lächerlich aus, mit Dialekteinfärbung. Jakob wunderte sich erst, dann ärgerte er sich. Aber wie immer war er höflich und freundlich, arbeitete mit, gab gute Antworten und hätte das Zugpferd der Klasse sein können. Dopke wunderte sich ebenfalls, er wurde aus dem Jungen nicht schlau. Er fühlte sich kritisiert, ja möglicherweise verspottet, weil da einer war, der ihn nicht für voll nahm, obwohl er es an den Formen und der Mitarbeit in keiner Weise fehlen ließ. In der nächsten Stunde schrie er plötzlich: »Jakob, du hast gelacht!« Jakob erhob sich höflich: »Nein, Herr Dopke, ich habe nicht gelacht.« »Doch, du hast gelacht.« »Nein, ich habe nicht gelacht.« Und schon hatte er eine rechts und eine links mit den riesigen Pranken des ungeschlachten Naziproleten. Vor Scham und Wut, nicht vor Schmerz traten ihm die Tränen in die Augen, und er rannte, ein unerhörter Vorgang, mitten in der Stunde aus der Klasse geradewegs durch das Schultor nach Haus. Diese Schmach ertrug er nicht. Völlig gebrochen kam er zu Hause an, die Mutter stand in der Küche und merkte, daß etwas Entsetzliches geschehen war. Stockend erzählte Jakob. Sofort ging sie ins Sprechzimmer, holte den Vater, und der nahm den Jungen an der Hand, ging, ohne ein Wort zu sagen, mit ihm zurück zur Schule direkt ins Zimmer des Direktors. Jakob mußte eine Weile draußen warten, aber seine Unruhe und Angst waren abgeflaut, er wußte sich im Schutz seines Vaters. Nach einer Weile kam der Vater mit dem Direktor heraus, der ganz ruhig sagte: »Geh wieder zurück in deine Klasse, dir wird nichts passieren.« Inzwischen war die Stunde längst zu Ende, und die Klassenkameraden tobten im Pausenhof. Als sie Jakob wiedersahen, umringten sie ihn, beglückwünschten und fragten ihn, was aus der Sache geworden sei. Jakob wußte es selber nicht. Er war *verletzt* worden, aber offenbar doch noch einmal davongekommen. Der starke Vater hatte ihn beschützt. Am nächsten Tag war Dopke ausgesucht höflich, und ins nächste Zeugnis schrieb der Klassenlehrer unter der Rubrik »Charakterisierung des Schülers«: Jakob ist stets stillvergnügt.

Groteske Formen nahm der Latein- und Griechischunterricht bei Schlossarek an, insbesondere als die politischen Ereignisse sich zuspitzten. Das Lateinbuch, das sie bei Schlossarek benutzten und das überall eingeführt war, hieß ›Scuola latina‹ und war von ihm geschrieben. Es war ordentlich und kompetent. Jedenfalls hatte es das bis dahin überall benutzte ›Ludus latinus‹, das Paul Linde geschrieben hatte, verdrängt. Paul Linde war kein Parteigenosse. Schlossarek trug das dicke Parteiabzeichen, war aber auch gelehrt und ein verschrobenes Original, allein schon in seiner äußeren Erscheinung: mickrig, aber eitel; fast ohne Haare, aber mit Kamm und Bürste in der oberen Westentasche, um sich seine wenigen Strähnen ständig zu kämmen und zu bürsten; mit Tacitus das germanische Heldentum preisend und gleichzeitig ein Antiheld, wie man ihn sich nur vorstellen kann, dessen Selbstbewußtsein allein durch das Parteiabzeichen gestärkt wurde. Seine Arbeiten und Übersetzungen behandelten politische Themen, wie *Juventus hitleri* und *Dux noster*. Vor dem Hitler-Stalin-Pakt waren die Sowjetrussen das *moskowitische Knirpsengeschlecht*, danach die unmittelbaren Nachfahren der Wikinger und Varäger. Zum Glück bekam Jakobs Klasse später in den alten Sprachen Kurfeß, einen degradierten Ministerialrat, der am Beispiel von Thukydides zeigte, was objektive Geschichtsschreibung sein kann. Nie wurde ein Bezug zur aktuellen Gegenwart ausgesprochen, aber Lehrer und Schüler wußten immer, was gemeint war. Die *Troerinnen* nahm er mit ihnen durch, um das Schicksal besiegter Völker ausführlich besprechen zu können. In der Sache war er absolut klar, aber er gab sich nie eine Blöße. Sie verehrten und achteten den Lehrer, aber stets blieb ein gewisser Abstand.

Studienrat Martin war noch kurz vor der Machtübernahme ins Beamtenverhältnis übernommen worden. Jedenfalls machte er keinen Hehl aus seiner demokratischen Einstellung. Sein Unterricht war geprägt von der Reformpädagogik des preußischen Kultusministeriums der zwanziger Jahre mit Schwerpunktunterricht in Epochen. Im Sommer nahmen sie die verschiedenen Handwerke durch. Martin führte sie in Werkstätten von Zinngießern, von Glockengießern, von Goldschlägern, die es damals noch gab. Dazu las man die passenden Gedichte, Schillers *Glocke*, den *Glok-*

kenguß zu Breslau, und im Musikunterricht wurden die Lieder wandernder Handwerksgesellen gesungen.

Jakob liebte diesen engagierten und klugen Lehrer. Er liebte ihn so, daß er oft seine Nähe suchte. Als Jakob etwa zwölf Jahre alt war, fuhr die Klasse unter seiner Aufsicht zum ersten Mal ins Schullandheim. Alles Heimweh verging rasch, wenn Dr. Martin in der Nähe war. Die Schüler durften die Fahrräder mitnehmen und machten oft Ausflüge. Das war alles wohlorganisiert: vorn die besonders Fixen, die sich gut orientieren konnten und das Tempo der anderen einzuschätzen in der Lage waren. Zu dieser Spitzengruppe gehörte Jakob. Dann in der Mitte die langsameren, der dicke Armin Ritter, der kleine Borchert, der überlange und schlaksig-ungeschickte Marvedel. Hinten die Nachhut mit einigen schnellen Radlern, die gegebenenfalls sogar nach vorn flitzen konnten, um den ganzen Troß anzuhalten, wenn einer zurückblieb. Jakob liebte das: sein eigener Herr in seinem Sattel zu sein und gleichzeitig die Zugehörigkeit zu einer guten Gruppe zu spüren.

Einmal fuhren sie in die Kreisstadt mit ihren Barockkirchen, dem Standbild des heiligen Nepomuk auf der mittelalterlichen Bogenbrücke über die Neiße. Die Stadt lag malerisch in einem weiten Talkessel, in den man auf einer weit durch die Wälder geschwungenen Straße mehrere Kilometer hinabsausen konnte. Solche Abfahrten gab es in dem flach gelegenen Breslau nicht. Jakob genoß es, sich den Wind um die Ohren pfeifen zu lassen und sich in die Kurven zu legen. Als Jakob mit seiner Vorhut von fünf Mann unten ausgerollt war, schaute er sich um, aber die anderen Klassenkameraden waren nicht zu sehen. Sie warteten über eine Stunde. Einmal fuhr ein Krankenwagen an ihnen vorbei in die Stadt. Sonst geschah nichts. Schließlich schoben sie die Fahrräder zurück und trafen auf eine völlig verstörte Klasse. Was war geschehen? Nur stockend antworteten die

anderen. Armin Ritter, der Dicke, ausgesprochen Überge-
wichtige, der deswegen oft gehänselt wurde, war gestürzt.
Seine Fahrradkette war gerissen, so daß er die Rücktritt-
bremse nicht betätigen konnte. Daher hatte er wohl mit der
Vorderradbremse scharf gebremst und war über die Lenkstange geflogen, mit dem Kopf genau auf einen Chaussee-
stein. Man habe keine schlimmen äußeren Verletzungen
sehen können. Aber er sei gleich so apathisch gewesen,
schlaff, mit offenen Augen und großen, starren Pupillen. Ob
er geatmet habe? Das wußten sie nicht. Studienrat Martin
habe vom Forsthaus aus telefoniert. Aber bis der Krankenwagen gekommen sein, habe es fast eine Stunde gedauert.
Gerade sei er abgefahren und habe Armin mitgenommen;
Martin sei mitgefahren. Sie radelten nachdenklich ins Landheim zurück. Sehr bedrückt trafen sie dort ein. Wenig später
kam die Nachricht, daß Armin tot war.

Dr. Martin kam am Abend wie gebrochen zurück. Am
nächsten Tag fuhren sie alle in die Kapelle des Krankenhau-
ses, wo der Sarg aufgebahrt war. Einige schluchzten, auch
Jakob. Dann wurde der Aufenthalt im Landheim abgebrochen. Niemand hätte daran gedacht, dem geliebten Lehrer
die Schuld an diesem Unglücksfall zuzuschieben. Armin
war seit jeher körperlich ungeschickt. Aber der Nazibe-
hörde war es ein willkommener Anlaß, den demokratisch-
aufrechten Lehrer wegen Vernachlässigung der Aufsichtspflicht zu entlassen.

Musikunterricht hatten sie bei Studienrat Kupfermann,
der, obzwar schon pensioniert, wegen der Lehrerknappheit
noch einmal zurückgeholt worden war. Kupfermann hatte
im Musikleben der Stadt eine wichtige Rolle gespielt und
den Kupfermannschen Gesangverein geleitet. Nach dem
Ermächtigungsgesetz wurden alle Vereine, auch die Ge-
sangvereine, verboten oder *gleichgeschaltet*, was hieß: Sie
wurden in irgendeine NS-Organisation inkorporiert. Das

hatte Kupfermann nicht mitgemacht, und so existierte sein Verein nicht mehr. Kupfermann war Freimaurer gewesen, aber da konnte man ihm nichts anhaben.

Immerhin, der Musikunterricht bestand über Jahre in einem ausführlichen Studium der *Zauberflöte*. Alle berühmten Chöre wurden von der Klasse vierstimmig gesungen, die berühmten Arien »In diesen heiligen Hallen kennt man die Rache nicht«, »In diesen heil'gen Mauern, wo Mensch den Menschen liebt, kann kein Verräter lauern, weil man dem Feind vergibt«, »Es lebe Sarastro, Sarastro soll leben!« reines Freimaurergut, und dies in einer Zeit, da die offiziellen Lieder zum Beispiel lauteten: »Es zittern die morschen Knochen« oder »Dem Buben und dem Knecht die Acht, der füttre Kräh'n und Raben, so ziehn wir aus zur Hermannsschlacht und wollen Rache haben!« Die Nazis waren zu dumm und ungebildet, um zu merken, daß die *Zauberflöte* eine Oper der Logenbrüder Mozart und Schikaneder ist.

Schließlich war Kupfermann doch zu alt, und ein junger Assessor, Günter Bialas, übernahm den Unterricht. Bialas war spritzig und mitreißend. Manchmal spielte er ihnen auf dem Klavier etwas von einem gewissen Bartók vor. Das fand Jakob sehr volksliedhaft und eingängig, aber es war doch mehr als das, es bewegte ihn. Leider wurde Bialas bald zur Wehrmacht eingezogen.

Bei Oberstudienrat Berndt hatte Jakob fast während seiner ganzen Gymnasialzeit Mathematikunterricht. Berndt trug das Parteiabzeichen, deshalb war er wohl auch Oberstudienrat geworden, aber sein Verhalten war niemals politisch-nazistisch, er blieb immer der kühl-sachliche und für manche strenge Mathematiklehrer. Als solcher war er ausgezeichnet. Jakob hatte große Freude an dem Fach, und so kamen sie sich zwar nicht menschlich, aber doch fachlich nahe. Das ging sogar so weit, daß Jakob sich Mathematiklehrbücher besorgte, um einiges nachzulesen, was ihn interessierte: Daß es unendlich viel mehr irrationale Zahlen geben solle als rationale, setzte ihn zuerst in maßloses Erstaunen, aber dann sah er ein, daß seine kleine geordnete Welt nur eine Insel ist. Als sie die Differentialrechnung, das Differenzieren und den Differentialquotienten durchnahmen, hatte er sofort verstanden, wie man damit rechnen kann. Aber das Prinzip der Sache leuchtete ihm einfach nicht ein: Wie konnte eine unendlich kleine Differenz einen endlichen Wert haben, einen ganz präzisen sogar, so daß man damit rechnen konnte? Unendlich klein war doch Null! Oder doch nicht? Eine ganze Stunde diskutierte er mit dem geduldigen Lehrer darüber, und der nahm sich die Zeit, ging ganz und gar auf den Jungen ein, weil er merkte, daß da jemand etwas wirklich wissen wollte. In der nächsten Stunde ging es weiter. Ob ein Punkt wirklich nulldimensional sein könnte. Ja, ideal gedacht, natürlich. Aber in Wirklichkeit hätte doch jeder Strich, jeder Bleistiftstrich eine gewisse Dicke. Und wenn zwei Bleistiftstriche sich schnitten, gäbe es doch eine kleine Fläche. Das mit den drei euklidischen Dimensionen könne doch nicht stimmen! »Da hast du recht, Jakob. Es gibt eben eine ideale Welt der Mathematik und eine reale Welt der Bleistiftstriche.« Ja, aber wenn man den kleinsten Punkt nehme, z. B. ein Atom, das sei doch auch schon ziemlich groß und ein kleines Planetensystem für sich. Überall sei der Übergang vom Großen zum Kleinen und vom Kleinen zum Großen ein Problem, ein ungelöstes Problem, das man entweder nur durch Idealisierung oder durch Näherungslösungen knacken könne. Und die Differentialrechnung sei eben eine solche Näherungslösung, genau wie die unendliche Reihe, mit der man eine irrationale Zahl darstellen könnte.

Und so ging es fast die ganze Woche. Für Jakob und den Lehrer war es eine spannende, eine aufregende Woche, für die meisten in der Klasse eher langweilig, aber sie wurden wenigstens nicht abgefragt. Für Jakob war seit dieser Woche der Widerspruch zwischen *Groß und Klein*, zwischen *dem Ganzen und dem Teil*, zwischen *dem Integrierbaren und dem Nichtintegrierbaren* ein Problem, eine wichtige, für ihn ungelöste Frage.

SA-Scharade

Zum Geburtstag der Mutter wurde in der Regel ein vom Vater gedichtetes Theaterstück aufgeführt. Im Jahr zuvor war es eine Höllenfahrt, in der das Glückskind dem Teufel seine Schätze ablockte und diese dann in Form eines Kolliers der Mutter überreichte. Die Kulissen waren phantastisch-grausig, und es wurde nicht an Effekten mit bengalischen Feuern und verpuffenden Lichtblitzen gespart. Im September 1933 reichten wohl Zeit und Konzentration nicht für ein aufwendigeres Vorhaben, deshalb inszenierte der Vater nur eine Scharade. Die nationale Begeisterung war auf dem Höhepunkt. Bei der Reichstagswahl vom 12. November 1933 würden 92% der Deutschen in der letzten, noch einigermaßen freien Wahl für Hitler stimmen. Vater sah seine militaristischen Männerphantasien bestätigt, und in seiner grenzenlosen Ichbezogenheit glaubte er, der Mutter damit ein Geburtstagsgeschenk präsentieren zu können. Erwin wurde in eine feldgraue Reichswehruniform gesteckt, die die Hausschneiderin, das ältliche Fräulein Barth, genäht hatte. Die Kinder nannten sie Bärtchen und liebten sie heiß und innig. Sie erzählte beim Nähen so schaurig-schöne Geschichten: wie bei ihnen im Dorf der Geist vom verstorbenen bösen Gutsherrn gespukt habe. Der habe die kleinen Mädchen immer mit Nüssen und Äpfeln ins Gutshaus gelockt, und dann hätten sie vor ihm tanzen müssen, bis sie tot umfielen. Aber in einer Sylvesternacht habe der

Teufel den bösen Geist selbst geholt, das ganze Schloß sei voller Pech- und Schwefelgestank gewesen, und seitdem spuke es in dem Gutshaus, besonders in den Nächten zwischen Weihnachten und Neujahr. Sie wußte auch Geschichten von der Roggenmuhme und von den Wasserjungfrauen, die über den Oderwiesen schwebten. Wenn sie an der Tretnähmaschine saß, hockte Jakob zu ihren Füßen und bediente mit der Hand den Tretantrieb, wobei er ihre Knöchel und Unterschenkel streifen mußte, was beiden ganz gut gefiel. Für ihn nähte sie zu diesem Geburtstag der Mutter, es war der achtunddreißigste, eine braune SA-Uniform. Sie mochte das selber nicht. Ihre Argumente waren rein ästhetischer Natur: »Braun? Is doch keene scheene Farbe. Weiß'te, so wie Kinderscheiße. Is' nischt fa mich. Und die dicken Wampen und Ärsche, die die Nazis alle ham! Unser Kaiser Willem hat da 'ne beßre Figur gemacht, aber der sitzt ja jetze in Doorn, der wird nich' so balde wiederkomm', dem sind die zu gewehnlich. Und der Hitler hat ja ooch so 'n komisches Bärtchen, da war dem Willem seiner scheener! So un' jetze probier'n wa mal an.« Die Näherin stand von der Nähmaschine auf und zog dem Neunjährigen das Braunhemd über. »Nu ja, passen tät's ja. Aber ei'ntlich biste anders scheener. Nee, nee, wie da Herr Dokta dich bloß in so 'n Kostiim packen kann. Wo die doch alle so fett und glupschäugich sein und imma glei' lospriigeln, und du bist so a feines Briderle und tust keena Fliege was zuleide. Und iiberhaupt, merkt 'n der Herr Dokta garnich', daß se sich den Opa balde vornehm' wer'n? Ich hab nischte gegen die Juden, und dein Opa is' ja so 'n feiner Herr. Auf den lass' ich nischt komm'.«

Jakob war die ganze Sache äußerst unangenehm und peinlich, ja widerlich. Der ältere Bruder machte begeistert mit, was sollte er da machen? Sich gegenüber dem Vater zu weigern, das konnte er nicht. Der Vater merkte nichts davon. Die Kinder wurden auf ein Podium postiert, der Bruder die schwarzweißrote Kriegsflagge neben sich, Jakob mußte als SA-Mann die Hakenkreuzfahne halten. Ihm wurde übel, die aus Pappe zusammengeleimte SA-Mütze drückte auf dem Kopf, und der Kinnriemen schnürte ihm die Kehle zu. Die ganze Familie und der Hausstand waren versammelt. Dann intonierte der Großvater auf dem Harmonium »Deutschland, Deutschland über alles ...«. In Jakobs Därmen rumorte es, er sah sich hilfesuchend um. Die Mutter hatte ein verschlossenes, leidendes Gesicht, da war nichts zu erwarten. Jakobs Magen zog sich fürchterlich zusammen. Er würde dem schrecklichen Druck nicht mehr lange standhalten können. Jetzt gleich würde der Großvater das Horst-Wessel-Lied »Die Fahne hoch ...«, den zweiten, neu verordneten Teil der Nationalhymne, anstimmen. In dieser kurzen Pause schaute der Großvater zurück und traf den hilfesuchenden Blick seines Enkels. Da klappte er den Deckel des Instruments vernehmlich zu, stand auf und sagte laut: »Das langt!« Jakob stürzte vom Podium, riß sich die Pappmütze herunter, zertrat sie beim Davonlaufen und rannte aufs Klo. Die braune, stinkende Scheiße war in seinen Hosen.

Die Sache hatte ein kleines Nachspiel: Großvater und Tante Edda zerstritten sich und redeten eine Woche lang nicht miteinander. Der Großvater bereute es, daß er das Ganze nicht von vornherein unterbunden und sich gegen sein Gewissen zur musikalischen Untermalung bereit erklärt hatte. Tante Edda fand es eine Blamage – auch vor den Hausgenossen –, daß diese schöne Manifestation nationaler Gesinnung vorzeitig abgebrochen werden mußte, weil der kleine Jakob mal wieder im unrechten Moment Durchfall bekam; der hätte sich doch mehr zusammennehmen können. Die Eltern kamen nie wieder darauf zurück. Jakobs Hose wurde von Emmi stillschweigend ausgewaschen.

Ein Gelehrter

Irgendwann, es muß Anfang 1934 gewesen sein, erzählte ihm der Großvater, daß am nächsten Tag ein berühmter *Forscher*, ein *Gelehrter*, im ›Schlesischen Verein für vaterländische Kultur‹, einer Art Volkshochschule für die gebildeten Stände, einen Vortrag halten werde über das Thema, ob sich alles physikalisch berechnen lasse, ob alles vorherbestimmt, determiniert sei nach physikalischen Gesetzen, oder ob es eine Unbestimmtheit gebe, einen Indeterminismus, und der Großvater fragte Jakob, ob er mit ihm zu diesem Vortrag gehen wolle.

Jakob war zehn Jahre alt. Natürlich war ein solcher Vortrag um Größenordnungen zu hoch für ihn, das wußte auch der kluge Großvater. Dennoch hatte er ein unbegrenztes Vertrauen in seinen Enkel, in seine Auffassungsgabe, aber vielleicht noch mehr in sein Gespür für das Echte und das Große. Da gab es für den Großvater keine Altersabstufungen, ein unverbildetes, offenes Kind war ihm da ein wichtigerer Partner als ein verbildeter Erwachsener. Es war die Zeit, als in Deutschland die gelehrte Kultur zusammenzubrechen begann; der Pöbel und die rassistische Ideologie hatten vor einem Jahr die Macht übernommen. Noch hielten sich Reste von Gelehrsamkeit und Unbestechlichkeit, und die wollte ihm der Großvater wenigstens atmosphärisch zeigen.

Im Saal mit dem festlichen Kronleuchter herrschte eine fast feierliche Stimmung. Man wußte, daß man eine bedrohte, ja gefährdete Elite bildete, daß man trotz allem *das bessere Deutschland* darstellte. Niemand sprach das aus, aber alle wußten es, und Jakob teilte sich das wie selbstverständlich mit.

Der Gelehrte trat ans Rednerpult, ein eher schmächtiger, zarter, fein gestalteter alter Mann mit einem Gesicht, in dem nichts Überflüssiges mehr war; alles war Sprache und Geist und Klarheit. Sein Thema lautete: *Determinismus oder Indeterminismus.* Großvater hatte Jakob ein wenig vorbereitet. Jakob sah nur den feinen Kopf, spürte die klare Sprache, den unbestechlichen Wahrheitswillen des Sprechers, die Aufrichtigkeit und Unbeugsamkeit. Da waren die Inhalte fast nebensächlich.

... Ist alles, was in der Welt geschieht, im voraus bis auf jede Einzelheit festgelegt, determiniert? Anders gesprochen: Bestehen für den Ablauf der Ereignisse in der Natur und im Geistesleben ganz bestimmte Gesetze, oder herrscht bei ihnen, wenigstens bis zu einem gewissen Grade, Zufall, Willkür, Freiheit oder wie man das nennen will?

... Freilich, die Hoffnung, durch Messungen einen einigermaßen direkten Einblick in die Art der Gesetzlichkeit atomarer Vorgänge gewinnen zu können, rückt immer weiter in die Ferne. Das rührt einfach daher, daß die zu entscheidenden Fragen immer feiner werden und daß unsere Meßinstrumente, die doch alle aus einer ungeheuren Anzahl von Atomen bestehen, dieser Feinheit nicht mehr zu folgen vermögen. Es ist unmöglich, das Innere eines Körpers zu sondieren, wenn die Sonde größer ist als der ganze Körper.

Aber zum Glück besitzen wir ein Meßinstrument, das an keinerlei Grenzen der Feinheit gebunden ist, das ist der Flug unserer Gedanken. Gedanken sind feiner als Atome und Elektronen, in Gedanken vermögen wir ebenso leicht einen Atomkern zu spalten wie eine kosmische Distanz von Millionen Lichtjahren zu überspringen. Man hört manchmal die Ansicht aussprechen, daß die Natur viel weitere Gebiete umspanne, als die menschliche Einbildungskraft zu fassen vermöge. Gerade das Gegenteil ist richtig. In dem unermeßlichen Reich der Gedankenwelt nimmt die Natur nur einen ganz schmalen Bezirk ein. Zwar bedarf das Spiel der Gedanken zu seiner Anregung stets eines Anstoßes von außen, durch irgendein Naturereignis. Aber wenn die Anregung einmal erfolgt ist, vermag die Einbildungskraft den begonnenen Faden selbsttätig fortzuspinnen bis in Gebiete, die jenseits allen Naturgeschehens liegen ...

... bin ich mir doch klar bewußt, daß unser aller Hauptgedanken gerade in der gegenwärtig so bewegten Zeit andere Wege gehen, daß sie häufig ganz in Anspruch genommen werden von den großen Ereignissen, die sich rings um uns in der Welt abspielen. Aber mögen die Wogen der Erregung noch so hoch emporschlagen, es bleibt doch immer bei der alten Wahrheit, daß dem Gemeinwohl am besten gedient wird, wenn ein jeder an dem Platze, an den ihn das Schicksal gestellt hat, unbeirrt durch äußere Störungen nach bestem Wissen und Können, wenn auch nur in der Stille, den ihm obliegenden Pflichten nachgeht ...

So sprach der berühmte Physiker. Es war Max Planck.

Während des kurzen Heimweges – die Arndtstraße war nur zwei Blocks von der Zimmerstraße entfernt – wurde zwischen Großvater und Enkel nichts gesprochen. Beiden war es tief ins Innerste gegangen, dem Großvater als Abschied von einer zusammenbrechenden Welt, in deren Kollaps er mithineingezogen würde, und dem Enkel als Lichtblick in eine heile, heilige Welt, in die er sich hoffentlich würde zurückziehen können, wenn die Realitäten zu grob zu werden drohten. Merkwürdig, je länger der Max-Planck-Vortrag zurück lag, um so genauer erinnerte er sich eines jeden Wortes. Nach ein paar Jahren wußte er ihn fast auswendig.

Röhm-Putsch

Der Großvater war ein Frühaufsteher, der oft schon um sechs Uhr morgens am Schreibtisch saß und seine Patientenkartei durchsah, bevor er Punkt sieben Uhr frühstückte. Überhaupt war er ein entsetzlich pünktlicher Mensch, seine Pünktlichkeit war in der ganzen Familie gefürchtet, denn gegenüber Zuspätkommenden konnte er sehr beißend sein. Er war sonst eher witzig-ironisch. Er war ein preußischer Jude; vom Jüdischen hatte er den Witz, die Sensibilität, Chuzpe, die unbegrenzte Menschlichkeit eines Hiob; vom Preußischen die Zuverlässigkeit, Geradlinigkeit, Schlichtheit, Moralität des kategorischen Imperativs. Spinoza war sein liebster Philosoph, Virchow sein ärztliches und berufliches Vorbild und Goethes »Fragment über die Natur« sein Glaubensbekenntnis.

Oft ging Jakob morgens vor der Schule zum Großvater hinauf, so auch am Morgen des 2. Juli 1934, eines Montags. Schon am Sonnabend, dem 30. Juni 1934, stand eine kurze Verlautbarung aus der Reichskanzlei in der Zeitung, in der der »Führer« mitteilen ließ: »Ich habe mit dem heutigen Tage Stabschef Röhm seiner Stellung enthoben und aus Partei und SA ausgestoßen.« Dann kam das stille, blutige Wochenende, und dann lag an diesem Montag die Morgenzeitung vor der Tür.

Frieda, Dienstmädchen und Haushälterin des siebzigjährigen Witwers, öffnete; die sonst besonders adrette junge Frau machte einen verwirrten Eindruck. Der Zehnjährige bemerkte schwierige Situationen meist etwas eher als andere und dachte: Da hat es Krach gegeben. Aber jetzt konnte er nicht mehr gut umkehren. Die großen Fensterflügel waren zum morgendlichen Reinemachen weit geöffnet, die Luft des schönen Sommermorgens wehte herein. Die weißen Vorhänge bewegten sich und strichen geräuschlos um die roten Mahagonimöbel. Jakob ging durch das dunkle, ihm immer wieder unheimliche »Kabinett« vor dem großen »Berliner Zimmer«. Im Eßzimmer saß der Großvater am Frühstückstisch, vor sich die »Schlesische

Zeitung«, die ein Jahr nach der »Machtübernahme« noch nicht völlig »gleichgeschaltet« war. Der Frühstückstisch war so akkurat wie immer. Beim Großvater gab es nie die geringste Abweichung: Die Kaffeekanne unter der rotbestickten Kaffeemütze, die Zuckerdose aus rotem Kupfer, der Semmelkorb (er aß nie mehr als eine halbe Semmel), ein bißchen Quark, die Marmeladentöpfe, das Zwiebelmustergeschirr, das alles nahm nur einen kleinen Teil des großen Eßtisches ein.

Denn der Großvater war, verglichen mit dem Vater, ziemlich genügsam. Der Vater war gefräßig. Mit allem. Er fraß ja auch die anderen Menschen in seiner Umgebung, niemand hatte da Platz neben ihm. Alles um sich herum verbrauchte er. Ganz besonders die Redezeit. Der Großvater sagte wenig, aber Jakob spürte, daß es wichtig war.

Erst jetzt bemerkte Jakob, daß der Großvater seinen Kopf in beide Hände gestützt hielt und vornübergebeugt mit verdecktem Gesicht dasaß. Nichts mehr von preußischer Haltung. Jakob war unsicher, trat näher. Jetzt sah er, daß Tränen seine Wangen herunterliefen und in seinem weißen Kinnbart versickerten. Wahrscheinlich hatte er noch nie einen Erwachsenen weinen sehen. Er erschrak zutiefst: »Großvater, ist dir was, bist du krank?« Der Großvater wies mit einer unsäglich traurigen Gebärde auf die Zeitung und sagt mit stockender, vor Trauer rauher Stimme: »Nein, Jakob, krank bin ich nicht, aber Deutschland ist krank. Lies das hier. *Wir sind in die Hände von Verbrechern geraten, wir sind verloren.*«

Die Zeitung berichtete mit knappen Worten, aber in großer Aufmachung, daß sich unter der Führung des Stabschefs der SA, Ernst Röhm, eine Verschwörergruppe gebildet habe mit dem Ziel, den »Führer« abzusetzen, daß der »Führer« nach langem Zögern schließlich keinen anderen Ausweg mehr gesehen habe, als »diese Elemente auszuradieren«. Es folgten Andeutungen über den unmoralischen Lebenswandel dieser Männer und versteckte Anschuldigungen von Homosexualität.

»Schleicher erschossen

In den letzten Wochen wurde festgestellt, daß der frühere Reichswehrminister General v. Schleicher mit den staatsfeindlichen Kreisen der SA-Führer und mit auswärtigen Mächten staatsgefährliche Verbindungen unterhalten hat. Damit war bewiesen, daß er sich in Wort und Wirken gegen [den] Staat und seine Führung betätigt hat. Diese Tatsache machte seine Verhaftung im Zusammenhang mit der gesamten Sanierungsaktion notwendig. Bei der Verhaftung durch Kriminalbeamte widersetzte sich General v. Schleicher mit der Waffe. Durch den dabei erfolgten Schußwechsel wurden er und seine dazwischengetretene Frau tödlich verletzt.«

»Bericht eines Augenzeugen

Was der Führer in diesen Tagen für die SA und die Bewegung leistete, können nur diejenigen ermessen, die in dieser kurzen Zeit unerhörter Nervenanspannung an seiner Seite standen. Wieder ist der Führer durch sein persönliches Beispiel der Bewegung ein leuchtendes Vorbild von Tatkraft und Treue gewesen. Die Früchte dieser Säuberungsaktion wird das geeinte deutsche Volk ernten.«

Aus der Ansprache von Joseph Goebbels über alle Sender, in der Zeitung abgedruckt:

»... eine Beratung von zwei bis drei Minuten, und dann steht der Entschluß des Führers fest, nicht mehr bis zum Morgen zu warten, sondern sofort mit dem Flugzeug nach München abzureisen, um das Nest der Verschwörer persönlich auszuheben ... Der Führer sitzt schweigend auf dem vordersten Sitz der großen Kabine und starrt unbeweglich in die weite Dunkelheit hinein ... Um vier Uhr morgens sind wir in München. Teile der SA sind am Abend, getäuscht durch falsche und lügnerische Parolen, auf die Straße gegangen. Ihre wort- und treubrüchigen Führer werden sofort zitiert.

Adolf Hitler wirft ihnen in zwei Sätzen maßloser Empörung und Verachtung ihre ganze Schmach in die vor Angst und Ratlosigkeit bleichen und entstellten Gesichter hinein. Dann reißt er ihnen persönlich die Ehrenzeichen eines SA-Führers von der Uniform herunter. Ihr hartes, aber gerechtes Schicksal [das hieß: Erschießen, Zertrampeln oder Totprügeln] wird sie bereits am Nachmittag treffen. Nun ist keine Zeit mehr zu verlieren. Der Führer ist entschlossen, persönlich das Nest der Verschwörer in Wiessee aufzusuchen, um es radikal und erbarmungslos auszuräuchern.«

Tatsächlich wurden einige Hundert (die genaue Zahl hat man nie feststellen können) potentielle Gegner Hitlers in allen Teilen Deutschlands nach einem vorher genau festgelegten Plan ermordet, zum Teil viehisch abgeschlachtet: frühere Freunde, die zu mächtig zu werden drohten, Genossen auf den frühen dunklen Wegen des Diktators, Weggenossen, die zuviel wußten. Alte Rechnungen wurden ein für allemal auf Leben und Tod beglichen; Adolf Hitler wurde in dieser Mordnacht zum Alleinherrscher. Die Deutschen nahmen das in ihrer überwiegenden Mehrheit hin.

Am 3. Juli fand eine Sitzung des Reichskabinetts in Berlin statt, über die folgende offizielle Verlautbarung herausgegeben wurde:

»Der Reichswehrminister dankte dem Führer im Namen des Reichskabinetts und der Wehrmacht für sein entschlossenes und mutiges Handeln. Das Kabinett genehmigte sodann ein Gesetz, wonach die Maßnahmen zur Niederschlagung der hoch- und landesverräterischen Angriffe als Staatsnotwehr rechtens anerkannt wurden.« Der Massenmord wurde also nachträglich legalisiert. Eine parlamentarische Zustimmung war nach dem Ermächtigungsgesetz nicht mehr notwendig. Deutschland hatte nun endgültig aufgehört, ein Rechtsstaat zu sein.

Der alte Großvater war kein politischer Mensch, aber er analysierte klar und machte sich nichts vor. Er hat das alles sofort durchschaut, obwohl es ihn an diesem Morgen aus der Zeitung völlig unvorbereitet traf. Sein *Wir sind in die Hände von Verbrechern geraten, wir sind verloren* hat Jakob damals vollständig immunisiert, hat ihn vor jedem Nazitum bewahrt. Sein Leben wurde dadurch nicht gerade leichter, und es ist vielleicht konsequent, daß er es nicht ungebrochen zu Ende leben konnte. ·

Urkundenfälschung

Ariernachweise konnten eine Überlebensfrage sein. Jakob lernte bald, daß es Voll-, Halb-, Viertel-, Achtel- und sogar Sechzehnteljuden gab. Obwohl er im Bruchrechnen ausgezeichnet war und Mathematik ihm riesigen Spaß machte, brachte er das nie mit Zähler-Nenner-Verhältnissen zusammen. Er verstand nicht, daß es Viertelmenschen geben sollte. Der Großvater war ein evangelischer Jude. Das gab es also. Und Jakob war evangelisch. Und seine Eltern auch. Man konnte doch, dachte Jakob, niemandem ein Stück abschneiden und daraus neue Menschen zusammensetzen. Jedenfalls ließ er auf den Großvater nichts kommen.

An manchen Tagen herrschte gedrückte Stimmung, und die Gespräche am Tisch drehten sich um Ariernachweise. Tante Edda war aufgrund des »Gesetzes zur Wiederherstellung des Berufsbeamtentums« (welcher Hohn im Wortlaut) schon im Mai 1933 als Studienrätin entlassen worden; der Vater war nicht mehr im Vorstand der Kassenärztlichen Vereinigung; Onkel Edwin wurde wegen Tante Line, seiner »halbjüdischen« Frau, vorzeitig in Pension geschickt (im

Krieg holte man ihn dann aushilfsweise wieder); Tante Marina durfte ihren Verlobten nicht heiraten, weil er »rein arisch« und sie »vierteljüdisch« war; Frau Bloch, Vaters langjährige Sprechstundenhilfe, wanderte mit ihrem Mann nach Palästina aus (Jakob stellte sich zuerst eine Pilgerwanderung zu Fuß ins Heilige Land vor, bis Frau Bloch ihm alles erklärte: wie teuer die Überfahrt sei und daß sie »Reichsfluchtsteuer« bezahlen müßten, so daß sie praktisch ohne einen Pfennig dort ankämen); dem Großvater sollte die Kassenzulassung entzogen werden (er war zwar schon fast zweiundsiebzig, hätte es aber als eine ungeheure Kränkung empfunden; glücklicherweise kam es dann doch nicht dazu).

Einige Wochen nach Elisabeths Tod hieß es, der Vater müsse für ein paar Tage nach Pommern zu Verwandten reisen. Jakob wußte bisher nichts von Verwandten in Pommern, und die ganze Reise war geheimnisvoll. Der Vater nahm seinen Paß mit und alle möglichen Schreibutensilien. Jakob, der immer das Gras wachsen hörte, fragte die Mutter, was der Vater denn da wolle. Sie war kurz angebunden und murmelte so etwas wie »Ahnenforschung«. Als der Vater nach einigen Tagen zurückkam, war er sehr vergnügt, glücklich und verschmitzt, und es wurde viel in der ganzen Verwandtschaft herumtelefoniert. Überall herrschte große Erleichterung. Was war geschehen?

Jakobs Vater wußte aus Familienchroniken natürlich die genauen Geburtsdaten und Geburtsorte auch seiner jüdischen Groß- und Urgroßeltern. Die hatten im gottverlassenen Hinterpommern in Kleinstädten wie Stolp, Bublitz oder Neustettin als Handwerker oder Viehhändler gelebt und hatten relativ unverfängliche, häufige und jedenfalls nicht typisch jüdische Namen, wie Meier, Behrend oder Weißkopf. Nun hatte Vater die evangelischen Pastoren der betreffenden Orte angeschrieben, ob er zum Zwecke der

Ahnenforschung einmal kommen könne, die Kirchenbücher durchzusehen. Im neunzehnten Jahrhundert gab es noch keine staatlichen Standesämter, die Personenstandsregister wurden in den örtlichen Kirchengemeinden, also in den Kirchenbüchern, geführt, die den Charakter von gültigen, öffentlichen Urkunden hatten, ähnlich wie die Grundbücher. Wenn Vater dann zu einem der Pastoren kam, spielte sich etwa das Folgende ab: »Das ist schön, Herr Doktor, daß Sie kommen. Ja, selbstverständlich wohnen Sie diese Nacht bei uns. Nein, der Gasthof hier im Ort ist Ihnen nicht zuzumuten. Kommen Sie, kommen Sie.« Die Pastoren waren froh über die Unterbrechung des öden Kleinstadtdaseins und überaus gastfreundlich, und Vater verstand es, geschickt auf sie einzugehen und ihnen das zu sagen, was sie hören wollten. Da er das Alte Testament seitenweise auswendig wußte, genoß er bald ihr uneingeschränktes Vertrauen. Der Pastor in Bublitz war allerdings »Deutscher Christ«, also praktisch Angehöriger einer NS-Organisation. Vater steckte sich zum Abendessen das Ordensbändchen seines Eisernen Kreuzes aus dem Ersten Weltkrieg ins Knopfloch und erzählte entsprechende Geschichten. Der Pastor und seine Frau waren begeistert, und die Kinder sperrten den Mund auf und vergaßen das Essen. Natürlich bekam Jakobs Vater am nächsten Morgen die Schlüssel zum Archivraum des Pfarrhauses und konnte an die Arbeit gehen. Diese bestand darin, möglichst gleichnamige und etwa gleichaltrige *nichtjüdische* Ersatzfrauen für Jakobs Urgroßvater und möglichst auch für den Ururgroßvater in den Kirchenbüchern zu finden und diese dann hundert Jahre nachträglich mit den Urvätern zu verheiraten. Dadurch könnte man den Großvater zum Halb- oder möglicherweise gar zum Vierteljuden machen. Da zu jener Zeit die Namensschreibung noch nicht so streng fixiert war, jedenfalls nicht auf dem Lande, war das Auffinden von gleichnamigen Frauen kein so großes Problem; für die jüdische Rosalie Behrend fand sich eine evangelische Handwerkerstochter Rosa Berndt; um die Geburtsdaten an das aktenkundige Heiratsdokument mit dem Juden anzupassen, waren nur Tag und Monat zu ändern, das Jahr 1848 stimmte sogar. Freilich sah Jakobs Vater zur Vorsicht noch ein paar Jahre vor- und rückwärts nach, ob die »Neue« nicht gerade kurz davor oder danach jemand anderen geheiratet hatte. In diesem Falle hätte der Vater das entsprechende Dokument vorsichtig herausgetrennt und verschwinden lassen. Für diese Fälschungsarbeit hatte er sich Radiermesser, Skalpelle, alle Arten von Schreibfedern, bräunliche und schwarze Tinte, ein Falzbein zum Glätten und alles Notwendige mitgenommen. Einmal kam die Frau Pastorin herein, brachte Kaffee und fragte, ob er seine Vorfahren gefunden hätte. Natürlich. Und alle offensichtlich anständige, arische Leute. Gegen Mittag war die erste Arbeit beendet. Nun ließ sich Jakobs Vater aber gerade nicht Abschriften der eben gefälschten Dokumente geben, was die Aufmerksamkeit des Pastors auf diese hätte lenken können, sondern beglaubigte Abschriften von völlig beliebigen Geburtsurkunden, die er dann am Bahnhof gleich in den Papierkorb warf.

Bei der nächsten Gemeinde verlief es ähnlich. Anna Maier und Änne Meier gingen sogar im gleichen Dokument durcheinander. Beglaubigte Abschriften der »richtigen«, das heißt gefälschten Urkunden wurden dann ein paar Wochen später von der in Heidelberg verheirateten Schwester unter deren Namen in Bublitz und Stolp angefordert und bereitwillig geschickt; die Kirchengemeinden waren zur Mithilfe an Ariernachweisen verpflichtet. Die Urkundenfälschung war geglückt.

Jakob verstand das alles erst nach und nach, er bemerkte nur, daß ein Aufatmen durch die Familie ging. Was das für ihn bedeutete, ahnte er kaum, da die Diskriminierung von »Mischlingen« damals noch nicht soweit fortgeschritten war. Die »Nürnberger Gesetze« ergingen erst nach Vaters Aktion, im September 1935. Tatsächlich wurde sein »jüdischer Anteil« durch Vaters Fälschung von einem Viertel auf ein Sechzehntel vermindert. Das bedeutete: Er wurde Arier (wenn auch nur mit dem *kleinen* Ariernachweis), er konnte auf dem Gymnasium bleiben und das Abitur machen, er würde studieren dürfen, würde nicht »wehrunwürdig« sein. Aber er verstand auch, daß dem Großvater etwas weggenommen worden war. Seine in sich ruhende jüdische Ganzheit war ihm abhanden gekommen: *Er war verletzt worden.* Ein Teil des Segens, den der alte Jakob seinem Gott für sich und seine Nachkommen so schrecklich abgerungen hatte, war vertan worden! Das war nicht gut, der Großvater und Jakob spürten das, obwohl sie nie darüber sprachen. Was würde nun ohne den vollständigen Segen aus der Familie werden?

Auf dem Schulhof

Die Klasse hatte zwei ziemlich scharf getrennte Fraktionen, das war eine soziale, aber auch eine politische Trennung: auf der einen Seite die Söhne von höheren Beamten, Offizieren, adligen Gutsbesitzern, der Sohn des degradierten und nach Breslau strafversetzten Kölner Polizeipräsidenten Theuring, Kinder von Rechtsanwälten und Ärzten, selbständigen Kaufleuten; diese waren der Meinung, daß die Nazis Proleten seien, nicht gerade Verbrecher, aber doch unmögliche kleine Leute, die man gar nicht ernst nehmen konnte. Zu dieser Fraktion der Klasse gehörte Jakob, dort waren seine Freunde, und die waren an Zahl und an Körperkräften meist die Stärkeren. Auf der anderen Seite waren da die kleinen Streber, die Söhne von Nazis oder von denen, die nach 1933 mit den Nazis emporgeschwemmt wurden. Das war die schwächere Fraktion, die sich duckte, aber bei passender Gelegenheit aus dem Hinterhalt zuschlug. Auch mit denen kam Jakob ganz gut zurecht. Er ließ eben jeden abschreiben, der gerade neben ihm saß. Weniger aus Kameradschaftlichkeit, sondern weil er sich nicht vorstellen konnte, daß man normale Sachen nicht kapiert. Deshalb gab er Hilfestellung, so ganz einfach, wie beim Sport. Es war ihm gar nicht bewußt, daß er mehr wußte.

Nur einen mochte er nicht und ließ ihn auch nicht abschreiben. Das war Günter Lorenz, ein großer, starker, plumper Bursche mit einem groben Gesicht, so ziemlich in allem das Gegenteil von Jakob. Er war der Sohn des höchstrangigen SA-Arztes von Schlesien. Über Lorenz' Vater wußte Jakob einiges aus seines Vaters Erzählungen. Jener hatte vor 1933 eine etwas zwielichtige ärztliche Praxis betrieben, wurde gleich nach 1933 hauptamtlicher SA-Arzt, überstand die »Säuberung« von 1934, den sogenannten Röhm-Putsch, dem sein Gauleiter Heines zum Opfer fiel, und stieg dann sehr rasch in der Nazihierarchie empor. Mitte 1933 wurde er in den von allen Ärzten gewählten Geschäftsausschuß der Kassenärztlichen Vereinigung »delegiert«. Vater, der seit vielen Jahren in diesem Ausschuß saß, erzählte beim Mittagessen am nächsten Tag (es wurde alles beim Essen berichtet, von skurrilen Taxifahrererzählungen bis zu unappetitlichen Praxisgeschichten) von Dr. Lorenz' erstem Auftritt in diesem Gremium: Als der Vorsitzende die Sitzung eröffnen wollte, sprang der braununiformierte dicke Dr. Lorenz auf, knallte sein SA-Koppel mit der Pistolentasche auf den Tisch und schrie: »Juden raus!« Erschrocken, bestürzt, unschlüssig schauten sich die Kollegen an, eine Weile herrschte Totenstille, dann stand der alte Sanitätsrat Werther, ein enger Freund von Jakobs Großvater, auf und verließ den Raum. Ihm folgten die anderen jüdischen Ärzte, etwa ein Drittel der Anwesenden. Keiner der nichtjüdischen Kollegen rührte sich oder protestierte gegen diesen Willkürakt. Vater sagte später, als die Rede wieder einmal darauf kam, er sei feige gewesen, ja feige, aber er habe einfach Angst um seine Familie gehabt, und außerdem sei damals diese Urkundenfälschungsgeschichte noch nicht fertig durchgeführt gewesen. Sie hätte er damit gefährdet, wenn er sich auffällig gemacht hätte.

Bis 1935 gab es auf dem Gymnasium noch einen jüdischen Mitschüler, der war in der Oberstufe, und Jakob als Kleiner hatte mit den Großen natürlich nichts zu tun. Aber er beobachtete, wie sie ihn in den Pausen quälten. Oft standen sie in dichtem Kreis um ihn herum und bebrüllten ihn mit Sprechchören, aus denen Jakob immer wieder den Namen Cohn (so hieß er) heraushörte. Cohn stand mit hochrotem Kopf in der Mitte des auf Schulterschluß geschlossenen Kreises, sein Blick irrte hilflos umher und konnte sich nirgends festhalten. Immer wieder Cohn, das andere verstand Jakob nicht. Cohn, Cohan, ein Nachkomme von Aaron, der vor 3500 Jahren in der Sinaiwüste den Segen gespendet hatte: *Der Herr segne dich und behüte dich*, ein Kohen wie er selbst durch seinen Urgroßvater, auf dessen Grabstein in Berlin die segnenden Hände eingemeißelt waren. Also war er, dachte Jakob und wußte nicht, wie er helfen konnte, ein Verwandter, ein weit entfernter, ein ganz weit entfernter Vetter. Zum Glück kam nach einigen Minuten der aufsichtsführende Lehrer und bedeutete den Schülern, diese Geschmacklosigkeit bleibenzulassen. Das war sehr mutig und konnte ihn seine Stelle kosten. Aber er benutzte ein ästhetisches Argument: geschmacklos. Das zog. Wenn er gesagt hätte: »Er hat euch doch nichts getan«, oder: »Der ist doch auch ein Mensch«, wäre er erst ausgelacht und dann von den Schülern angezeigt worden, denn die Juden, so war es ihnen eingeredet worden, hatten die Welt ausgeplündert und Christus ermordet und Tiere ausbluten lassen und noch viel Schlimmeres, sie hatten »Rassenschande« begangen. Und *sie waren keine Menschen, sondern Ungeziefer* und Halbaffen, wie sie Hitler in »Mein Kampf« bezeichnet hatte. Das Argument mußte daher unpolitisch, es mußte ästhetisch sein, das hatte Studienrat Krause instinktiv richtig gemacht.

Am nächsten Tag hatten sich die achtzehnjährigen Klassenkameraden von Cohn etwas Neues ausgedacht: Sie gingen scheinbar freundlich zu ihm hin und klopften ihm mit der flachen Hand jovial auf die Schulter. Cohn verstand die Welt nicht mehr. Warum waren sie plötzlich so freundlich? Wieder wurde er rot. Vielleicht diesmal vor Freude, weil er glaubte, die Quälerei sei vorüber. Auch Jakob wunderte sich. Aber dann sah er den Grund: Die Mitabiturienten hatten sich auf die Handflächen mit Kreide spiegelbildliche Hakenkreuze gemalt, die nun auf Cohns dunkelblauem Blazer abgedruckt waren. Ein Dutzend Hakenkreuze trug er auf seinem Rücken. Die halbe Schule lief hinter ihm her und wieherte vor Lachen. Dann merkte der, daß etwas auf seinem Rücken war, zog die Jacke aus und raste leichenblaß ins Klo.

Jakobs Klassenkameraden standen abseits, die Kleinen durften sich ja nicht in die Angelegenheiten der Großen einmischen. Jakobs Freunde waren betreten. Nur Günter Lorenz feixte. Er brauchte jetzt auch sein Opfer. Da sah er Jakob stehen, baute sich breitbeinig vor ihm auf und rief laut: »Du bist ja auch so 'n Jude, ich weiß das von meinem Vater, du kommst auch bald dran!« Blitzartig, ohne jede Überlegung, sprang Jakob den Größeren aus dem Stand an, rammte seinen Kopf in dessen Magengrube und verpaßte ihm gleichzeitig mit der nach oben gestreckten Faust einen Kinnhaken. Wie ein gefällter Goliath schlug Lorenz lang hin und japste schwer, so daß Jakob fast einen Schrecken bekam. Dann klingelte es zum Ende der Pause, Lorenz erhob sich schwerfällig und schwankte zur Eingangstür. Rechts und links von ihm gingen Jochen und Antek, zwei von Jakobs Freunden, aber nicht, um ihn zu stützen, sondern um ihm zu bedeuten, daß er Jakob gefälligst in Ruhe lassen solle.

Hitlerjugend

Zu Beginn des Schuljahres, im April 1936, wurde der Druck, in die Hitlerjugend einzutreten, stärker. Zur Flaggenhissung waren Ober-, Mittel- und Unterstufe im offenen Karree angetreten, an der offenen Seite war der Fahnenmast, daneben standen der Direktor und das Lehrerkollegium, direkt beim Mast hielten zwei breitbeinig aufgepflanzte Pimpfe die Hakenkreuzfahne, die sie nach der Ansprache des Direktors unter Absingen der beiden Nationalhymnen hissen würden. Für die Hitlerjungen bestand Uniformpflicht. In den Blöcken der Ober- und Mittelstufe waren fast alle uniformiert, die »dreckigen Zivilisten« mußten sich getrennt am linken Ende des jeweiligen Blocks aufstellen. Jakob stand mit etwa zwölf anderen Aussätzigen am linken Ende des Unterstufenblocks, sein Freund Jochen war schon im Hauptkader, sogar mit der grünen Schnur des Jungscharführers, sein Freund Letix noch neben ihm. Er besprach das Problem mit Jochen und Letix, aber das brachte nicht viel. Dann redete er einen ganzen Abend lang mit dem jüngeren Bruder Wieland. Auf die Dauer kämen sie ja wohl nicht drum herum, bei diesen Proleten mitzumachen, aber sie wollten sich so weit wie möglich vor den »Diensten« drücken und vor allem sich nicht das Wochenende in Obernigk verderben lassen. Danach redeten sie mit der Mutter, die keine eigene Meinung dazu hatte und zum bequemen Weg des »Mitlaufens« riet. Sie wußte ja, daß inzwischen die *Urkundenfälschung* geglückt war, daß also von dieser Seite keine unangenehmen Überraschungen zu erwarten waren. Den Ausschlag gab ein Gespräch mit dem Vater in seinem Sprechzimmer, nachdem die Nachmittagssprechstunde beendet war. Er würde ihnen eine Bescheinigung schreiben, daß er seinen Hausstand regelmäßig an jedem Wochenende nach Obernigk verlege und daß deshalb seine Söhne an den Wochenenddiensten nicht teilnehmen könnten. Damit war das Problem gelöst: Sie gingen an den Mittwochnachmittagen zum Heimabend, und das war alles – und langweilig genug. Oft wurde ein Abschnitt aus Hitlers »Mein Kampf« vorgelesen, der sprachlich so fürchterlich war, daß Jakob allein davon schlecht werden konnte; seine familiäre Sprachtradition und sein Deutschunterricht hatten ihn anderes gelehrt. Der Inhalt war weithin völlig unverständlich und wurde durch die Interpretation eines vierzehnjährigen Fähnleinführers nicht gerade klarer. Aber nach drei Stunden war das vorüber. Die Führer waren so dumm, daß sie sich von den schlauen Brüdern leicht an der Nase herumführen ließen. Jakob und Wieland vertraten sich oft gegenseitig, abwechselnd kam der eine oder der andere. Als der Fähnleinführer einmal zu Jakob sagte: »Wo warst du denn letzte Woche?«, antwortete der schlagfertig und selbstsicher: »Was willst du denn, ich bin doch mein Bruder!« Verwirrt gab der Fähnleinführer auf. Bei manchen Aufmärschen ließ sich die Teilnahme nicht vermeiden, besonders bei den Feiern zum 1. Mai. Da mußten die Massenorganisationen stundenlang auf dem Schloßplatz angetreten stehen, bevor es überhaupt losging, die Pimpfe schon in Sommeruniform, das heißt in kurzen Hosen, obwohl es manchmal noch Schneeregen gab. Jakob fror fürchterlich und mußte so nötig pinkeln. Aber man durfte nicht aus der Reihe, und es gab auch nirgendwo

Klos. Und der Geruch der nassen Kleider der in der Masse eng gepferchten, pubertierenden Jungen war ihm eklig. Am zeitigen Nachmittag kam er durchgefroren und verärgert nach Hause, wer sich ihm näherte, wurde angeblafft.

Jakob war jetzt, mit vierzehn, oft sehr unruhig und wußte nicht, wohin mit sich. Da half ihm das Fahrrad. Stundenlang strampelte er in schnellem Tempo nach verschiedenen Richtungen aus der Großstadt hinaus; durch den Scheitniger Park nach Leerbeutel und bis zum Flutkanal; nach Oswitz zur Schwedenschanze, wobei er seinen Freund Jochen in Carlowitz besuchte, mehr nebenbei und kurz; nach Süden bis zum Ufer der Lohe, die sich bei Mochbern still durch die Wiesen schlängelte. Immer zog es ihn zu *Ufern*: an die Weide, die durch die lockeren Eichenwälder nordöstlich der Stadt, die Strachate, dümpelte; an die Ohle hinter Klein-Tschansch, wo die Welt praktisch zu Ende war, weil man wegen der See- und Schilfgürtel meist nicht weiterkonnte, außer bei großer Trockenheit im Hochsommer. Da saß er eine Viertelstunde still am Rande des Wassers, beschaute die Spiegelungen der überhängenden Zweige, sah die kleinen Kreise, wenn Fische die Oberfläche von unten berührten, sah sie sich ausbreiten, sich überdecken und dabei seltsame Riffelmuster bilden. Nie suchte er sich einen Begleiter für diese einsamen Fahrten, was unter den Brüdern oder Freunden leicht möglich gewesen wäre; er wollte allein sein.

Am schönsten war es auf der Oder. Tante Edda hatte in einem Bootshaus am Weidendamm zwei Paddelboote stehen, einen Einer für sich selbst und einen Zweier für die Neffen. Anfangs fuhren sie immer mit beiden Booten, bis sie alle Tricks gelernt hatten: wie man beim Stromaufpaddeln den rückwärts gerichteten Buhnenstrom ausnutzt, um dann schnell die starke Strömung am Buhnenkopf zu überwinden, wie man sich bei vorbeifahrenden Schleppern zu verhalten hat, um nicht in deren Bugwellen zu geraten, wie man das

Boot am Sandufer hochzieht, ohne die empfindliche Bootshaut zu beschädigen, wie nah man an das Strauchwehr oder
an das Wilhelmshafener Nadelwehr heranfahren darf. Es
war großzügig von Tante Edda, ihren Neffen das Boot zur
Verfügung zu stellen, aber doch nicht so ganz uneigennützig.
Sie hatte ja sonst niemanden, Kontakte zu Männern verboten sich von selbst, gleichaltrige Frauen waren berufstätig
oder vielbeschäftigte Mütter. Und sie war mit 42 in Pension
geschickt worden. Ihre Unrast reagierte sie an den Neffen ab.
Sie wurde manchmal so zudringlich, unappetitlich und besitzergreifend, wollte Intimitäten wissen über Freunde und
Freundinnen und erzählte von ihren Verdauungsbeschwerden. Jakob und Wieland wurde das bald zuviel, sie beschlossen, sich selbständig zu machen, und holten sich eines Mittags einfach den Zweier aus dem Bootshaus und teilten
abends der Tante mit, daß sie ohne sie gepaddelt wären. Sie
maulte erst ziemlich, war aber schließlich doch stolz auf ihre
unternehmungslustigen Neffen.

In diesem schönen Sommer radelten sie fast jeden Mittag
gleich von der Schule zum Bootshaus und waren den ganzen
Nachmittag auf dem Fluß, der jetzt Niedrigwasser hatte, so
daß zwischen den Buhnen weiche, warme Sandstrände entstanden. Wenn sie bis Wilhelmshafen stromauf gepaddelt
waren, legten sie sich in den Sand, es prickelte auf der Haut,
das tat gut, bis innen hinein, zwischen den Schenkeln war es
warm. Als ob da ein Puls schlüge. Jakobs und Wielands
Hände fanden sich. Nach einer Weile sprangen sie ins Wasser, schwammen übermütig hinaus in die Bugwellen der
Lastkähne und um die Buhnenköpfe herum, wo es angeblich
Strudel geben sollte, vor denen man sich vorzusehen hätte,
weil sie einen hinunterzögen. Dafür waren sie viel zu gute
Schwimmer und Taucher. Abends kamen sie sonnendurchglüht, hungrig und durstig nach Hause, tranken literweise
Milch und strichen sich ein Dutzend Brote, bevor sie noch die

wichtigsten Schulaufgaben erledigten. Manchmal gab es auch im Sommer starke Hochwasser, wenn im Gebirge ausgiebige Gewitterregen niedergegangen waren. Über den Weidendamm war das Bootshaus, das auf einem Ponton schwamm und deshalb seine Höhe wechselte, noch gut zu erreichen, aber die Landschaft ringsum stand unter Wasser, Ohle und Oder bildeten ein einziges, gemeinsames Fluß- und Seesystem. Im reißenden Hauptflußbett der Oder konnten sie nicht mehr paddeln, jedenfalls nicht stromauf. Sie bogen gleich vom Bootshaus in die Überschwemmungsgebiete ab, paddelten eine Obstbaumallee entlang, um eine Feldscheune herum bis zum uralten Eichenwald der Strachate. Da gab es keine Strömung mehr, es war wie auf einem stillen See und in einem stillen Wald gleichzeitig, sie steuerten um die alten Bäume herum, und Jakob dachte in dieser unheimlichen Situation, die er schaurig-schön empfand, an Baumgeister und Wassernixen.

Der Sommer 1938 war geladen mit politischer Spannung. Im März war der *Anschluß* Österreichs erfolgt, bejubelt vom größten Teil der Familie, besonders von der unkritischen Tante Edda. Großdeutschland war jetzt, im Juni, das politische Ziel, das ganz unverhüllt von der inzwischen weiter perfektionierten Propagandamaschine eines Goebbels proklamiert wurde. Was man genau darunter zu verstehen hatte, ließ die Naziführung absichtlich offen: die Grenzen vor dem Versailler Vertrag? Das hätte geheißen: Rückgabe von Posen-Westpreußen, Memelland, Ost-Oberschlesien, Nordschleswig und Elsaß-Lothringen an Deutschland. Vereinigung *aller* Deutschen? Dazu zählten die Sudetendeutschen, die Balten, die Banater, die Siebenbürger. Und die ehemaligen deutschen Kolonien? Der Anschluß rief einen unstillbaren nationalen Appetit hervor, Tante Edda mit ihrem VDA (Verein für Deutschtum im Ausland) war jetzt in ihrem Element, erklärte den Neffen mit glühender Begeisterung, wo überall, in der hinteren Slowakei, in Ungarn, in Galizien, in der Ukraine, auf der Krim, geschlossene deutsche Sprachinseln seien, deren Bewohner *die* Kulturträger in ihren Gastländern seien und *heim ins Reich* geholt werden müßten, worunter man selbstverständlich nicht Umsiedlung verstand, sondern Ausdehnung des Reiches bis dorthin. Die Sudetenkrise, die drei Monate später zur Besetzung des Sudetenlandes führen sollte, zeichnete sich ab. Die Wehrmacht zeigte Präsenz. Oft ritten Schwadronen aus der Kürassierkaserne den mittleren Reitweg der Hohenzollernallee entlang, und auf dem Bahnhof hielten Truppentransporte, die von Helferinnen der NS-Frauenschaft und des BDM (Bund Deutscher Mädel) mit Suppe oder Kaffee verpflegt wurden.

Jakob sprach jetzt wieder öfter mit dem Großvater, der sehr skeptisch war. Ein jüdischer Studienfreund von ihm hatte gerade noch in letzter Minute aus Wien fliehen können; der sympathische Wirt in dem winzigen Tiroler Dorf, bei dem er mehrmals die Sommerferien verbracht hatte, war als ehemaliger Dollfußanhänger nach dem Anschluß sofort verhaftet worden und »verstarb« kurz danach. Die Frau, eine fromme Katholikin, bekam die Urne mit der Asche zugeschickt; Juden durften nicht mehr studieren; am 25. Juli 1938 wurde den jüdischen Ärzten und Rechtsanwälten die Zulassung entzogen. Das politische Klima radikalisierte sich zusehends und wurde brutaler. Uniformierte Trupps der sudetendeutschen Henlein-Partei kamen an den Wochenenden aus Grulich, Jauernig, Reichenbach oder Königgrätz über die Grenze, marschierten am Sonnabendnachmittag singend und Hakenkreuzfahnen schwingend durch die Innenstadt, besoffen sich danach im ›Schweidnitzer Keller‹ und randalierten die ganze Nacht durch die Straßen.

In dieser Atmosphäre sollte im Juni 1938 das Deutsche Turn- und Sportfest in der Stadt ausgerichtet werden. Es sollte eine Demonstration für Großdeutschland werden, unter Teilnahme von Delegationen aus allen deutschsprachig turnenden Gegenden der Welt, von der Turnhalle in Windhuk bis zur akademischen Turnerschaft in Dorpat, von den Biergärten in Chicago bis zu den pietistisch-turnerischen Bretterhütten an der Wolga. Der Führer hatte sein Erscheinen zur Eröffnungsveranstaltung im Sportstadion angekündigt. Diese sollte ein perfektes nationales Schauspiel werden, bei dem alle Register der Goebbelsschen Massensuggestion gezogen werden sollten, um *die großdeutsche Volksgemeinschaft zusammenzuschweißen.* Die Inszenierung mußte – wie bei allen *spontanen Volksäußerungen* des NS-Staates – bis ins letzte Detail geübt werden, nichts wurde dem Zufall überlassen.

Jakob saß, in sich zusammengekauert, auf einem der oberen Ränge des Stadions, das wohl 50 000 Menschen faßte, mutterseelenallein, hoffnungslos allein. Kein Mensch auf den Sitzreihen. Niemand hatte ihn bemerkt, als er da hochstieg. Unten war das weite Oval des Stadions geometrisch belegt von etwa tausend BDM-Mädchen. Jetzt begann aus riesigen Lautsprechern die »Aufforderung zum Tanz« von Carl Maria v. Weber. Zu der schlichten, aber einnehmenden Melodie, die das immer gleiche Motiv kaum variiert und deshalb so besonders einprägsam ist, bewegten sich die Mädchenkörper in aufreizend-keuschen Arm- und Hüftschwingungen. Jakob war auf seinen unruhigen Radelfluchten am Sportfeld vorbeigekommen, hatte die Musik von weitem gehört und war ihr nachgegangen. Die technische Möglichkeit solcher ein ganzes Aufmarschfeld füllender Lautsprecherübertragungen war völlig neu und wurde von der NS-Propagandamaschinerie sofort genutzt. Da gab es kein Entrinnen, der Klang war überall. Und die Mädchen auch. Sie waren raffiniert ausgewählt, aus der ganzen Provinz: Blond, zumindest dunkelblond mußten sie sein; nicht mehr kindlich, aber noch nicht ganz Frau; ein wenig verträumt und doch schon raffiniert; von der Staksigkeit eines Füllens, aber doch vom Charme einer jungen Stute; der großen, gemeinsamen deutschen Sache völlig hingegeben und doch fähig zur erotischen Hingabe. Entsprechend war die Choreographie: nichts von heroischen Uniformen, von Gleichschritt und Drill; die Mädchen waren in rosa Tüll gekleidet, wurden zu weichen, schwingenden Bewegungen angehalten, sollten wie viele zarte Schmetterlinge vor den groben Massen der strammen Turner und feisten Biertrinker flattern, aber doch wie *ein* Körper schwingen. Zum Glück waren die Ränge jetzt noch leer; glotzende, begeisterte Sportler neben sich, das hätte Jakob nicht ausgehalten. Die Mädchen wurden mißbraucht. Und doch war das Schauspiel unglaublich schön. Jakob, oben auf seinem einsamen höchsten Rang, kamen die Tränen. Weil er so allein war und nie in einer Masse würde untertauchen können? Weil er spürte, daß das Schöne und das Schreckliche so nahe beieinanderliegen? Und doch radelte er wie zwanghaft jeden Nachmittag zum Sportfeld hinaus, um sich die Proben anzusehen, zwei Wochen lang. Es tat so weh, so wollüstig weh.

Heute war er zum letzten Mal dort. Übermorgen würde das große Ereignis in Gegenwart des »geliebten Führers« stattfinden, aber da würde er schon nach Obernigk in die Ferien abgereist sein, sein Vater verlegte ja den Hausstand an den Wochenenden und in den Ferien regelmäßig dorthin. Er hatte keine Lust, den Führer zu sehen, und hatte es bisher immer geschafft, die entsprechenden Kundgebungen zu schwänzen. Langsam, fast versonnen, was sonst nicht seine Art war, stieg er die vielen Stufen der Ränge hinab, suchte sich sein Fahrrad und schob es zum Ausgang des Stadions. Die Mädchen waren bereits fort, er hatte absichtlich lang gewartet. Dann hörte er hinter sich Schritte: Eine hatte länger zum Umkleiden gebraucht und kam nun, hastig, an ihm vorbei. Sie war etwas älter als er, schlank und zierlich und trug ihr rotblondes Haar zu einem Mozartzopf geschlungen, mit einer schwarzen, ordentlich gebundenen Schleife. Als sie neben ihm war, sprach sie ihn an: »Du, ich hab' dich immer da oben sitzen gesehen, scheint dir ja zu gefallen, was wir da machen?« Jakob wurde rot. »Oder findest du uns nicht gut?« »Doch, doch, euch finde ich sehr gut, wunderschön sogar, ich kann mir gar nichts Schöneres vorstellen, als euch zuzusehen, aber ...« Er druckste herum. »Was denn aber? Sind wir vielleicht zu schön?« Sie lachte unbefangen. »Ja, ja, das isses! Nicht für mich natürlich, da könnt ihr nicht schön genug sein. Aber wenn ich an all die Sportsfreunde denke, die euch anglotzen werden, da dreht sich mir das Herz um, dafür bist du zu schade.« Erstaunt blieb sie stehen, und sie sahen sich ins Gesicht, er bemerkte, daß sie sehr große Augen hatte, deren Farbe geheimnisvoll zwischen Braun und Grün opalesierte. Freundschaftlich legte sie ihre Hand auf seinen Unterarm, der die Lenkstange des Fahrrades hielt: »Bist du eifersüchtig?« »Vielleicht ...« Er mußte jetzt sehr vorsichtig sein, denn er wußte nicht, ob sie nicht eine hundertfünfzigprozentige BDM-Ziege wäre (so nannten Jakob und seine Brüder und die Freunde diesen Typus aus dem Bund Deutscher Mädel), aber dann sagte er es doch: »... vielleicht werdet ihr einfach benutzt?« Auf einmal wurde sie nachdenklich, ihre Augen waren jetzt tiefbraun: »Das hat mein Vater auch schon gesagt, wie kommst *du* denn da drauf! Er meint, das sei doch alles nur, um die Sudetenkrise anzuheizen und gleichzeitig das Ganze mit ein paar hundert hübschen Mädchen zu überzuckern. Ja, so hat er gesagt, und daß ihm seine Tochter zu schade dafür sei. Er ist nämlich Syndikus beim Fürstbischof, die haben drüben in Troppau und so auch Besitzungen, und da muß er oft rüber und weiß ziemlich gut Bescheid. Aber eigentlich dürfte ich das gar nicht erzählen. – Aber *dir* schon.« Und sie drückte jetzt seinen Arm fester, so daß ihm die Wärme bis zum Herzen hinaufstieg. »Aber warum machst du dann überhaupt hier mit, willst du dich von *denen* anglotzen lassen?« »Du hast ja recht, aber ich bin eben in so einer Gymnastik-Tanz-Gruppe, das macht mir großen Spaß. Da haben sie mich halt ausgewählt, zuerst habe ich gedacht, es wäre eine große Ehre, vor dem Führer zu tanzen. Und als ich dann verstand, war es schon zu spät.« »Ich werde übermorgen nicht dabeisein«, sagte Jakob nur, »komm, setz dich auf die Stange, ich fahre dich zur Haltestelle!« Das zierliche Mädchen hüpfte auf Jakobs Fahrrad, saß jetzt zwischen seinen Armen, der Duft des Haares stieg in sein Gesicht. Dann fuhr er möglichst schnell zur Haltestelle, drehte noch übermütig ein paar Runden mit ihr, und schon war sie in der gerade abfahrenden Elektrischen verschwunden.

In der nächsten Nacht träumte er: Er führe in einer Straßenbahn, es war nicht sehr voll. Er betrachtete in Ruhe und gelöster Stimmung seine Mitfahrer. Ein etwa achtjähriges Mädchen fiel ihm auf. Es hatte langes, bräunlichrotes Haar, ein grünbraunes Kleid und eine Kette mit großen, olivgrünen Holzperlen, auf ein Lederband gefädelt. Die Perlen hatten verschiedene Größen und bildeten wiederum in sich ein Muster. Das Auffälligste aber war, daß das Mädchen auf dem Schoß eine kleine Katze hielt, mit bernsteinfarbenem Fell und grünlichen Augen. Katze und Kind bildeten eine harmonische, wohltuende Einheit. Und doch lag irgend etwas Bedrohliches in der Luft. Er bemerkte, daß die Bedrohung von drei Männern ausging, die ziemlich finster aussahen und es offenbar auf die Katze abgesehen hatten. Plötzlich sah er: Die Halskette des Kindes war außerhalb des Straßenbahnwagens an dem Pfosten eines Wartehäuschens festgebunden, und beim Anfahren sollte das Kind herausgerissen werden! Rasch sprang er hinaus und schnitt das Band mit seinem Taschenmesser durch. Im selben Augenblick fuhr die Straßenbahn an, und er konnte gerade noch aufspringen. Die drei Männer waren verschwunden, und das Kind hatte von alldem nichts bemerkt.

Großvater geht

Im März 1938 war der Anschluß Österreichs erfolgt, die deutsche Wehrmacht war unter dem Jubel der Österreicher in Wien einmarschiert, und es fiel schwer, sich dem allgemeinen Begeisterungstaumel zu widersetzen. Die halbjüdische Tante Edda posaunte freudig erregt durchs Haus: »Dafür verzeihe ich dem Führer alles!« Jakob hielt sich mehr an den Großvater. Der wurde immer wortkarger, ließ sich immer weniger bei der Familie blicken. Doch er versorgte seine Patienten wie eh und je, vielleicht sogar noch ausführlicher und gründlicher, aber oft blieb er auch lange in seinem Sprechzimmer, wenn keine Patienten mehr da waren. Die gepolsterten Doppeltüren waren geschlossen, und niemand wagte, den fünfundsiebzigjährigen alten Herrn zu stören, wenn nicht etwas dringendes Ärztliches vorlag. Frieda öffnete die Korridortür, sie machte eher eine abwehrende Bewegung, als Jakob sich der Sprechzimmertür näherte.

Es war ein Freitagabend im Spätsommer 1938. Jakob wußte, daß er immer Zugang zum Großvater hatte, klopfte und ging dann hinein. Der alte Mann saß im dämmrigen Licht am Schreibtisch, Jakob sah seine Silhouette gegen das Erkerfenster vor dem noch rötlichen Abendhimmel, an dem die hauchdünne Sichel des zunehmenden Mondes und gleich daneben der Abendstern erschienen. Er sah die große, geschwungene Nase, die hohe Stirn, den Spitzbart, leicht vorgebeugt las er in einem dicken Buch und ließ sich durch das Eintreten des Enkels beim Lesen nicht stören, sagte nur leise: »Komm nur näher, es ist schön, daß du gerade jetzt da bist!« »Warum, Großvater, gerade jetzt?« »Weil am Freitag abend der Sabbat beginnt, Jakob, genau gesagt, wenn drei Sterne am Himmel zu sehen sind. Es ist ja gleich soweit. Dann gehen die frommen Juden in die Synagoge, und es wird aus der Bibel, aus der Thora, vorgelesen. Ich bin ja kein frommer Jude mehr, auch mein Vater war's nicht mehr. Aber mit meinem Großvater, dem alten Kreisphysikus Litten, bin ich manchmal mitgegangen, obwohl der sich dann auch bald taufen ließ. Zu Hause hat er manchmal noch am Seudat Schabbat, am Vorabend des Sabbat, aus der Thora gelesen. Hör, wie schön das klingt, es ist aus dem einundsiebzigsten Psalm.« Und der Großvater las den hebräischen Text. Es klang feierlich und gleichzeitig leicht und melodisch. Nachdem er geendet hatte, machte er eine Pause, schloß die Augen und faltete die Hände. Doch gleich kam wieder Leben in sein Gesicht, und er begann auf deutsch:

Gott, du hast mich von Jugend auf gelehrt, und bis zur Stunde verkündige ich deine Wunder.

Auch verlaß mich nicht, Gott, im Alter, wenn ich grau werde, bis ich deine Macht verkündige Kindeskindern und deine Kraft allen, die noch kommen sollen.

Gott, deine Liebe ist so hoch, der du große Dinge tust, Gott, wer ist dir gleich?

Denn du lässest mich erfahren viele und große Angst und machst mich wieder lebendig und holst mich wieder aus der Tiefe der Erde herauf.

Du machst mich sehr groß und tröstest mich wieder.

So danke ich auch dir mit Psalterspiel für deine Treue, mein Gott; ich lobsinge dir auf der Harfe, du Heiliger in Israel.

Meine Lippen und meine Seele, die du erlöst hast, sind fröhlich und lobsingen dir.

Auch dichtet meine Zunge täglich von deiner Gerechtig-
keit; denn schämen müssen sich und zuschanden werden,
die mein Unglück suchen.

Der Großvater hielt inne und ließ die Worte in der Dämmerung nachklingen. Erst jetzt sah Jakob, daß der Großvater die Jermulka, das Gebetskäppchen der frommen Juden,
auf dem Kopf trug, fein bestickt, offenbar ein altes Fami-
lienerbstück. Jakob hatte es noch nie gesehen, er wußte
auch nicht, daß der Großvater Hebräisch konnte, er hatte
auf einmal viele Fragen, die der Großvater auch gleich selbst
beantwortete. Er sei nun kein Jude mehr, im Glauben nicht
seit zwei Generationen, obwohl ja das Christentum vollständig auf dem Judentum aufgebaut sei. Das wolle natürlich heute keiner wahrhaben. Ursprünglich sei das Christentum eine jüdische Sekte gewesen. Er merke erst jetzt mehr
und mehr, wie schön und menschlich die jüdischen Bräuche
und Riten seien. Zum Beispiel auch das Brot brechen und
Wein trinken, das zum Freitagabend in jedem Hause gehöre. So schnell verlören sich solche Traditionen nicht. Er
hatte in der Oberstufe des Magdalenengymnasiums das He-
braicum gemacht mit der Begründung, er wolle Theologie
studieren. Das habe er tatsächlich nie vorgehabt. Er wollte
die Glaubenssprache seines Großvaters kennenlernen. Er
finde jetzt wieder dahin zurück, gerade weil das alles so be-
droht sei. Die eigentliche Gefahr sei ja durch diesen Schmu
von ihm abgewendet worden. Aber ... Dann brach es
schluchzend aus ihm hervor: »Jakob, Jakob, ich leide entsetzlich unter dieser Judenverfolgung! Entsetzlich! – Das
Beste von Deutschland ist schon zerstört. Das Ende wird
schrecklich. Ich werde es nicht mehr erleben. Und ich will es
nicht mehr erleben!« Das klang sehr ernst und sehr gewich-
tig, gar nicht wehleidig, sondern eher prophetisch. Es klang
wie ein Abschied.

Dann nahm der Großvater die Jermulka vom Kopf,

drückte sie dem vierzehnjährigen Enkel in die Hand und sagte: »Behalt das! Du brauchst es ja nicht jedem zu zeigen. Versteck's irgendwo, bis die schlimme Zeit vorüber ist!«

Am nächsten Tag gegen Ende der Vormittagssprechstunde kam ein offensichtlich betrunkener SA-Mann ins Wartezimmer getorkelt, machte erst ein bißchen Radau, schlief dann für ein paar Minuten ein und wurde schließlich von Frieda ins Sprechzimmer geholt. Dort verlangte er, für eine Woche krank geschrieben zu werden. Jakobs Großvater war da unerbittlich genau: »Was fehlt Ihnen denn?« »Nischt! Wenn ich als SA-Mann Ihnen sage, daß ich krank geschrieben wer'n will, haben Sie Judenschwein mich gefälligst krank zu schreiben!« Offenbar hatte er erwartet, daß ein »belasteter« Arzt (wie und mit was, wußte er nicht genau, hatte wohl irgend etwas gehört) ihn willfähriger krank schreiben würde. Der Großvater schrie nur: »Raus!«, und in der ersten Verblüffung ließ sich das motorisch schon etwas gestörte Braunhemd von der reaktionsschnellen und resoluten Frieda hinausbugsieren. Wenig später mußte der alte Sanitätsrat zu einem Krankenbesuch gehen. Als er auf dem letzten Treppenabsatz angelangt war, dort, wo die gipserne griechische Göttin in einer etwas düsteren Ecke auf einem Podest stand, sprang der SA-Mann aus dem Dunkel, schrie »Judenschwein!« und gab dem Großvater einen Stoß, so daß er die acht Stufen hinunterstürzte und unten im Hausflur bewegungslos liegenblieb. Dann machte er sich davon. Kurz danach kam Jakob aus der Schule. Da war schon ein kleiner Auflauf im Hausflur: Frau Barth kam aus der Kellerwohnung hervorgestürzt, Frieda rannte die Treppe hinunter, und ein unbekannter Passant stand dabei. Großvater war gerade dabei, sich zu erheben, er wollte allein aufstehen und sich nicht helfen lassen; aber es ging nicht so ohne weiteres. Von Jakob ließ er sich unter die Arme fassen und stand gleich wieder auf den eigenen Beinen. Offenbar war nichts gebrochen. Er blutete aus der Nase, nicht das schnellfließende hellrote Blut, nein, das zähflüssige blaurote, das von tiefer innen kommt. Das sah nicht gut aus. Immerhin ging er, auf der einen Seite von Jakob, auf der anderen von Frieda gestützt, noch die zwei Stockwerke zu seiner Wohnung selber hoch. Er sagte kein Wort. Sie legten ihn in sein Bett, schoben ihm mehrere Kopfkissen unter, so daß er halb aufrecht saß. Noch immer sagte er kein Wort. Ab und zu schloß er müde die Augen, blickte aber gleich wieder auf und schaute Jakob traurig an.

Er sagte kein Wort mehr. Dabei machte er keinen kranken Eindruck, er aß leichte Kost, Weißbrot, Hühnerbrühe, eine halbe Birne, trank ein halbes Glas Bier, auch ging er, ein wenig gestützt, allein zur Toilette. Er wollte nicht mehr sprechen. Jakob kam das ganz natürlich vor. *Ihm* hatte er alles gesagt, erst gestern. Er hatte *Gottes Macht verkündet seinem Kindeskind.* Jeden Nachmittag ging Jakob zum Großvater hinauf und setzte sich an sein Bett. Nichts wurde gesprochen. Jakob nahm sich seine Schulaufgaben mit und erledigte sie an dem neben dem Bett stehenden Schreibtisch, dem »Rollbüro« der verstorbenen Großmutter, einem spätbiedermeierlichen Schreibtisch mit schön geschwungener Rollklappe. Ab und zu spürte er den Blick des Großvaters auf sich, dann drehte er sich zu ihm hin, und sie lächelten sich vorsichtig an. Nach einigen Tagen winkte ihn der Großvater mit den Augen zu sich. Jakob setzte sich nahe zu ihm auf den Bettrand und bückte sich zu ihm hinunter. Da hob der Großvater seine Rechte, legte sie Jakob auf den Scheitel und ließ sie eine Minute dort ruhen.

Kein Wort wurde gesprochen.

Am nächsten Morgen war der Großvater tot. Es hieß, es sei eine Hirnblutung infolge des Sturzes gewesen.

In der Steinecke

Jakobs Vater hatte in seinem Sprechzimmer, wo die Bücher-
regale mit der Fachliteratur über Eck in einer Nische des
weitläufigen Raumes standen, eine kleine Sitzecke eingerichtet, vielleicht für etwas persönlichere Patientengesprä-
che, keine großartigen Sessel, aber doch bequeme Polster-
stühle um ein rundes Tischchen. Das Besondere an dieser
Ecke war abends die indirekte Beleuchtung aus den Hinter-
glasbücherschränken. Von denen war die Reihe in Kopf-
höhe mit seltenen Steinen vollgestellt, die das indirekte
Licht in die Sitzecke widerspiegelten. Da waren große
Achatplatten, tennisballgroße Kugeln aus Malachit, aus
Karneol, aus Jade, eine Hämatitknolle so groß wie ein Ge-
hirn, aber schwarz und bösartig glänzend, glatte Bergkri-
stalle, barocke Amethystdrusen, langnadelige Rutilquarze,
ein großer, klarer, honigfarbener Bernstein mit mehreren
Mücken darin. Auf dem Tisch stand eine Achatschale mit
rundlichen Kristallen von rotem Granat, mit goldglänzen-
den Würfeln von Schwefelkies, blaugrünen Türkisperlen,
stark lichtbrechenden Bergkristallkugeln, doppelbrechen-
den, trapezförmigen Kalkspaten. Während der Gespräche
nahm man eines dieser Mineralien und bewegte es zwischen
den Fingern, dann redete es sich viel besser. Jakob und seine
Geschwister nannten sie die *Fühlbarkeiten*.

Das war die Steinecke. Da saßen sie oft mit ihrem Vater.
Als der dann Stabsarzt und selten zu Hause war, waren die
Geschwister unter sich, Tante Edda kam manchmal dazu,
oder es kamen Verwandte, die zu Besuch waren, aber die
Gesprächsthemen gaben Jakob und seine Geschwister vor,
die anderen durften dabeisein. Die Mutter saß im Hintergrund und hörte zu. Ob sie verstand? Meist wurde eine Flasche Wein heraufgeholt, eine Flasche für sechs oder acht
Personen. Nein, viel getrunken wurde nicht, doch war der

Wein wichtig, die Ästhetik des Weines. Politisch waren die Gespräche selten, denn Politik war ja im Grunde abgeschafft seit 1933. Die Argumente waren eher ästhetisch. Eines Abends zog Jakobs Vater eine Seite des »Völkischen Beobachters« hervor, auf der die Köpfe aller Kreisleiter des Gaues abgebildet waren, fünfundzwanzig flapsige, proletenhafte, dickliche, schweinsäugige, bierselige Visagen. Er meinte: »Das sind die *nordisch-deutschen Edelmenschen*, die uns regieren. Prost! *Wir* trinken Wein!«

Dann erzählte er jiddische Witze. Einer der wichtigsten war der: »Zwei jüdische Viehhändler, die sich nicht gegenseitig in die Karten gucken lassen wollen, treffen sich auf dem Bahnhof einer Kleinstadt und müssen notgedrungen in ein Gespräch eintreten. ›Nu, Moses, wohin fahrste denn?‹ ›Wohin werd ich woll fahr'n? Ich fahr nach Krakau!‹ ›Da sagst de nu, du fahrst nach Krakau, damit ich soll denken, du fahrst nach Lemberg, dabei fahrste doch nach Krakau! Also, wozu lügst de?!‹« Das wurde ein Stichwort zwischen Jakob und seinen Brüdern, in bestimmten Situationen hieß es einfach: *Krakau–Lemberg.* Dann wußten sie Bescheid, und kein Außenstehender verstand es. Oft wurden auch Schreib- und Sprachspiele in der Steinecke gespielt, die mit den Jahren immer raffinierter wurden. Es fing mit dem simplen *Malepartus* an, ging über die Konstruktion von *Palindromen* zu *Buchstabengeschichten.* Eines der neuesten Palindrome, die Jakobs Vater zum besten gab, war: Inschrift über dem Eingangsportal zum Harem des Perserkönigs Xerxes: *Xerxes summus sex rex.* Beliebt war auch die Konstruktion von Buchstabengeschichten, wie etwa der folgenden:

»Susannas Studium

Susanna studierte Soziologie. Sie sagte sich: ›Sozial sein, sehr sinnvoll. Studieren, sicherlich schön. Summa: Soziologie studieren!‹ So strebte sie sechs Semester, schwer stöhnend, sich Sinn suggerierend, Schwarten schleppend, Sentenzen sammelnd, Strümpfe strickend. Selten schwänzte sie Seminare. Sie schwieg stets, schrieb sehr stetig Steno.

Susannas soziologische Scheuklappen schützten sie. Sehr spät sah sie Siegfrieds sehnsüchtiges Streben. Siegfried, Sprachwissenschaftler, siebenundzwanzig, sportlich-salopp, sah Susannas seelische Sackgasse: ›Sus'chen, stets schaffen? Sielen schleppend sterben? Soll so was sinnvoll sein?‹ Sonnabend. Spaziergang. Sonnenuntergang. Susanna schmelzend, sentimental; Siegfried seines Sieges sicher. Susanna streift sachte Siegfrieds Schulter. Siegfried, sekundenschnell seine Situation spürend: ... schnell Staatsexamen ... Schluß.«

Schließlich hatten sie Buchstabengeschichten mit sämtlichen 26 Buchstaben des Alphabets beisammen. Das war zur Zeit des Frankreichfeldzuges.

In der Steinecke wurden auch Gedichte vorgetragen. Jakobs Vater konnte alle Balladen von Bürger, von Schiller und von Goethe auswendig und rezitierte sie immer wieder mit starker Emphase. Manchmal wurde das peinlich und irreal. Dann neckten sie den Vater mit dazwischengerufenen Verhunzungen wie: »Sieh da, sieh da, Timotheus, die Ibiche des Kranikus!« Er merkte dann, daß er zu langweilen begann, und wechselte zu Morgensterns *Galgenliedern* und dem *Großen Lalula* über, die ebenfalls zu seinem Repertoire gehörten. Sogar der frühe Gottfried Benn mit seinen Pathologiegedichten gehörte dazu, etwa der ersoffene Bierfahrer mit der kleinen Aster. Und dann folgte, unweigerlich und wie ein Ritual, aus seiner eigenen Pathologiezeit die Geschichte vom besoffenen Institutsdiener, der den Leichenspiritus trank und dann torkelnd durch die Pathologie grölte: »Rotz ums Backe, Scheiß ums Been, ach wie ist das Leben scheen!«

Es war ganz gut, daß Jakobs Vater jetzt seltener zu Hause war, bei ihm kamen sie nicht so recht zu Wort. Um diese

Zeit hatte Jakob Rilke für sich entdeckt: »Das Leben in wachsenden Ringen« oder »Sein Blick ist vom Vorübergehn der Stäbe …« Das hatte er nicht aus der Schule, das galt dort als sentimentales Zeug und nicht zeitgemäß. Eines Abends las er den Brüdern vor; die wollten mehr davon hören. Dann fand der jüngere Bruder den *Cornet*. Als er ihn vorlas, hatte Jakob feuchte Augen. Immer wieder trug einer von ihnen den *Cornet* vor, bis sie ihn auswendig konnten. Dazu tranken sie manchmal eine Flasche von Vaters edlem Tokajer und fühlten sich verloren und erhoben zugleich.

An einem Spätnachmittag des Dezember 1941 saßen sie wieder einmal in der Steinecke, diesmal beim Tee, zufällig waren alle fünf Brüder da; der Älteste auf Urlaub aus dem Arbeitsdienst, Jakob in seinen Knickerbockern, Wieland den Block auf den Knien in charakteristisch vertiefter Zeichenhaltung, der Jüngere lebhaft erzählend und Mutter, wie immer etwas im Hintergrund, mit dem dreijährigen Nachkömmling auf dem Schoß. Es ging darum, wie es nach dem Krieg werden würde. Jakob: »Zunächst müßten wir erst einmal überleben.« Der Älteste, der nie den Realitäten ins Auge sah: »Was willst du denn, in Rußland sind wir doch auch schon am Siegen, in wenigen Tagen haben wir Moskau, und dann muß der Iwan kapitulieren. Dann gibt's doch praktisch keine Gegner mehr, und der Krieg ist aus. Ja, vielleicht noch ein paar Partisanenkämpfe, doch das erledigt dann die örtliche Polizei. Aber größere Kämpfe mit größeren Verlusten kann's gar nicht mehr geben! Nein, für uns braucht man nichts mehr zu befürchten.« Jakob: »Täusch dich nicht! Die Russen sind zäher, als wir wissen, das haben sie schon bei Napoleon gezeigt!« Die Mutter entrüstet: »Also, Jakob, du wieder mit deiner Schwarzseherei! Das ist ja unerträglich! Du verunsicherst nur deine jüngeren Geschwister, ganz abgesehen davon, daß du dich und uns mit deinem Gerede in Gefahr bringst!« Jakob: »Also gut, lassen wir uns halt das Beste hoffen! Aber ist der *Endsieg* wirklich das *Beste*?« Die Mutter wütend dazwischen: »Bist du denn verrückt?« Jakob: »Dann brauchen die doch gar keine Rücksicht mehr zu nehmen. Studieren dürfen wir ja nach den jetzigen Bestimmungen gerade noch, jedenfalls durch Vaters Machenschaften, aber Beamter oder Jurist ist nicht drin. Menschen zweiter Klasse werden wir nach dem Endsieg sein. Was meinst du wohl, wie sich diese Proleten dann benehmen werden!« Jakobs Mutter war sprachlos und hieb wütend mit der Faust auf die Sessellehne. In diesem Augenblick ertönte die Türglocke.

Der Älteste ging aufmachen und kam mit einem Uniformierten zurück, Jakob kannte ihn nicht. Er ging freudig auf Mutter zu, nahm ihre Hand: »Schön, daß ich euch endlich mal besuchen kann, wir haben uns ja ewig nicht gesehen. Wann warst du mit deinem Mann zum letzten Mal bei uns in Bonn? Vier oder fünf Jahre muß es her sein. Ich bin dienstlich nach Osten unterwegs.« Es war der Cousin Alfried, ein junger Mediziner, jetzt SS-Arzt, eigentlich ein sehr viel jüngerer Cousin von Vater, aus der Bonner Linie, natürlich rein arisch. »Morgen muß ich nach Krakau weiter, in besonderem Auftrag des Reichsführers, um verschiedene Maßnahmen einzuleiten. Reinhaltung der Ostgebiete von unerwünschten Elementen und so. Mehr darf ich nicht sagen. Ich kann ja wohl bei euch übernachten?« Jakob: »Was hast du denn als Arzt mit Verbrechensbekämpfung zu tun? Das ist doch Sache der Polizei.« »Nicht nur. Eine gute Frage. Aber es gibt ja auch erbliche Kriminalität, zum Beispiel bei den Zigeunern. Und lies mal, was im ›Stürmer‹ über die Juden steht! Ich muß die Leute begutachten und selektieren. Freilich, ihr habt auch so 'n paar jüdische Vorfahren, aber das ist doch was völlig anderes und schon längst rausverdünnt. Ihr besteht jeden Rassetest beim Reichsgesundheitsamt. Ich bin darauf spezialisiert und kann mich dafür

verbürgen, wenn ich euch so ansehe.« Und er taxierte die
Brüder tatsächlich wie Schlachtvieh. Jakob hätte ihm ins
Gesicht spucken können. Er blickte zu seiner Mutter hin-
über und schüttelte unmerklich den Kopf.

Cousin Alfried war Teil des Vorkommandos zur *Endlö-
sung der Judenfrage*. Zwar sollte die Wannseekonferenz
erst einen Monat später stattfinden, aber die Maschinerie
war schon seit Sommer 1941 angelaufen. All das wußten
Jakob und seine Familie natürlich nicht, aber sie spürten
irgend etwas Widerliches an diesem SS-Vetter.

Jetzt erhob sich Mutter: »Alfried, es ist besser, wenn du
nicht bei uns übernachtest. Wir sind schließlich nicht rein
arisch und würden dich nur kompromittieren. Also, bitte
geh jetzt!« Jakob jubelte innerlich und bewunderte seine
Mutter! Er hatte sie doch unterschätzt; wenn es darauf an-
kam, war sie in Ordnung! Der SS-Arzt erhob sich verdat-
tert, verabschiedete sich kühl und ging.

Reichskristallnacht

Emmi hatte die Frühstückssemmeln geholt, die knusprig
und frisch auf dem Tisch lagen. Aber sie war verstört zurückgekommen: »Du, Jakob, die haben jüdische Geschäfte
am Sonnenplatz kaputtgemacht, alles ist voller Scherben!«
»Ach wo, Emmi, das kann doch nicht wahr sein, vielleicht
irgendein Unfall. Geschäfte zerstören, das gibt's doch gar
nicht.« Und er setzte sich ruhig an den Frühstückstisch, gerade weil er plötzlich wußte, daß Emmi recht haben mußte.
Alles reimte sich auf einmal zusammen: der ungeheure Pro-
pagandaaufwand gestern nach dem eher nebensächlichen
Attentat eines verwirrten, mit Recht verwirrten Juden na-
mens Grünspan auf den kleinen deutschen Botschaftsbeam-
ten in Paris, die widerlichen Schaukästen des »Stürmer« an

den Straßenbahnhaltestellen, gestern nachmittag die Unruhe und Spannung in der Innenstadt, heute nacht die Sirenen des Überfallkommandos, die er wohl im Halbschlaf gehört hatte und an die er sich erst jetzt erinnerte. Ja, Emmi hatte recht. Ein anderer Fünfzehnjähriger wäre neugierig aufgesprungen und auf die Straße gelaufen, um nachzusehen. Das war nicht seine Art. Er wußte, wie schwer das sein würde, und mußte sich erst darauf vorbereiten. Scheinbar ruhig strich er sich seine Buttersemmel, biß hinein, das beruhigte, und trank seinen Kakao. Aber dann stand er rasch auf, griff sich die Schultasche und sprang wie üblich in langen Sätzen die Treppe hinunter, holte sein Fahrrad aus der Remise und fuhr los.

Gleich vor der Haustür dieser ungeheuerliche Geruch. Was ist das? Seife? Backaroma? Parfüm? Als er 50 Meter weiter war, wußte er es: Die Drogerie Matthias vorn an der Ecke Zimmerstraße/Gartenstraße ist geplündert und zertrümmert worden. Die Gerüche von Hunderten von Parfümen und Essenzen bissen in die Augen, verdichteten sich im Hals, schnürten die Kehle zu. Er mußte absteigen wegen der unzähligen scharfen Splitter, schob sich die Längsstange des Fahrradgestells über die Schulter und trug sein Fahrrad durch die knirschenden Scherbenhaufen. Sein Fuß stieß gegen ein geborstenes *Kristall*-Flakon.

Schön, wie die Scherben des Kristallglases glitzerten im Unrat. Kristall, Bleikristall, Kristall-Lüster. Bergkristall habe ich zu Hause, dachte Jakob. Und dann der riesige, blaugrüne Kristall von Kupfervitriol neulich im Chemieunterricht. Das Experiment muß ich nachmachen, einfach einen Faden in die Lösung hängen, ging es Jakob durch den Kopf. Keimbildung. Keim? Wenn von nichts etwas wird. Oder von fast nichts. Dieses zerstörte Flakon ein Keim? Ein Keim für wachsende Zerstörung? Zerstörung kann doch nicht wachsen, die nimmt doch immer nur ab.

Zwei widerlich aufgedunsene SA-Männer mit herunter-geklapptem Kinnriemen standen vor dem einst eleganten Geschäft Wache. Tückische Schweinsäuglein, ein kalter Triumph darin, daß »sie mal etwas machen konnten«. Ob sie wußten, was sie gemacht hatten? Der Zerstörung zum Wachsen verholfen. Und jetzt würde sie ganz von allein wei-terwachsen, würde alles erfassen, zuerst die Juden, dann die Soldaten, dann die Städte und ihre Menschen und vor allem die Begriffe von Gut und Böse. Die moralische Zerstörung war das Schlimmste. Die wuchs und wuchs jetzt, unaufhalt-sam. Die Plünderung mußte erst gerade zu Ende gegangen sein, noch nichts war eingetrocknet, alles war noch frisch. Die Wunde blutete.

Jakob fragte sich, wo der alte Herr Matthias jetzt sein mochte. Er sah immer so vornehm und gepflegt aus mit sei-nem dunklen Teint und dem eleganten weißen Schnauz-bärtchen, den glänzend geputzten schwarzen Schuhen, die mit dem weißen Drogistenmantel kontrastierten. Sie wür-den ihm doch nicht persönlich etwas getan haben? Ob sie ihn geschlagen haben? Ob er blutete? Wo mochte er woh-nen, daß man einmal nachsehen konnte? Früher hatte er Jakob öfter Kräuterbonbons geschenkt, in letzter Zeit mehr kleine Seifenproben. Der wußte, was sich gehört. Diese SA-Schweine!

Jakob radelte jetzt weiter über den Sonnenplatz. Ein aus-geraubtes Schuhgeschäft. Die Menschen standen ängstlich umher, wußten nicht so recht, ob sie sich bedienen durften, schreckten aber davor zurück. Die meisten wußten doch immer noch, was Recht und Unrecht ist, trotz Reichstags-brand, trotz Röhm-Putsch. Es war jetzt kurz vor acht, er mußte sich beeilen. In der ersten Stunde hatten sie Kunstun-terricht, da mußte er auch noch in den Zeichensaal im ober-sten Stock rennen. Schnell stellte er sein Rad in den Fahrrad-ständer, der Schulhof und die Gänge waren bereits leer. Mit dem Läuten hastete er in den Zeichensaal und fand seinen Platz. Gerade hatte er noch Zeit, sich umzuschauen. Seine Freunde hatten genauso ratlose Gesichter. Dann kam der Zeichenlehrer, Bruno Zwiener. Eigentlich mochten sie ihn ganz gern, er hatte so was ungezwungen Schlampiges. Oder war er doch eher schmierig?

Nun stand er auf dem Podium und rieb sich die Hände vor Vergnügen: »Jungs, das war endlich mal was! Den Blutsaugern mußte man es doch mal zeigen. Diese Judenschweine haben sich lange genug am deutschen Volk gemästet. Habt ihr gesehen, die Synagoge brennt sogar. Da können sie sich in ihrem Heidentempel nicht mehr über Jesus lustig machen, den sie auf die bekannte viehisch-jüdische Weise umgebracht haben!«

Es wurde immer stiller im Raum, obwohl es von Anfang schon totenstill gewesen war. »Und mit den jüdischen Geschäftemachern ist es jetzt endgültig Schluß. Kein nichtarisches Geschäft mehr. Alle von der Volkswut zertrümmert. Großartiger Tag heute!«

Nichtarisch. Ja, das bin ich auch, dachte Jakob. Offiziell nur ein Sechzehntel, in Wirklichkeit Vierteljude. Wenn's nicht so lebensgefährlich wäre, möchte ich jetzt Jude sein, wie der tote Großvater. Gott sei Dank, daß er gerade noch rechtzeitig gestorben ist. Ob sie seine Praxisräume auch so demoliert hätten wie die Drogerie? Gott sei Dank, daß er das nicht erleben muß. Das ist der Kampf des Viehischen gegen das Menschliche, der Großvater hat es mir wenigstens noch sagen können. Des Dummen gegen das Kluge, des Groben gegen das Feine, des Fühllosen gegen das Sensible, des Barbarischen gegen das Kultivierte, des Neidischen gegen das Großzügige. Er hatte ja so recht. Ich werde heute nachmittag zum Friedhof radeln. Mit dem Vater kann man darüber nicht reden.

»Und, Jungs, ein kleines Andenken an diesen Tag hab' ich

mir mitgenommen, hier diese Filzpantoffeln vom Sonnen-platz, gehören ja doch niemandem mehr.« Wie eine Tro-phäe hob er ein Paar Kamelhaarpantoffeln in die Höhe. Lähmendes Entsetzen in der Klasse. »So, und jetzt holt mal eure Zeichenblocks raus!«

Niemand rührte sich. Wirklich: Niemand rührte sich. Ohne jede vorherige Verabredung! Auch nicht der brave kleine Nazi Martin und Lorenz, der Sohn des obersten SA-Arztes. Zwiener verstand erst nicht: »Ja, wollt ihr denn nicht anfangen!? Los, die Zeichenblocks raus!« Totenstille. Alle starrten den Lehrer an. Jetzt versuchte er es mit Schmei-cheln: »War doch gar nicht so gemeint, jeder kann doch darüber denken, wie er will, jetzt fangen wir aber an.« Das machte seine Situation vollends unhaltbar. Er stand vor ei-ner eisigen, geschlossenen Mauer der Ablehnung. Jetzt wurde er nervös, fuchtelte ungezielt mit den Armen, begann zu stammeln: »... ja, aber ... geht doch nicht ... nicht so gemeint ... Direktor ... vernünftig ...« Er war fertig, Schweißperlen standen auf seiner Stirn. Jakob dachte kalt: Vielleicht hat er jetzt sogar ein schlechtes Gewissen. Aber er hatte kein Mitleid. Mitleid hatte er mit dem alten Drogisten Matthias und – stellvertretend – mit seinem toten jüdischen Großvater.

Eine Viertelstunde nach Beginn des Unterrichts stürzte Zwiener aus der Klasse und kehrte nicht mehr zurück. Die 25 Jungen saßen für den Rest der Stunde still und ernst auf ihren Plätzen, kein Wort fiel, kein Wort war notwendig.

In der Pause auf dem Schulhof war die Stimmung ge-drückt. Jakob und sein Freund Jochen standen beisammen. Sie wußten, daß sie es richtig gemacht hatten. Aber irgend etwas fehlte noch. »Wir haben ja den Unterricht verweigert, das ist doch Befehlsverweigerung.« »Mit gutem Grund.« »Aber ich finde, Jochen, wir müssen die Gründe irgend je-mandem sagen, damit sie gelten. Komm, wir gehen zum Direktor!« Mit Herzklopfen standen die Jungen im Vorzimmer bei der Sekretärin, einer adretten, mütterlichen Frau. »Habt ihr was ausgefressen und wollt es dem Herrn Direktor beichten? Er wird euch schon nicht den Kopf abreißen.« Direktor Jahn war wohl noch der letzte Nichtparteigenosse unter den Schuldirektoren der Stadt, zwar kräftig deutschnational, dekorierter Teilnehmer am Ersten Weltkrieg, aber absolut anständig, vornehm, alte Schule. Da er sowieso bald pensioniert werden sollte, hatten sie ihn eben noch für eine Weile gelassen. Die Tür zum allerheiligsten Direktorzimmer ging auf. Neugotische Schnitzereien an Tür und Türfüllung, warme Holztäfelung des Zimmers. »Na, was führt euch zu mir, ihr beiden? Schießt mal los!«

Jakob machte sich zum Sprecher: »Herr Direktor, es geht um die Ereignisse der heutigen Nacht. Die Klasse findet das nicht gut, aber das ist ja wohl unsere Privatanschauung. Aber was nicht nur unsere Angelegenheit ist, das ist das Verhalten von Herrn Zwiener, bei dem wir heute die erste Stunde hatten. Er hat uns ein Paar Pantoffeln gezeigt, die er heute morgen gestohlen hat, und er hat sich dessen gerühmt. Wir haben daraufhin den Unterricht verweigert, denn er hat sich eines Diebstahls gerühmt. Denn es ist doch entweder Privateigentum oder Volkseigentum.« Der Direktor ließ sich alles noch einmal in Ruhe erklären. Dann entließ er die beiden: »Redet jetzt nicht darüber, ich bringe es so oder so in Ordnung.« In der nächsten Woche gab ein junger Referendar den Kunstunterricht, Zwiener erschien nie wieder. Es hieß, er sei erkrankt. Zu Hause beim Mittagessen wurde kaum darüber gesprochen. Der Vater kam ohnedies später aus der Praxis und war mit seinem eigenen Tagesablauf viel zu sehr beschäftigt, und die Mutter wiegelte ab: »Das sind natürlich bedauerliche Übergriffe in der ersten Erregung über den Mord in Paris, aber das wird sich alles regeln und normalisieren.«

Wie sollte sich das normalisieren, wenn brutale Schläger-typen sich ungehemmt austoben durften? Der Großvater hat es gewußt, aber die haben ihn ja alle für einen Pessimisten gehalten und wollen's heute noch nicht wahrhaben. Wem kann ich denn die Geschichte mit dem Zwiener erzählen? fragte sich Jakob. Hier am Mittagstisch jedenfalls nicht. Jakobs Mutter kannte Zwiener vom Studium an der Kunstakademie und ließ sowieso nichts auf ihn kommen. Besser sag ich gar nichts, dachte Jakob.

Erst jetzt merkte er, daß ein Kloß in seinem Magen saß, daß er nichts hinunterbrachte. Und daß er kein Wort herausbrachte. Sobald es ging, stand er auf, zog sich seine Windjacke an und setzte sich auf sein Fahrrad. Der große Magdalenenfriedhof lag weit draußen, er mußte eine halbe Stunde bei schnellem Tempo radeln. Drinnen hätte er es keine Sekunde länger ausgehalten. Ein kalter Nieselregen kam herunter. Das tat gut. Der Friedhof war von Allerheiligen her, das nur eine Woche zurücklag, noch geschmückt, eigentlich gar nicht herbstlich. Immergrün herrschte vor. Niemand weit und breit. Jakob wagte sogar, auf den breiten Friedhofswegen zu radeln, was natürlich verboten war. Um das Kriegerdenkmal am Kreuzungspunkt zweier Alleen zog er ein paar blasphemische Schleifen und übte sich im Freihändigfahren. Großvaters Grab war unverändert. Das Wort ›Sanitätsrat‹ auf dem Grabstein fiel ihm zum ersten Mal auf. Es paßte ganz gut zu dem würdigen alten Mann mit dem grauen Spitzbart. Vor dem Grab drehte Jakob ein paar Ehrenrunden für den Großvater, stieg gar nicht ab, in Bewegung wurde er dem geliebten Großvater am ehesten gerecht, enge Kurven, möglichst freihändig, da wurde ihm richtig warm ums Herz. Dann trat er kräftig in die Pedale für die Heimfahrt.

Es dämmerte bereits, war fast dunkel, aber die Straßenla-ternen waren noch nicht angeschaltet. Vor der Zimmerstraße 14, drei Häuser von seinem Elternhaus entfernt, bemerkte er einen Menschenauflauf und die Feuerwehr. An den Hydranten hatten sie Schläuche angeschlossen, die durch die Toreinfahrt in den Hinterhof führten. Er ließ das Fahrrad stehen und ging in den Hinterhof, schob sich durch die Neugierigen vor. Ein niedriges Gebäude brannte lichterloh, die Flammen schlugen prasselnd aus den Fenstern, und Scheiben zersprangen klirrend. Er hatte noch nie ein brennendes Haus gesehen. Aber warum unternahm die Feuerwehr nichts? Sie brauchten doch nur die Hydranten aufdrehen? Die Menge stand stumm wie eine Schafherde.

Dann sah er die SA-Männer, es traf ihn wie ein Schlag. Er sah sie nur im Gegenlicht des Brandes. Feist und breitbeinig, den Zuschauern zugewandt standen sie vor *ihrem Brand*, Jakob erinnerte sich, daß es in diesem Hinterhof eine *Jeschiva* gegeben haben soll, eine kleine Talmudschule und Gebetshalle, eigentlich keine richtige Synagoge. Die hatten sie wohl in der ersten Pogromnacht übersehen und holten die Brandschatzung jetzt nach. Offensichtlich war die Feuerwehr angewiesen, nur das Übergreifen auf die Nachbarhäuser zu verhindern, die Jeschiva sollte bis auf den Grund niederbrennen. Es war ein leichtes Holzgebäude, eine Art größeres Gartenhaus. Die Flammen prasselten. Und dann stürzte mit lautem Getöse der Dachstuhl ein, Funken stoben, die Feuerwehrleute schrien: Zurück! Zurücktreten! Vorsicht! Die SA-Leute standen heroisch-breitbeinig und kamen sich vor wie an der Flammenmauer von Walhalla. Ein Opfer wurde dargebracht. Die Menschen standen schweigend und verängstigt, keiner wagte ein Wort zu sprechen. Jakob spürte, daß sich sein Magen umzudrehen begann, er verzog sich in eine dunkle Ecke und kotzte elendiglich, kotzte, bis die grüne Galle kam und nach der grünen Galle nur noch das grüne Elend.

Gegen sechs Uhr traf er zu Hause ein. Seine Mutter fragte

kalt: »Jakob, du siehst ja so käsig aus – (»käsig«, dieses schreckliche Wort benutzte sie immer) – ist dir was?« »Nein, nein, Mutter, ich geh noch Schularbeiten machen.« In seinem Zimmer warf er sich auf sein Bett und begann haltlos zu schluchzen.

Als er gegen sieben Uhr zum Abendessen ins Eßzimmer ging, mußte er an der halbgeöffneten Sprechzimmertür vorbei. Drinnen hört er die Eltern erregt sprechen. Die Mutter: »Nein, du machst das auf keinen Fall, du bleibst jetzt hier. Wir können doch da auch nichts mehr ändern!« »Doch, ich muß hin, sie ist schließlich die letzte Überlebende der drei Schwestern. Ich bin's dem Onkel Meffert schuldig!« »Du bringst uns mit deinem Leichtsinn nur alle in Gefahr!« Trotz der Proteste der Mutter stürmte Jakobs Vater hinaus, die beiden schweren Entbindungskoffer in den Händen. Offenbar mußte er rasch zu einer Hausgeburt. Aber warum, so dachte Jakob, dann diese erregte Debatte und die Versuche der Mutter, ihn zurückzuhalten? Beim Essen sagte die Mutter mehr so nebenbei: »Der Vater mußte noch mal schnell zur Tante Elli.« Sofort schaltete Jakob: Tante Elli, geborene Immerwahr, war die letzte der Immerwahr-Schwestern. Tante Lotte, die Frau des Großonkels, war die eine, die schon längst tote Clara Haber die andere, und Tante Elli hatte einen inzwischen verstorbenen reichen Kaufmann geheiratet. Offenbar war die alte Dame in Gefahr. »Aber, Mutter, wozu denn die Entbindungskoffer?« »Ach, frag doch nicht immer so viel!« Tatsächlich hatte Jakobs Vater die Instrumentenkoffer zur Tarnung mitgenommen. Die Stadt war jetzt voller SA und Polizei, viele, wenn auch noch nicht alle Juden wurden auf offenen Lastwagen abtransportiert, die mit Spruchbändern wie ›Wir sind die mörderischen Judenschweine‹ behängt waren, überall wurde kontrolliert. Jakobs Vater mußte sich tarnen, und er konnte auch das. Er konnte fast alles.

Wie Jakob später, zuletzt auch von ihm selber, in allen Einzelheiten erfuhr, hatte sich folgendes ereignet: Tante Ellis Dienstmädchen hatte den Vater angerufen, es seien schon verschiedene Personen in der – sehr vornehmen – Nachbarschaft der Kirschallee abgeholt worden, es gehe der gnädigen Frau nicht sehr gut, ob Vater nicht vorbeikommen könne, um ihr ein Attest wegen Transportunfähigkeit auszuschreiben. Jakobs Vater zögerte keinen Moment. In ihrer Wohnung, in die er offenbar unbemerkt hineinkam, gab er ihr eine Spritze, mit einem Pyrogen, einem fiebererzeugenden Mittel, so daß sie augenblicklich über 40° Fieber hatte, und schrieb ein entsprechendes Attest, daß sie an einer hochansteckenden fiebrigen Infektion litte. – Für diesmal blieb sie verschont. Als sie 1942 zum Abtransport nach Osten abgeholt werden sollte, vergiftete sie sich. Jakobs Vater war damals schon als Sanitätsoffizier im Kaukasus. Ob überhaupt ein Arzt einen Totenschein ausgeschrieben hat, wird niemand mehr feststellen.

Am nächsten Tag in der Schule gab es zwei Stellungnahmen der Lehrer. Wachsmann erschien mit einem verbundenen und geschienten Arm. Er hatte sich als SA-Führer an splitterndem Schaufensterglas verletzt und rühmte sich, daß er sein Blut für eine gute Sache vergossen habe. Und zu Beginn des Geschichtsunterrichts sagte Heidelck, mehr so zwischen den Zähnen, daß man es nicht bis in die hintersten Bankreihen verstehen konnte: »Das werden wir eines Tages teuer bezahlen müssen!« Jakob saß vorn.

Radeln in den Krieg

Jakob saß auf den Stufen von Vierzehnheiligen in Oberfranken. Er war wie geblendet, nachdem er aus der überquellenden Fülle des Kirchenraums wieder vor die schlichte Landschaft getreten war: drinnen alles gekünstelt, verspielt, abschattiert, pastellfarben, golden, lieblich, fast wächsern unter der im Kirchenraum noch herrschenden Kühle der Nacht; draußen in der Hitze des Sommertages weite Kurven des Maintales, gelbe Gerstenfelder, schwarze Waldränder, große, ernste, ungekünstelte Natur, in der Sommerhitze geschmolzene Landschaft. Gegenüber Kloster Banz, eher wie eine Zwingburg. Er mußte eine Weile sitzen bleiben, um den Kontrast zu verkraften. Der ältere Bruder drängelte: »Los, wir müssen weiter!«

Jakob und sein Bruder hatten sich zu einer vierwöchigen Fahrradtour aufgemacht. Die Initiative dazu kam von Jakob, er wollte einmal nicht mit den Eltern wegfahren. Andererseits wäre er auf keinen Fall mit dem Fähnlein auf Sommerfahrt gegangen, dieses pseudopolitische Proletariertum, diese Roheit, diese Anhäufung von Geschmacklosigkeiten, diese banalen Menschen hätte er nicht ausgehalten. Und sie ihn auch nicht, das spürten sie, also ließen sie ihn ziehen. Dem Fähnleinführer sagte er, er wolle das *deutsche Vaterland* kennenlernen (die HJ-Fahrt führte nur an die lokalen Militscher Seen), er sagte das mit einem ironischen Grinsen, das der stumpfe Hitlerjugendführer nicht bemerkte. Sie ließen ihn ausnahmsweise auf seine individuelle Tour ziehen, weil sie seinen Ernst in gewisser Weise sogar fürchteten. Bis Plauen waren sie mit dem Zug gefahren, von da ab, meist auf kleinen Nebenstraßen, mit dem Fahrrad durch Oberfranken bis ins Maintal. Jetzt saß Jakob auf den Stufen von Vierzehnheiligen und versuchte, das Gleichgewicht zwischen innen und außen wiederzufinden.

Sie rasten die Serpentinen von Vierzehnheiligen, auf die sie vorhin die Fahrräder mit den Satteltaschen mühsam hinaufgeschoben hatten, in weniger als einer Minute hinunter. Gegen Mittag kamen sie nach Iphofen. Alles war so voll, so reichlich, so malerisch, so von Stadtmauern umschlossen, von Weingeruch erfüllt, der aus dunklen Kelleröffnungen kühl heraufstieg. Jakob bekam eine Ahnung davon, daß das Leben in dieser Gegend freier und unbeschwerter sein könnte. Ob es hier genauso dicke Nazis gab wie zu Hause? Unmöglich schien es ihm in dieser romantischen Stadt unter den Hängen der Weinberge. Er wurde ganz übermütig und zog den Bruder in den schattigen Vorgarten einer Gastwirtschaft und bestellte für jeden ein Glas Wein. Das war gegen die Spielregeln, denn sie hatten sich vorgenommen, eisern zu sparen. Bis jetzt hatten sie von Brot mit Speck, Fallobst vom Straßenrand und gelegentlich einem Glas Milch beim Bauern gelebt. Jeder der beiden Jungen hatte eine stattliche Scheibe Räucherspeck von zu Hause mitbekommen, die gerade in eine Satteltasche paßte. Das war eigentlich ihr Hauptgepäckstück. Sie übernachteten in Jugendherbergen, was damals zehn Pfennige kostete. So kamen sie auf der ganzen Reise mit einem Tagessatz von 50 Pfennigen aus. Und jetzt tranken sie ein Glas Wein am hellichten Tag. Der Bruder dachte, daß Jakob übergeschnappt sei. War er ja vielleicht auch. Er fühlte sich auf einmal so leicht, so abgehoben, Politik und Familie waren vergessen. Er stieß mit dem Bruder an, der schließlich vergnügt mitmachte. Er war in Ordnung, und man konnte sich unheimlich auf ihn verlassen, dachte Jakob. Aber doch spürte er eine undurchdringliche Zone zwischen ihnen, das war mit den Freunden ganz anders, da konnte man albern und auch mal ins unreine reden. Vor allem wußte Jakob nicht, was der Bruder wollte, was er schön fand, ob der Berg zu steil war und sie nicht lieber schieben sollten, ob er über Würzburg fahren wollte, ob er sich auf die Cousinen in Heidelberg freute, ob er auch manchmal Bauchkneifen hatte in brenzligen Situationen. Das alles hätte er gern gewußt und auch mit ihm geteilt; aber es war nicht aus ihm herauszubekommen. Sicherlich lag das auch an Jakob. Der machte es mehr mit dem

Kopf, und das verstand der Bruder nicht so gut. Verstand er direkter, ohne Worte? Jakob wußte es nicht. Und immer wieder stand die Mutter zwischen ihnen, die Mutter, um deren Zuneigung Jakob dauernd buhlen mußte, die sie dem Älteren wie selbstverständlich gab. Vielleicht war es das. Der Bruder war ein wenig so, wie Jakob sich die Mutter gewünscht hätte: weicher, mehr mit den Augen sprechend, ein bißchen hilflos, nachgiebig. Und gerade deshalb konnte er ihm nicht so recht nahekommen.

Jetzt jedenfalls saßen sie vergnügt unter grünen Blättern bei ihrem Glas Wein, schnitten sich eine dicke Scheibe Brot vom Laib und säbelten einen Fladen Speck dazu ab. Sie waren ausgehungert, denn sie hatten immerhin schon fast fünf Stunden zügigen Radfahrens hinter sich. Und der Wein war so frisch, so leicht. Jakob ging es gut. Sie lachten, sie lästerten über die Lehrer, die blöden Bonzen und HJ-Führer, denen sie entronnen waren.

Schließlich zogen sie weiter, leicht benebelt durch den ungewohnten Wein und die Hitze, durchs Rödelseer Stadttor hinaus zwischen den Weingärten und Feldern dahin, meist auf kleineren Feldwegen. Plötzlich donnerte es dumpf. Jakob hatte in seiner Glückseligkeit und leichten Beschwipstheit das heraufziehende Gewitter nicht bemerkt. In etwa hundert Meter Entfernung sah er ein seltsam einsames Gemäuer, eine viereckige Umfriedung mit einem gedeckten Portal; da würde man sich unterstellen und das Gewitter abwarten können. Sie schoben die Räder über einen schmalen Fußweg dorthin, stellten sich unter den Torbogen und warteten auf den Regenguß. Der Durchgang war mit einem festen schmiedeeisernen Tor verschlossen und noch zusätzlich durch eine Kette mit Vorhängeschloß gesichert. Es sah alles sehr geheimnisvoll aus. Dann entdeckte Jakob Grabsteine. Er wunderte sich, hier, mitten im Feld, weit außerhalb des Ortes, auf einen Friedhof zu treffen. Erst als er den

Davidsstern und die hebräischen Schriftzeichen zwischen dem wuchernden Kraut, zwischen Efeu, Brennesseln und Goldrute entdeckte, wurde ihm klar, daß das ein alter, vielleicht uralter jüdischer Friedhof war. Er kletterte über die mannshohe Mauer und sah sich um. Manche der Grabsteine waren umgestürzt, vielleicht durch Schändung nach der Reichskristallnacht, vielleicht durch Verwitterung. Lesen konnte er die hebräischen Inschriften nicht, aber es gab auch deutsche Beschriftungen, wie seit der Mitte des vorigen Jahrhunderts üblich. Es waren Juden aus Kitzingen, Hofjuden des Fürsten Castell und des Grafen Schönborn aus Wiesentheid, Händler aus Prichsenstadt, jüdische Familien, die wohl seit Jahrhunderten hier ansässig waren. Und dann sah er, oberhalb eines längeren hebräischen Textes, die segnenden Hände: Aarons Hände! Der Grabstein eines Kohen!

Der Herr segne dich und behüte dich;
der Herr lasse sein Angesicht leuchten über dir und sei dir
gnädig;
der Herr hebe sein Angesicht über dir und gebe dir
Frieden.

Jakob hatte die eindringliche Erzählung von Tante Utah aus seinem ersten Schuljahr nicht vergessen: der Grabstein seines Urgroßvaters in Berlin mit den segnenden Händen. Also war das hier auch ein Verwandter, ein ganz, ganz weit entfernter Cousin. Es wurde ihm warm ums Herz und ängstlich zugleich. In diesem Moment brach der Regen los, Wasser lief über sein Gesicht. Er wußte nicht, ob auch Tränen dabei waren. Er flüchtete sich zu seinem Bruder unter den Torbogen, stand jetzt auf der Innenseite, die beiden waren durch das Gitter getrennt. Jakob fand das richtig. Er wollte lieber *allein zurückbleiben* bei den Grabsteinen.

Nach einer halben Stunde war der Gewitterspuk vorbei, die schwarze Wand zog nach Osten ab, und im Westen kam die Sonne hervor. Und dann gab es einen Regenbogen, so prächtig, wie ihn Jakob noch nie gesehen hatte. Er erinnerte sich an Noahs Geschichte: Noah, auch so einer von den alten Juden, die ganz gute Sachen gemacht hatten.

Und Gott sprach: Das ist das Zeichen des Bundes, den ich gemacht habe zwischen mir und euch und allen lebendigen Seelen bei euch hinfort ewiglich: Meinen Bogen habe ich gesetzt in die Wolken; der soll das Zeichen sein des Bundes zwischen mir und der Erde.

Aber der Alte da oben hatte es doch nicht so gut mit den beiden Jungen gemeint: Denn als sie zurück zur Straße wollten, merkten sie, daß der Boden nicht nur völlig aufgeweicht und glitschig war, sondern auch eine klebrig-zähe Konsistenz angenommen hatte. Die Masse legte sich um die Reifen, die Räder konnten sich nicht mehr drehen und wurden zentnerschwer. Dieser Keuperboden, auf dem so guter Wein wächst, hatte die vertrackte Eigenschaft, sie vollkommen lahmzulegen, sie konnten weder vor noch zurück. Verzweifelt versuchte Jakob, die Lehmklumpen von den Rädern abzuschälen, nach wenigen Metern war wieder alles verklebt. Da erinnerte sich Jakob, daß er neben der Innenseite des Friedhofstores in einem kleinen Schuppen ein paar alte Bretter gesehen hatte, die wahrscheinlich zum Abstützen des Bodens beim Ausheben der Gräber gedient hatten. Aber jetzt wurde hier niemand mehr beerdigt, die Juden waren ausgewandert oder zumindest aus den Dörfern vertrieben worden. Also kletterte er noch einmal über die Mauer, reichte seinem Bruder vier Bretter hinüber, strich wie entschuldigend über den Stein mit den segnenden Händen, sagte für den da unten leise den Segen ... *und gebe dir Frie-*

den, und dann bauten sie sich mit Hilfe der ausgestorbenen jüdischen Gemeinde einen schmalen Bohlenweg bis zur Straße, indem sie immer wieder hinten die Bretter wegnahmen und vorne anlegten.

Ein paar Tage später erreichten sie Heidelberg, wo die Schwester von Jakobs Vater mit ihrer Familie, dem Onkel, zwei Töchtern und zwei Söhnen, in einem herrlichen Haus mit Blick auf die weite Rheinebene wohnte. Jakob liebte diese Tante, obwohl sie alles andere als mütterlich war. Sie war klug, unabhängig, recht jüdisch, von unbestechlichem Urteil, konnte, wie sein Vater, aus dem Stegreif in Schüttelreimen reden, schrieb schöne, manchmal etwas erotische Gedichte im Rilkestil, hielt sich aber mit allen ihren Begabungen klug zurück – im Gegensatz zum Vater. Sie zählten sich zur *Bekennenden Kirche*, und manchmal fanden in ihrem Haus *private* Treffen statt, die wahrscheinlich von der Gestapo überwacht wurden. Aber wirklich gefährlich war das nicht. Der Onkel führte mit Jakob auch politische Gespräche, die es zu Hause kaum gab. Er sah einen Krieg kommen, wozu eigentlich damals nicht sehr viel Phantasie gehörte, die meisten Menschen wollten das aber nicht wahrhaben und machten sich etwas vor. Der Onkel war unbestechlich und galt deshalb in der Familie als Pessimist. Einmal sagte er zu Jakob: »Na, dann seht mal zu, daß ihr noch vor Kriegsbeginn wieder zu Hause seid!« Jakob war völlig verdutzt und nahm das nicht ernst, er wollte doch gerade jetzt anfangen zu leben. Er vergaß die Äußerung des Onkels sofort.

Jakob bat die Tante um etwas zum Lesen, und sie gab ihm Kafkas Erzählungen. Er kannte nichts davon. In der Schule war Kafka natürlich verboten, und der häusliche Bücherschrank endete mit C. F. Meyer, Fontane und dem frühen Gerhart Hauptmann. Abends im Bett las er »In der Strafkolonie«. Er verstand den schrecklichen Wahnsinn, die bis zum selbstzerstörerischen Exzeß getriebene Perfektion einer Maschine, einer unmenschlichen menschlichen Maschinerie, ihn grauste. Gleichzeitig war er von der sadistischen Sexualität so überwältigt, daß er die Ejakulation erst merkte, als es ihm feucht an den Schenkeln entlanglief. Mein Gott, war das aufregend und entsetzlich und schön. Beim Frühstück sprach er mit der Tante darüber, ob Literatur so entsetzlich sein müsse oder dürfe, ob sie da nicht an niedere Instinkte appelliere. Sie meinte, daß »Die Räuber« oder »Werthers Leiden« zu ihrer Zeit genauso abstoßend empfunden wurden. Das Schöne und das Schreckliche gehörten auf eine besondere Weise zusammen. Besonders in einer Zeit, wo so viel Schreckliches passiert sei, wie im und nach dem Weltkrieg, müßten die Künstler zu neuen Ausdrucksmitteln greifen, vorausschauend, vorwegnehmend, um den Menschen ihre eigenen Zerstörungs- und Schreckenspotentiale vor Augen zu führen, gewissermaßen als Propheten. Auf Propheten würde allerdings in den seltensten Fällen gehört, aber trotzdem müsse es Propheten geben, damit die Menschheit moralisch nicht untergehe, das wisse er ja wohl aus dem Alten und dem Neuen Testament. Am nächsten Abend las Jakob »Die Verwandlung« und schlief danach die ganze Nacht nicht. Jedesmal, wenn er einnicken wollte, zappelte der gräßliche Käfer auf der Bettdecke herum. Später, bei der Abreise, gab ihm die Tante den schmalen Kafkaband mit, denn er hätte ihn sich sonst nirgends beschaffen können, es war entartete, verbrannte, jüdische Literatur.

Die Hauptattraktion von Heidelberg waren allerdings die beiden Cousinen, die eine gleichaltrig mit Jakob, die andere etwas jünger. Jakob schwärmte für beide mit wechselnder Intensität. Wegen der Cousinen hatten sie auch eine ganze Woche für Heidelberg eingeplant. Glückselig streiften sie durch die Wälder, meist zu viert eingehakt, wenn es der Weg erlaubte, standen auf der Schloßterrasse über der im Mondlicht glitzernden Stadt, sagten sich Gedichte auf, faßten sich an den Händen oder saßen still auf irgendeinem Gartentreppchen am Philosophenweg, aßen Pfirsiche, die sie aus einem Garten geklaut hatten. Allmählich bildete sich eine stärkere Affinität zu der gleichaltrigen Cousine heraus, so daß sie auch manchmal nur zu zweit gingen. Einmal in einer warmen Sommernacht saßen die beiden auf einer Steintreppe, eng nebeneinander. Jakob faßte ihre Hand, sie zog seine auf ihr Knie. Dabei berührte er, zufällig, mit dem Unterarm ihren schon deutlichen Busen. Er empfand das als überirdisch. Ganz still waren sie, wagten kaum zu atmen. Er empfand eine nie gekannte Wärme im Körper, im Bauch. Dann spürte er, daß sein Glied steif wurde. Zuerst erschrak er. Was war das? Und warum gerade jetzt? Aber gleich danach fand er es einfach schön und dachte nicht weiter darüber nach. Später gingen sie ganz still und glücklich nach Hause.

Dann fuhren sie weiter, mit der Eisenbahn bis Ulm, und von dort, immer der Donau entlang, bis Wien. Die flache Landschaft bis Passau war ziemlich eintönig, heiß und abweisend. Ab und zu badeten sie in Baggerseen entlang der Donau. Besonders schöne gab es unterhalb der Walhalla bei Regensburg. Die Walhalla selber fand Jakob entsetzlich kitschig, er war mit der Auswahl der *großen Deutschen* überhaupt nicht einverstanden, zum Beispiel fand er Richard Wagner und Arnold Böcklin fürchterlich. Aber Regensburg war großartig: Zum ersten Mal sah er römische Ruinen, richtige römische Rundbogen, die Donaubrücke, den berühmten Strudel. Gelegentlich fühlte Jakob sich unwohl, ab und zu kamen die Durchfälle und das Bauchkneifen wieder. Davon hatte der Bruder keine Ahnung, er hätte es auch niemals verstanden. Mitten in Regensburg suchte er dringend ein Klo, er fand mitten in der Innenstadt eine verkommene Bedürfnisanstalt; auf der Männerseite war nur ein Pissoir, also ging er in das Frauenkabinett und entleerte sich unter schrecklichen Krämpfen. Dann wurde ihm leichter, ruhig und zufrieden saß er auf dem stinkenden Klo, und die Darmkrämpfe verebbten unter angenehmem Prickeln im Bauch. Er guckte sich um. Die verkommenen Wände waren vollgekritzelt: Ich will gefickt werden. – Hier in der Wand ist ein Loch zum Männerklo, da kann man schöne Schwänze sehen. – Macht eure Mösen auf! – Mädels, macht die Beine breit, der Adolf braucht Soldaten! Es schüttelte ihn, und doch konnte er sich nicht entziehen. Er hatte eine Erektion. Draußen wartete der Bruder und hatte von alldem keine Ahnung.

In der Wachau sahen sie Kloster Melk mit seinem goldbraunen Barock, übernachteten in Dürnstein, kamen schließlich nach Wien. Dort herrschte große Aufregung. Es gab Extrablätter, daß polnische Milizen den Sender Gleiwitz überfallen hätten und daß die Provokationen nicht länger hingenommen würden. Der Onkel in Heidelberg hatte wohl recht gehabt, sie mußten so schnell wie möglich nach Hause fahren. Sie radelten gleich zum Nordbahnhof. Alles rannte durcheinander, erst hieß es, der Zugverkehr sei wegen der Mobilmachung völlig eingestellt, dann sollte noch ein einziger letzter Zug abgehen, er stand dampfend auf dem Bahnsteig. Rücksichtslos drängten die verzweifelten Menschen hinein, es war fast aussichtslos, einzusteigen. Jakob dirigierte sich und den Bruder nach vorn zum Packwagen, hob die Fahrräder hinein, stieg nach und blieb einfach darin, hielt die Fahrräder fest und ließ sich nicht hinauswerfen.

Am Nachmittag fuhr der Zug endlich ab, immer wieder waren Polizei- und Militärkontrollen durchgegangen und hatten die Papiere hin und her geprüft, auf Staatsangehörigkeit, auf Militärpflicht, auf Juden, auf Tschechen und Slowaken. Schließlich wurde der Zug plombiert und setzte sich danach stockend in Bewegung. In der Nacht hielt er mehrmals in kleinen Bahnhöfen, um andere Züge vorbeizulassen. Dann sprangen sofort Militärpolizisten auf die Trittbretter. Trotz der tiefen Dunkelheit konnte Jakob erkennen, daß es Truppentransporte mit Panzern und schwerem Gerät waren, die nordostwärts fuhren. Die Wehrmacht marschierte auf gegen Polen. Als sie am 1. September morgens um fünf in Breslau angekommen waren, die Räder aus dem Packwagen geholt, die Bahnsteigtreppen hinuntergetragen und durch die Bahnhofshalle auf den Vorplatz geschoben hatten, ertönte von der Lautsprechersäule Marschmusik, das Vorzeichen einer *Sondermeldung*. Es war schon hell, der weite Platz lag noch fast menschenleer und wirkte friedlich. Auf einmal die Stimme des *Führers*. Nach einer kurzen, haßerfüllten Einleitung über die angeblichen Provokationen der Polen (es waren verkleidete SA-Männer) der berüchtigte, unangenehm kehlig hervorgestoßene Satz: » Ab heute morrgen fünf Uhr fünfundvierrzig wirrd zurrückgeschosssen!« Der Zweite Weltkrieg hatte begonnen.

Erntehilfe 1939

Unmittelbar nach Beginn des Krieges war an einen geregelten Schulunterricht nicht zu denken; es war unklar, welche Lehrer zur Wehrmacht eingezogen, welche Schulen als Lazarette benötigt würden, ob Schulbildung überhaupt noch gefragt wäre. Denn die deutsche Jugend sollte ja nach den Worten des *Führers* sein: *zäh wie Leder, hart wie Kruppstahl und flink wie Windhunde*. Da kamen Bildung, Wissen und Kenntnis nicht vor. Zunächst einmal wurden sie zur Kartoffelernte für zwei Wochen aufs Land geschickt.

Es war ein kleines, gottverlassenes Dorf nahe der ehemaligen polnischen Grenze, die vor zwei Wochen von der deutschen Wehrmacht überschritten worden war. Es war abzu-

sehen, daß das Gebiet um Ostrowo, Lissa, Posen und Ka-
lisch, das nach der polnischen Teilung im 18. Jahrhundert
preußisch und 1918 bei der Wiedergründung des polnischen Staates wieder polnisch geworden war, nunmehr *für
alle Zeiten* dem *Großdeutschen Reich* einverleibt werden
würde. Insofern fühlten sie sich nicht am Rande der Welt,
Trachenberg war die Bahnstation, nur zwanzig Kilometer
hinter Obernigk, im Grunde war es für Jakob vertrautes
Gelände. Und doch war alles so fremd und so schrecklich.
Von der Bahnstation liefen sie etwa eine Stunde zum Dorf.
Es hatte nicht einmal eine Kirche, aber immerhin eine
Windmühle und ein Gasthaus. Dort wurden sie zur Besichtigung ausgestellt, und die Bauern oder die Bäuerinnen, deren Männer eingezogen waren, suchten sich nach der Reihe
diejenigen heraus, die sie für die Feldarbeit am geeignetsten
hielten. Das war nicht viel anders als ein Sklavenmarkt: Die
Jungen wurden taxiert und mitgenommen. Jakob war zwar
flink und geschickt, ein guter Läufer und Springer, aber
nicht gerade ein Schwerathlet, und außerdem war er un-
übersehbar *ein Gescheiter*, also blieb er bis fast zum Schluß
übrig. Dann nahm ihn der Bauer Pietsch mit (es gab mehrere
Pietschens im Dorf, dieses war der Nußbaum-Pietsch), dessen beide Söhne beim Militär waren. Das Dorf war ein Stra-
ßendorf und der Pietschhof etwa in der Mitte. Alle Höfe
hatten hier Bretterzäune und verschlossene Hoftore, hinter
denen Hunde kläfften, es sah alles sehr abweisend aus. Der
Bauer sagte kein Wort, während sie die schlammige Dorf-
straße entlangstapften, Jakob seinen Rucksack auf dem
Rücken. Pietsch war etwa Mitte Vierzig, aber das Alter war
schwer zu schätzen, da er einen sehr abgearbeiteten Körper,
schwielige Hände und ein verwittertes Gesicht hatte. Seine
Schirmmütze nahm er nie ab, so daß Jakob seine Haarfarbe
nicht feststellen konnte. Als sie ins Hoftor eingetreten waren und der Hund sich wieder beruhigt hatte, erschien die

Tochter mit der Mistgabel neugierig aus dem Kuhstall. »So, Susel, da issa, d'r Neie! Wie heest'n eeg'ntlich. Also Jakob, gutt. Jetze machst 'm erschtamol sei Bette unn sei Zimmer zarechte und dann kennt a z'samm die Kiehe fittern. Ich moach derweilen a Schweenestoall.« Mehr sagte er dann an dem Tag nicht. Jakob ging mit Susel ins Haus. Sie hopste vergnügt und drall die drei Stufen hoch zur Haustür und fing gleich lebhaft an zu erzählen: »Scheen, daß de do bist, jetze. Weeste, 's is ja asu labrig, wo all die Brieder und Jungs fott sein beim Mil'tär. Ich bin sippzähn, da mecht ich was vom Läb'n ham und ohne Jungs is das doch nischt. Wie alt bist du dann? So, knapp sechzähne. Nu, da poassen ma ja gutt z'samm. Und hibsch biste. Nur halt a bissel fein fa uns. Du, ich woa noch nie in Brassel (= Breslau). Ja, nach Trachenberg bin ich schon amal gekomm. Ich tät gern amol mit da Eisenboahne fah'n. So hier stell'n ma dei' Bette uff!« Mittlerweile waren sie in eine Kammer gekommen, in der ein Tischchen und ein wackliger Stuhl standen und in der Ecke ein paar volle Getreidesäcke. Das Haus war eingeschossig. Natürlich gab es die *gute Stube* mit Plüschsofa, einigen Porzellansachen, einigen alten Fotografien von Großeltern und von Konfirmationen, einem leeren Vogelbauer. Die Wohnküche war groß, der breite Herd mit den vielen Eisenringen wurde mit Holz geheizt, dort wurde auch das Schweinefutter in einem riesigen Topf gekocht. Neben dem Herd stand der Kachelofen mit der Ofenbank an drei Seiten. Der Herd war heiß. »Die Muttel liggt jetze wieder eim Bette, nu ja, eim Hause kann se ja nuch a bissel was moachen, 's Abendbrot kochen und so. Aber sunst isse schun seit a poar Joahren iibel dran. Kenner weeß, was se haben tutt. Und dem Vatel is se ooch zu nischte mehr nitzlich, nich uff 'm Hofe un' erscht rechte nich eim Bette. Nee, nee, der kennt mer leid tun. Nu ja, er treest sich ja ooch ganz gutt.« Dann gab es noch eine ähnliche Kammer wie die, die

Jakob beziehen sollte, in der standen die Betten und der Spind der beiden Brüder, die beim Militär waren; dort hing auch ein Hitlerbild. Sonst keine Möbel und nichts, was auf irgendeine Individualität hätte schließen lassen. »Wo schläfst du denn, ich hab' noch gar kein Bett für dich gesehen?« »Ich hab mei Bette bei Vatel und Muttel, hier.« Und sie machte eine Tür auf. Das Elternschlafzimmer war ziemlich duster, doch konnte Jakob das geräumige Elternbett mit riesigen Plumeaubergen erkennen, darüber das unvermeidliche Schutzengelbild. Ein unangehm muffiger und gleichzeitig scharfer Krankengeruch strömte ihm entgegen. Auf dem einen Bett lag, in ihrer Abgezehrtheit kaum wahrnehmbar, die Bäuerin und wendete den Kopf zu ihm. »Doas is der Neie, er heeßt Jakob«, sagte Susel zur Mutter. Und dann zu Jakob, indem sie auf ein etwas größeres Kinderbett wies: »Und das kleene hier ei da Ecke is mei Bettgestelle. Is' schun a bissel enge fa mich jetze. Aba meestens schloaf ich ja uff da Ritze. Weest schunn, woas ich meene!« Dabei grinste sie. Jakob wußte nicht. »Jetze gehn wa mal uffa Boaden und hol'n dei' Gepretze runner. Kumm mitte! Ganz hibsch steile. Und asu enge is' die Treppe, doaß ich balde nich mit meenem fetten Arsch dirchkomme. Wie find'ste denn iiberhaupt meenen Hintern, kann sich doch säh'n lassen. Faß' amal an. Trauste de dich nich'? Nu ja, muß ooch nich glei' sein. Und was meenste, wann ich den drehen tu beim Toanzen! Und ooch sonste. Der Willi meent, ich wär' die beste vom Durfe eim Bette. Weest schun, woas ich meene.« Jakob wußte nicht.

Oben suchten sie die Matratzen und das Bettzeug zusammen. Plötzlich schob sie sich den Rock hoch und ließ sich breitbeinig rückwärts auf die Matratze fallen: »Los, machen wer's doch glei', der Vatel is bei a Schweenen, der merkt jetzt nischte!« Jakob kriegte knallrote Ohren und wußte überhaupt nichts mehr. Was bedeutete das Ganze?

Vom Gefühl und Geschmack her war ihm das unangenehm bis in die Fingerspitzen. Verlegen, ja wirklich ein wenig kindlich guckte er sie an. Sie merkte, daß sie es mit *einem anderen* zu tun hatte: »Nu ja, muß ja ooch nich jetze sein. Bist halt 'n feiner. Komm amol här und loaß dei' hibsches Gesichtel angucken. Leg amol dei' feines Händel daher!« Und sie zog seine Hand auf ihre feuchte Hose über dem Schamberg. Leise bewegte sie das Becken auf und ab. Jakob empfand nichts, er wußte nicht einmal, wozu das gut sein sollte. Aber er roch etwas Scharfes, Animalisches. Oder war es eher weich und menschlich? Dann gingen sie mit dem Bettzeug und den dicken Plumeaus hinunter.

Es war, als ob von nun an eine klare Beziehung, oder wohl eher Abgrenzung, zwischen ihnen hergestellt wäre. Das Ausmisten und Füttern der Kühe sah er ihr ab. Es war einfach und selbstverständlich. Er warf ihr das Heu vom Heuboden hinunter, und sie verteilte es in die Raufen, er schleppte das Wasser vom Hof und goß es in die Tränken. Es waren zehn Kühe. Während sie sie molk, sammelte er den Mist in die Schubkarre und karrte ihn auf den Misthaufen. Mit der Schubkarre umgehen, das konnte er aus Obernigk. Er war eher zu fix und eilig, sie sagte: »Luß da ock Zeet!« Als es dunkel war, gingen sie ins Haus, wuschen sich in einer Emaillewaschschüssel in der Wohnküche, wobei keineswegs alle Gerüche abwaschbar waren, was aber Jakob nichts ausmachte. Die kranke Mutter stellte noch schlurfend das Abendbrot auf den weißgescheuerten Holztisch und verzog sich dann in ihr Bett. Es gab, wie auch an allen anderen Abenden, Pellkartoffeln mit einer »Soße«, die aus dem braunen Satz des tagsüber getrunkenen Malzkaffees bestand. Das war alles. Für Jakob war das überhaupt kein Problem. Aber Susel merkte wohl doch ein kleines Erstaunen in seinem Gesicht. »Ach weeste, Jackel, heute, wo de da erschte Tag doa bist, tun wa ins a Stickel Butter druff.

Jetze urschen wa amoal richtig mit 'm Fatte! Gell ock, Voatel, bei ins he'scht Fettläbe!« Und sie holte einen Klumpen Butter aus der Speisekammer und gab jedem ein walnußgroßes Stück. Überhaupt hatte sie das Sagen auf dem Hof. Vergnügt schmatzte und plauderte sie über das, was morgen zu tun sei, daß eine Kuh etwas kränkelte, daß morgen das Pferd zum Kartoffelroden benötigt würde, daß die Hühner heute nur sechs Eier gelegt hätten, daß sie zum Sonntag ein Karnickel schlachten würden. Bald nach acht Uhr gingen alle ins Bett. Jakob war todmüde und schlief unter dem schweren Federbett sofort ein, so daß er das Rumoren und Keuchen im Elternschlafzimmer nicht mehr hörte.

Er träumte, er führe im Zug und mußte in einem sehr unübersichtlichen Kopfbahnhof umsteigen. Es war alles sehr altmodisch, typische alte, hohe, dunkle Wartesäle, keine Auskunft zu bekommen, keine Schilder und Hinweise. Schließlich saß er dann doch im richtigen Zug in einem Abteil mit sehr netten und hilfsbereiten Leuten, mit denen er gleich ins Gespräch kam. Er wollte ihnen etwas von seinem Proviant aus dem Koffer abgeben, da merkte er, daß er den Koffer in dem vorigen Zug vergessen hatte. Er fand es eigentlich gar nicht so schlimm, denn der Koffer hatte ihn ziemlich beschwert, er war sogar froh, daß er ihn losgeworden war. Aber seine Mitreisenden bestanden darauf, daß eine Suchaktion eingeleitet würde. Als der Zug auf offener Strecke anhielt, kletterten sie hinaus und brachten den Koffer, aus dessen Ritzen ein weißes Federbett hervorquoll, das vorher bestimmt nicht darin gewesen war. Es war aber trotzdem eindeutig sein Koffer. Als er ihn dann schließlich öffnete, war er wie durch Zauberei völlig leer. Wieder war er ganz froh, denn er hatte sich schon ausgemalt, wie das altmodische, schwere Federbett auf ihm lasten und ihn zum Schwitzen bringen würde. Er erzählte das den ihm gänzlich unbekannten Leuten, und alle mußten darüber befreit lachen. Die Bahnlinie endete an einer Brücke über die Oder, die unterspült und deshalb für den Zug unpassierbar war. Dort war ein sehr schönes Sandufer mit Buchten und Büschen, mit schönen, heimeligen Schmuseplätzen. Die Leute aus dem Zug waren alle verschwunden, und der leere Zug stand wie tot auf dem Bahndamm. Er legte sich bäuchlings in den warmen Sand, mit dem Kopf auf einem Grasbüschel, und dachte: Jetzt müßte Susel hiersein! Es war niemand zu sehen. Aber das warme Graspolster unter seinem Gesicht begann sich wie atmend auf und ab zu bewegen und strömte einen scharfen, animalischen Duft aus. Das machte ihn unruhig, er zog sich aus und ging zum Schwimmen ins Wasser, das ihn warm umfing und beruhigte. Die Strömung war stärker, als er vermutet hatte, und er wurde weit mit dem Strom davongetragen. Es gab auch Strudel, und er hatte Angst, spürte aber auch einen angenehmen Kitzel auf der Innenseite der Oberschenkel.

Mit diesem zwiespältigen Gefühl wachte er auf. Es war noch dunkel, aber er hörte Geräusche. Als er mit bloßem Oberkörper zum Waschen in die Küche kam, kochte Susel schon den Körndelkaffee, es war vier Uhr. Wie gestern nachmittag fütterten und molken sie die Kühe und misteten sie aus. Als es nach sechs Uhr hell wurde, hatte der Bauer das Pferd vor den Bretterwagen gespannt und hinten die Kartoffelschleuder angehängt. Draußen auf dem Kartoffelacker, der vielleicht zwei Morgen groß war, fuhr er Furche um Furche ab, Jakob, Susel und zwei *Ernteweiber* gingen hinter der Schleuder her und klaubten die Kartoffeln, die *Aperna* (= Erdbirnen, Kartoffeln), in Weidekörbe, die in den Bretterwagen entleert wurden. Es war eine gute Ernte in diesem Jahr, da der August ziemlich feucht gewesen war, der Bauer blickte wohlgefällig und gutgelaunt auf den wachsenden Haufen. Als er dann die Frühstückspause ausrief, verteilte er großzügig zu der Scheibe Brot ein handtellergroßes Stück Speck. Vor dem Essen pinkelten die Frauen auf der einen Seite des Bretterwagens, die Männer auf der anderen. Jakob lag etwas erschöpft im Gras des Feldrains mit einem Haufen Kartoffelkraut als Kopfkissen und sah unter dem Wagen hindurch, wie Susel den Rock hob – sie hatte keine Hose an –, sich niederhockte, sah ihren entblößten weißen Hintern und den vollen, gelben Strahl aus ihrer buschigen Scham herausschießen. Sie hatte den Kopf hinuntergebückt, um in der Hocke unter dem Wagen rückwärts zu ihm hinübersehen zu können, grinste ihn an und ließ den Rest des Urins in rhythmischen Spritzern heraus, wobei sie den Hintern im gleichen Takt auf und nieder bewegte. »Nu, Jackel, siehs'te, 's is' doch hibsch, wie's da asu 'naus spritzen tutt. Du kennt'st ja ooch amoal bei mir 'nei' spritzen«, sagte sie unter dem Wagen hindurch mit heiser erregter Stimme, aber doch so leise, daß es die anderen nicht hören konnten. »Nu ja, laß ock gutt sein, du bist äbend a Feines. Oaber ich moag dich halt! Wa sein Freinde! Dirch dick und dinn! Mußt mich ja goarnich' veegln! Weest schunn.« Die letzten Tropfen träufelten, sie erhob sich und ließ den Rock fallen.

Sie wurden wirklich gute Kumpel. Das Besorgen der Kühe ging jetzt wie von selbst, und sie zeigte ihm das Melken, das er nach ein paar Tagen ganz gut beherrschte. Manchmal ging sie mit ihm vor dem Abendbrot auf die Wiese hinter dem Hof, um frisches Gras für die Kühe zu schneiden. Dann gab sie ihm die Sense in die Hand und lachte schallend, wenn er nahezu vergeblich mit dem Gerät herumfuhrwerkte. Sie führte nun den Arbeitsgang vor, kräftig und doch leicht, abgehackt und doch fließend, arbeitswütig und doch abgehoben. Jetzt bewunderte er sie, tatsächlich, und vergaß, wie gewöhnlich und animalisch sie sich verhalten hatte; ja, er fand sie für einige Momente richtig schön.

Bevor die Kartoffeln alle herausgeholt waren, mußte am Donnerstag noch ein kleinerer Acker umgepflügt und mit Winterroggen eingesät werden, damit die Saat vor dem ersten Frost noch rechtzeitig auskeimen konnte. Der Bauer führte das Pferd und wedelte ab und zu mit der Peitsche, bei wirklicher körperlicher Arbeit sah Jakob ihn eigentlich nie. Mit finsterem Gesicht, das man wegen der Schirmmütze kaum sehen konnte, ging er neben dem Gespann, wie immer wortlos, Susel stand an den Griffen des Pflugs. Als das Pferd anzog, drückte sie die Pflugschar mit ihrem ganzen Gewicht in die Erde, und im Vorwärtsschreiten fielen die glatten, glänzenden Schollen bröckelnd nach links. Der Acker war etwa 30 Meter lang und 10 Meter breit, am Ende der Strecke war Susel schweißgebadet und atemlos. Lachend wendete sie den schweren Eisenpflug. »So, Jackel, jetze vasuch's du amoal.« Jakob packte die beiden Griffe, das Pferd zog an, und Jakob preßte das blank glänzende Eisen in den Boden. Verdammt! War das schwer! Wenn er zu wenig drückte, schlitterte die Pflugschar wirkungslos über den Boden, wenn er sich zu sehr ins Zeug legte, wühlte sich das Eisen so tief ein, daß das Pferd schnaubend stehenblieb und der Bauer grummelnd schimpfte. Susel ging hinter ihm, packte gelegentlich zu: »Fester jetze, hier is a Stickel schwärer Boden. So, jetze kannste's eenfach loofen laossen. Gutt asu. Immer die Furche lang. Ei d'r Furche isses imma gutt. Jetze feste 'neidricken. Denk' da', doaß de bei mir sein tätest. Nee, nee, is schun gutt.« Jakob war am Ende seiner Kräfte, als er am Ende des Ackers angelangt war, er dachte: Da laufe ich beim Sport 3000 oder 10000 Meter, bin unter den ersten drei und denke, ich hätte wer weiß was geleistet. Wozu das eigentlich, wozu überhaupt der ganze Sport? Und das hier wird seit Jahrtausenden so gemacht, und ich wußte nichts davon. Ja, auf Abbildungen von griechischen Vasen hab' ich's ja schon gesehen, das hat uns Kurfess gezeigt. So geht das also. Inzwischen war Susel wieder dran, dann wieder er mit ihrer Hilfe, und gegen Mittag war der kleine Akker umgepflügt. Sie sah vertraut aus, die aufgeschnittene, frische, glänzende Erde, und roch kräftig, fast wie die frisch umgegrabene Komposterde in Obernigk. Aber sie war glatter und zäher, nicht so krümelig. Eine große Krähe hackte am äußersten Ende der Furche.

Dann machten sie Mittagspause und verzehrten die mitgebrachten Fettbrote. Jakobs Hände zitterten nach der großen Anstrengung der Arme und Schultern, und er schlief vor Übermüdung ein paar Minuten ein. In der nächsten Woche, als sie den Kartoffelacker umpflügten und mit Wintergetreide einsäten, ging das alles schon leichter. Nach der Pause spannte der Bauer das Pferd vor die Egge und machte das Feld glatt zum Einsäen. Da hatten sie nichts weiter zu tun, als am Ende der Zeile das herausgeharkte *Gepretze* unter der Egge hervorzuholen und den schweren Eisenrechen anzuheben und umzudrehen. Bald war das Feld glatt und krümelig, fast wie ein Blumenbeet zu Hause. Nun füllte der Bauer sich das Saatgetreide aus dem Sack in seine Saatschürze und warf es im Voranschreiten in weiten, leichten Würfen über den Acker. Der Mann war so grob, so knochig, so ungelenk, und doch war diese uralte Bewegung bei ihm fast elegant. Dann ging er noch einmal mit der Egge darüber, um das Korn mit Erde zu bedecken. Trotzdem kamen sofort Krähen.

Am Freitag ging es wieder in die Kartoffeln, und am Ende der ersten Woche waren sie geerntet. Jakob hatte schwielige, rauhe Hände. An manchen Tagen dachte er, sein Kreuz bräche ab, wenn er sich aus der gebückten Stellung emporreckte, um den Korb mit den geernteten Kartoffeln auf den Wagen zu schütten. Am Sonnabend nachmittag trugen sie das Kartoffelkraut zusammen und entfachten ein wunderbar räucherndes Feuer. Die Freunde, die sich die ganze Woche nicht gesehen hatten, weil sie abends hundemüde in die Betten gefallen waren, kamen zusammen, hockten in der Dämmerung um die hier und da hervorzüngelnden Flammen und tauschten ihre Erfahrungen aus. Die meisten schimpften entsetzlich über das primitive Leben und die primitiven Leute und planten, möglichst bald, auch ohne Erlaubnis, nach zu Hause abzuhauen, obwohl das jetzt im Krieg als *Fahnenflucht* hätte ausgelegt werden können. Freilich, auch Jakob war vieles, das meiste zuwider oder doch unangenehm, und er hätte nie auf die Dauer so leben können. Aber nach der ersten Woche überwog noch die Neugier, diese Menschen kennenzulernen, zu verstehen, wie ihre Gedanken um die *einfachen* Bedürfnisse kreisten: das Pflugen und Säen, das Melken und Misten, das Ernten und Essen, das Vieh und sein Futter, das Pinkeln und Vögeln, den Schlaf und die Wärme. Er bekam ein unbewußtes Gespür dafür, daß vieles in seinem abgeschirmten Leben doch letzten Endes auf den archaischen Formen beruhte, die er hier zum ersten Mal kennenlernte. Das sagte er den Freunden natürlich nicht, es hätte ihm viel zu sehr nach *Blut und Boden* geklungen; ja, er machte es sich selber gar nicht bewußt. Er wollte auf *sicherem Boden* stehen, auch wenn es Wegschlamm, Ackerkrume und glitschige Wiesen waren. Er würde auf jeden Fall die beiden Wochen aushalten.

Sie hatten Kartoffeln in die heruntergebrannten Stellen des Feuers und in die heiße Asche gelegt, und Jakob holte jetzt die erste vorsichtig mit einem Stock heraus. Außen war sie ganz schwarz und hart, aber sie duftete, als er die Kruste aufbrach. Gierig verbrannten sie sich die Münder und schoben die heißen Brocken fauchend zwischen den Zähnen hin und her, bis sie so weit abgekühlt waren, daß sie sie schlukken konnten. Es war inzwischen dunkel geworden und recht kühl, aber die herabgebrannte Feuerstelle strahlte eine wohlige Wärme aus. Sie saßen im Kreis, aßen erst, sangen

Lieder und ließen schließlich eine Flasche Korn herumge-
hen. Susel war selig, daß so viele Jungen da waren, zog zwei
von den älteren neben sich und ließ sich begrapschen. Das
Weitere bekam Jakob nicht mehr mit, weil er etwas zuviel
von dem Korn geschluckt hatte. Jedenfalls wachte er nach
einiger Zeit auf, die Asche strahlte noch immer warm, der
abnehmende Vollmond kam eben über den Waldrand, die
meisten waren gegangen, ein paar schliefen schnarchend,
Susel lag da, mit gespreizten und klebrigen Beinen. Als er an
ihr vorbeiging, drehte sie ihr Gesicht zu ihm hin und sagte:
»Doas war amoal an schiiner Aobend, Jackel. Und murgen
zum Sunntich broat 'ma ins a Koarnickel! 's Hansel wert'
ich schloachten, der kuckt imma asu glupsch. Nee, nee ock,
scheen woar's heit' Aobend.«

Kleiner Tod

Ahnungslos waren sie beide. Und allein gelassen, weil sie
beide, jeder auf seine Art, so völlig anders waren: der hübsche, ein wenig unzugängliche, manchmal sogar mürrisch
wirkende sechzehnjährige Jakob, ein Gescheiter, Schlauer,
dem man ansah, daß er sich seine eigenen Gedanken machte
und dem deshalb niemand ein Gefühlsleben oder gar
Ausbrüche zutraute, und die siebzehnjährige, rotblonde,
schlanke und gleichzeitig kräftige Hedwig, auf dem Dorf
aufgewachsen, mit einer Wachheit und Wißbegier, die kein
Dorfschullehrer hatte befriedigen können, jetzt in der Stellung eines Dienstmädchens. Sie wußte nicht, daß sie eine
sehr schöne Frau war oder es eines Tages werden würde,
und auch Jakob wußte das nicht, so etwas gab es nicht in der
Begriffswelt dieser Kinder.
»Ich wär' auch gern was Höheres geworden«, murmelte
sie, während sie über Jakobs Schulter die Aufgaben in sei-

nem großformatigen Schulheft bewunderte: analytische Geometrie mit Kurvenableitungen und Maximalwertberechnungen. Aber in ihrer Stimme war nichts Wehleidiges. Eher Selbstvertrauen, so als sei sie gewiß, daß auch sie einmal zu ›etwas Höherem‹ kommen würde. (Tatsächlich wurde sie viele Jahre später eine höhere SED-Funktionärin in Thüringen.) Und noch etwas schwang in ihrer Stimme, was sie beide nicht deuten konnten, aber um so stärker empfanden: Sehnsucht, Zärtlichkeit, Sinnlichkeit. Beide wußten nicht, was das ist. Zärtlichkeit hatte es in ihren so verschiedenen Leben nie wirklich gegeben, bei ihm nicht, weil Zärtlichkeit in der bürgerlichen Familie nur gespielt wurde und weil seine Mutter einfach zu schwach gewesen war, um sie ihm wirklich zu erweisen, und bei ihr nicht, weil man auf dem Dorf grob miteinander umgeht und ihre Eltern zu müde und abgearbeitet waren.

Sie stützte sich auf die Stuhllehne und beugte sich über seine Schulter. Eine Wolke legte sich über ihn, ein nie gekannter Duft, den er bis in die Eingeweide hinein schnupperte, der sein Innerstes erschütterte. Und sie, unbewußt wie er, roch das Aroma seiner Kleider, das zwischen Bocksgeruch und salzigem Urin schmeckte und ihre Magengegend warm machte. Aber das ahnten sie mehr, als daß sie es wirklich fühlten oder gar bemerkten. Denn beide hatten Angst, wahnsinnige Angst vor Gefühlen, die sie bisher niemals empfinden durften, und vor diesem neuen, unbekannten Gefühl im besonderen.

Wer allein ist, ist notwendig auch unabhängig, und wer ein bißchen Grips im Kopf hat, ist notwendigerweise auch neugierig. Jakob und Hedwig, Jackel und Hedel nannten sie sich später, waren unbezwingbar neugierig. Und die Neugier war schließlich größer als die Angst. Bei ihm war es zunächst eine fast kalte Wißbegier: Wie weit er sich vorwagen dürfe; was geschähe, wenn er seinen Gefühlen, seinen

Händen freien Lauf ließe; wie die Haut einer Frau sich anfühlte; was eigentlich Brüste seien. Warum ihm im Bauch jetzt so warm wurde.

Sie war freier, viel weniger von bürgerlichen Vorurteilen belastet, ja unverstellt animalisch, natürlich. Sie schaute in das Mathematikheft: »Warum hast'n die Linie so rund gezeichnet, mit zwei schönen Bergen, sieht ja fast aus wie …«, und sie drückte ihre linke Brust gegen seine rechte Backe. Unter ihrer Kittelschürze spürte er die Form. Die Wange hat die feinsten Gefühlsnerven, für Formen und für Temperaturen: Er zeichnete die mit der Gesichtshaut erfühlte Form in sein Sensorium ein, ins Großhirn und ins Kleinhirn gleichermaßen, und die Wärme ihrer Brüste drang in seine Haut. Noch nie war er so glücklich und zugleich so voll wilder Angst gewesen. Sie ließ jetzt ihre Hände von der Stuhllehne auf seine Schultern gleiten und bohrte ihre Zeigefinger schmerzhaft tief in seine Schlüsselbeingruben. Wie das weh tat, wie das guttat, wie das befreite! Er packte ihre Handgelenke, sprang vom Stuhl auf und drehte ihr die Hände auf den Rücken. Sie waren etwa gleich stark (wie sie in späteren Ringkämpfen feststellten), und sie versuchte, sich zu befreien, aber er hatte sie fest im Polizeigriff: »Mensch, du tust mir doch weh!« Je mehr sie sich wehrte, um so fester packte er zu, hinter ihr stehend und in ihr starkes, geknotetes Haar keuchend. Sie zischte eher, drehte ihr gerötetes Gesicht zurück und sah ihn mit ihren grünen Augen unter gesenkten, mongolisch schrägen Lidern scheinbar feindselig, in Wirklichkeit eher herausfordernd an. Ihre Hände machten kaum noch Entfesselungsversuche, sie tasteten jetzt an seinem Bauch. Er umspannte, nur mit der Rechten, locker ihre beiden Handgelenke, legte die Linke von rückwärts über ihre herabsinkende Schulter und fand unter ihrem Kleid langsam, zärtlich, jederzeit bereit, sich zurückzuziehen, den Weg zu ihrer rechten Brust. Es war unfaßbar selbstverständlich.

Zum ersten Mal in ihrem Leben überließen sie sich einem Gefühl, dem stärksten Gefühl, sie fühlten sich, sie tasteten sich ab. Jakob hatte nun auch die rechte Hand nach vorn gebracht auf ihren kleinen Bauch. Hedel legte die Linke auf die Innenseite seines Oberschenkels und erfühlte mit der Rechten das Große, Unbekannte unter seiner Hose, gegen ihn gelehnt und das Gesäß etwas vorgeschoben, damit Platz für das Spiel ihrer Hände bliebe. Sie atmeten schwer und verzückt. Er fühlte ihre Brustwarze unter seinen Fingerkuppen fest werden und drückte das harte Schambein unter ihrem weichen Bauch, während sie ihren Po an seinen Oberschenkeln auf und ab rieb. Nichts war falsch, nichts nachgemacht, denn sie wußten ja gar nicht, »wie es ging«.

Wie lange sie die neue Freiheit genossen? Als Hedwig unter dem Stoff seiner Hose den Rhythmus seines Gliedes spürte, schrie sie erschreckt und beglückt auf. Sie starben, taumelten und hielten sich dabei aneinander fest.

In den Wochen danach gingen sie miteinander um, als ob nichts geschehen wäre, keine neue Vertrautheit, aber auch keine Ängstlichkeit. Doch, sie guckten sich schon mal an, verschmitzt, sehr wach und hell. Nein, nein, es war überhaupt nichts vergessen, das gaben sie sich schon zu verstehen. Aber sie brauchten jetzt beide ein wenig Zeit. Sie hatten vollkommen gesunde Instinkte.

Einmal kam er zufällig dazu, als sie im ›Großen Brockhaus‹ über ›Geschlechtsorgane des Menschen‹ nachlas. Er guckte ihr über die Schulter. Sie fühlte sich keineswegs ertappt, war eher ratlos. Ärgerlich stampfte sie mit dem Fuß auf: »Ich versteh' das ganze Zeugs nicht!« Er war allerdings im Vorteil, denn er hatte vor einigen Tagen in Vaters Bücherschrank in einer versteckten Ecke ein medizinisches Buch über ›Die vollkommene Ehe‹ gefunden, durch Banderolen mit Vaters Stempel und Unterschrift feierlich versiegelt, die er geschickt und unsichtbar gelöst hatte. Er hatte es zwei Tage heimlich behalten und nachts mit großer Erregung durchstudiert. Darin waren sogar *Stellungen* beschrieben, allerdings auf lateinisch (das konnte er ja), *positiones*, z. B. *a tergo*. Jetzt stand das Buch wieder an seinem Platz, und nur ein wirklich geschulter Kriminalist hätte herausfinden können, daß das Siegel erbrochen gewesen war. Jakob erklärte ihr, so gut er konnte, ein bißchen stockend. Sie schubste ihn durch eine seitliche Drehung der Hüften mit der Pobacke: »Ach du, das geht doch gar nicht!« Er schubste sie wieder, und dann jagten sie einander um den großen Eßtisch, durch Türen, die sie vor ihm zuknallte, durch Sprechzimmer, Wartezimmer und Flur im Kreise. Er drehte plötzlich um und lief ihr andersherum entgegen, aber sie hielt die ledergepolsterte Doppeltür zum Sprechzimmer schon zu, er konnte gerade noch den Fuß dazwischen bekommen. Beide zerrten heftig keuchend. Mit dem Argument »Mensch, du brichst noch die Klinke ab!« gab sie schließlich nach und ließ ihn in den etwa fünfzig Zentimeter breiten Raum zwischen den schalldichten Türen ein, sie zogen die Türen wieder zu (obwohl sonst niemand in der Wohnung war) und standen keuchend in dem wundersam schalltoten Gehäuse, tasteten in völliger Dunkelheit zueinander. Er fühlte ihre Brüste, die festen, fast borstigen Schamhaare, die warme Nässe dazwischen, sie hielt sein Glied in der Hand, ganz vorsichtig und erstaunt. Jetzt lehnten sie sich gegeneinander, die Hälse wie zwei Pferde zärtlich gekreuzt, nirgendwo ein Widerstand, aber auch nirgendwo ein Verlangen, sie waren einfach *zusammen*, im *schalldichten*, im *lichtlosen*, im *wunschlosen* Raum. Nach etwa zehn Minuten gingen sie still auseinander, jeder auf eine Seite der Doppeltür. Danach war es wieder für Wochen ruhig zwischen ihnen.

Das war im Mai gewesen. Zu Beginn der Sommerferien, Ende Juni, wollte Jakob für ein paar Tage hinaus ins Wochenendhaus, bevor er dann am 1. Juli zur Erntehilfe mußte. Er freute sich auf die zwei, drei Tage Einsamkeit, wollte sich nicht einmal etwas zu lesen mitnehmen, höchstens den Zeichenblock und den Malkasten. Daß in dieser Zeit der Frankreichfeldzug, von der gesamten Verwandtschaft bejubelt, stattfand und zu Ende ging, bemerkte er kaum.

Als er der Mutter seinen Plan mitteilte, brummte sie: »Ach, was willst du denn dort so allein, da kommst du nur wieder auf deine pessimistischen Gedanken.« Alle Individualität war ihr verdächtig, alle Intellektualität kalt, alle Gefühle nur gespielt. Sie konnte nicht ertragen, daß er sich selbständig machte. Aber sie merkte nicht, daß sie ihm kein Äquivalent bot, keine Wärme, keine wirkliche Zuneigung. Es blieb ihm ja nichts anderes übrig, als in die Einsamkeit zu gehen. Aber sie mußte ihm die drei Tage vermiesen: »Du hast ja da nichts zu essen, du willst doch nicht etwa selber kochen!« Die Idee gefiel ihm, obwohl er bisher nicht an das Essen gedacht hatte. »Weißt du, ich schicke Hedwig mit, es muß sowieso mal wieder Großputz gemacht werden.« Er traute seinen Ohren nicht. War Mutter so ahnungslos? War sie so blind in ihrem Haß gegen seine Individualität? Nun gut, dann sollte es eben so sein.

Zwei Tage später fuhren sie mit ihren Rädern los, ziemlich bepackt und sehr fröhlich, jedenfalls nachdem sie um die Ecke der Zimmerstraße in die Gartenstraße eingebogen waren und keiner mehr aus dem Erker des Hauses ihnen nachschauen konnte. Jakob umkreiste sie ganz verkehrswidrig, schnitt ihr den Weg ab, so daß sie, fröhlich schimpfend, anhalten mußte. Auf dem Salzmarkt tönte Marschmusik aus den Lautsprechern, dann eine Sondermeldung: Der Frankreichfeldzug war durch den Waffenstillstand von Compiègne siegreich beendet, aber das interessierte Jakob kaum und Hedwig schon gar nicht.

Am 19. Mai 1940 schrieb Tante Edda, die gleich nach der ›Machtübernahme‹ 1933 als ›Nichtarierin‹ aus dem Schuldienst entlassen worden war, an ihren alten Onkel, Halbjude und Teilnehmer des Ersten Weltkrieges: »Was sagst Du bloß zu den Ereignissen? Es ist einem wie im Traum zumute, wenn die Schlagzeilen über den Zeitungen stehen: Lüttich gefallen, Namur in unserer Hand, Einmarsch in Antwerpen, Vorrücken auf die Maas, Sambre und Somme usw. Als wäre alles noch einmal wie vor 26 Jahren. Und doch wie anders diesmal! Oft, oft habe ich das Bedürfnis, zu Dir zu eilen und mit Dir über alles zu sprechen. Denn auch Dich werden die täglich genannten Namen der alten Kampforte, wo Du mitgeritten bist, mitgefochten hast und wo Du verwundet worden bist, innerlich aufrühren.«

Solche Gedanken waren vollkommen außerhalb von Jakobs psychischen und physischen Möglichkeiten. Und doch sollte er selbst zwei Jahre später von einer Granate zerfetzt werden. Aber Tante Edda weiter: »Denn militärisch ist dergleichen in der gesamten Weltgeschichte noch nicht dagewesen.« Immerhin war sie Geschichtslehrerin. »Es verschlägt einem geradezu den Atem, dieses Tempo, diese Entschlußkraft und diese Heimlichkeit. Man ist wieder mal stolz auf die deutsche Leistung. Da kommen einem die persönlichen Sachen zur Zeit so unwichtig vor. Aber erzählen will ich Dir doch noch einiges. Tante Mimi hat sich schrecklich gefreut, daß ich doch noch zu ihr gekommen bin. Auch der ›Herr Geheimrat‹, wie Du ihn immer nennst, war da.« Geheimrat Gottstein, Jude, der Schwager des Adressaten, Staatssekretär und Reorganisator des modernliberalen preußischen Gesundheitswesens zwischen 1918 und 1933. Er war gerade aus seiner eleganten Wohnung am Kurfürstendamm hinausgeworfen worden, mußte den Judenstern tragen, ging deshalb nicht mehr auf die Straße und wurde eineinhalb Jahre später, mit 80 Jahren, nach Osten abtransportiert, durch die Erbacher und Winkeler Straße im Morgengrauen zum S-Bahnhof Grunewald auf die Güterbahnhofsrampe getrieben, um schließlich auf der »Rampe« in Auschwitz »selektiert« und anschließend vergast zu werden. »Ihre jetzige Wohnung ist sehr hübsch und stellt in keiner Weise eine Verschlechterung gegen die bisherige dar, nur daß sie weiter vom Grünen abliegt. Die alte Anna (das Dienstmädchen) hält treu zu ihnen, alles andere ist mehr als traurig. Aber gesund sind sie beide.«

Jakob hatte sich in diesen Strang der Zeitgeschichte noch nicht einfädeln lassen. Das würde noch früh genug kommen. Unbefangen, ohne auf die Propagandalautsprecher zu achten, radelte er mit Hedwig über Salzmarkt und Ring. Als sie schließlich aus der Stadt hinaus waren, setzten sie sich hinter Oswitz an das Ufer eines kleinen Flusses, hingen die Füße ins moorige Wasser, betasteten sich unter Wasser unsichtbar mit den Zehen, lagen dann eine Weile in der Sonne und hielten sich an den Händen.

Bei der nächsten Rast am Rande eines Kiefernwaldes waren sie eher ruppig miteinander, bewarfen sich mit Kiefernzapfen, sie ging hinter den harzigen Bäumen in Deckung, aber er traf sie trotzdem ziemlich schmerzhaft an der Wange. Ihr kamen ein paar Tränen, und er erschrak; es war mehr ein Reflex, weil er sie in der Nähe des Auges getroffen hatte. Er nahm sie in die Arme, nicht aus Mitleid, sondern um sie zu schütteln und ihr zu sagen, daß es doch nicht so schlimm sei. Sie stieß ihn auch gleich wieder von sich, und das Geraufe begann von neuem. Am Ende lagen sie verschwitzt und keuchend im Gras zwischen Kiefernwald und halbreifem Kornfeld (die Körner in den Ähren waren noch milchig und schmeckten süß), das heißt, eigentlich lagen sie nicht, es war eher ein süßer Ringkampf, der allmählich stiller wurde. Er hielt seine Hand auf ihrer Scham und sah ihre dichten, rotblonden Schamhaare, er sah überhaupt zum ersten Mal Schamhaare einer Frau. Mein Gott, war das schön, er mußte innehalten. Lange lagen sie still. Nach einer Weile meinte sie: »Los, Jakob, wir müssen weiter!«

Am späten Nachmittag kamen sie schließlich am Wochenendhaus an; auf der Fahrt, für die man normalerweise höchstens zwei Stunden benötigte, hatten sie einen wundersamen halben Tag verbracht. Nachdem sie die Eingangstür aufgeschlossen, die Fensterläden geöffnet und die warme Sommerluft hereingelassen hatten, pumpte Jakob draußen am Brunnen ein paar Kübel eiskaltes Wasser, sie steckten die heißen Gesichter hinein, schlürften, tranken, schluckten, prusteten, gurgelten, lachten, bespritzten sich, packten sich, glitschten aneinander ab, packten sich wieder, streiften die klatschnassen Kleider von sich und liebten sich im fetten, feuchten Gras zwischen Brunnen und Hecke.

Als sie in die Wirklichkeit zurückfanden, begann es zu dämmern. Sie stand auf, streifte Gras und Blätter von sich ab, schüttelte sich, schaute ihn lachend an und ging ins Haus. Als er nachkam, lag sie bereits im Bett. Sie schmiegten sich eng aneinander und liebten sich wieder und wieder.

Nach zwei Tagen fuhr sie wieder zurück, er blieb noch länger, allein. Er konnte jetzt nicht in dieses mürrische Zuhause, er war einfach zu glücklich. Als er vor der Abfahrt zur Erntehilfe noch einen Tag daheim war, hatte sie gerade Urlaub bei ihren Eltern. Und als er nach acht Wochen Erntehilfe wieder zurückkam, ›ging sie‹ mit einem Soldaten. Für Jakob war das alles ganz selbstverständlich. Hedwigs Freund war im Lazarett stationiert, mit halb weggeschossenem Unterkiefer und nur noch drei Fingern an der linken Hand. Solche Krüppel gab es nach den ersten Monaten des Krieges noch nicht viele. Man konnte gut mit ihm reden, wenn man sich einmal an seine gurgelnde, unartikulierte Stimme gewöhnt hatte. Jakob half ihm manchmal beim Zigarettendrehen. Er ließ deutlich durchblicken, daß er ›Sozi‹ sei. Hedwig war schwanger, und sie heirateten bald in seinem Heimatort in Thüringen, wohin er als ›untauglich‹ aus dem Wehrdienst entlassen wurde.

Die neuen Herren

Ab Sommer 1941 war an einen geregelten Schulunterricht nicht mehr zu denken. Einige der Älteren, die schon über achtzehn waren, hatten sich freiwillig zur Wehrmacht gemeldet und bekamen das Notabitur. Die Dagebliebenen wußten, daß sie höchstens noch ein halbes Jahr hätten, bevor sie eingezogen würden. Ständig gab es *Einsätze*: Ernteeinsatz, Transporteinsatz für *Ausgebombte* aus dem Rheinland, Einsatz zum Sammeln von Altmetall, Bahnhofseinsatz, um den durchfahrenden Truppentransporten Suppen und Kaffee in die Waggons zu reichen, Einsätze, um die Neuzugezogenen zu begrüßen. Neuzugezogene? Die Bevölkerungsstruktur der Stadt begann sich zu verändern, sie wurde das *Tor zum neuen Osten*. Unter dem Vorwand, eine Kriegswirtschaft aufzubauen, organisierten Partei und vor allem SS die Ausbeutung der eroberten Gebiete und des noch vorhandenen jüdischen Besitzes. Es war *organisiertes Verbrechen*. Die *neuen Herren* erschienen. Das waren meist höhere SS-Chargen, die aus dem Nichts aufgestiegen waren, ihre Beförderung in hochbezahlte Ministerialratsposten alten Gefälligkeiten, gemeinsamen Durchstechereien oder Saufbeziehungen verdankten und im Grunde das bildeten, was wir heute eine korrupte Mafia nennen. Es war eine Kaste für sich, meilenweit entfernt vom Denken Jakobs, seiner Freunde, der Leute in Dirsdorf, der Welt der konservativ-unbestechlichen Landjunker oder gar des Großvaters.

Eines Morgens kam Direktor Prause in die Klasse, mit

dickem Parteiabzeichen, und warb für einen *Einsatz*, mit dem den neuzugezogenen wichtigen Funktionären des Reiches das Einleben in der Stadt erleichtert werden sollte. Er habe einige Adressen in seinem Sekretariat, aus jeder Klasse sollten sich zwei melden. Jakob und Jochen grinsten sich an: Woll'n wir uns mal wichtige Funktionäre des Reiches ansehn? Wär' doch zum Abgewöhnen auch mal ganz interessant. Audiatur et altera pars. Sie holten sich die Anschrift: Die Leute seien aus Wien zugezogen, noch fremd in der Stadt, und würden sich bestimmt freuen, mit jungen Leuten zu sprechen. Die Adresse war die Sternstraße, jenseits des Botanischen Gartens, eine feine Gegend, wo früher reiche jüdische Rechtsanwälte und Ärzte gewohnt hatten. Die aber waren vermutlich alle rechtzeitig ausgewandert. Jedenfalls waren jetzt, Mitte 1941, die meisten Wohnungen von den *neuen Herren* bewohnt. Jakob erinnerte sich an die vielen ausgetretenen Klein-Leute-Treppenhäuser, die er mit Großvater hochgestiegen war, an den Kohlgeruch, die Kloakendüfte, an die süßen Anis- und Kümmeldämpfe von Frischgebackenem. An die Wärme. Nein, so etwas gab es hier nicht. Warum war es trotz des schönen Sommertages so kalt? Er war neugierig zu wissen, was das für Leute waren, die hier wohnten. Ein Dienstmädchen mit weißer Haube und Rüschenschürze öffnete die Tür der Beletage. »Jo, die knätje Frau sein zu Haußse, wenn Se mechten einträten.« Offenbar eine polnische Zwangsarbeiterin. Sie wurden in den *Salon* geführt, der eine Geschmackskatastrophe darstellte. Eine stilreine Biedermeiervitrine in hellem Birkenholz, dazu passend ein Biedermeiersofa. Aber davor ein eichener Blut-und-Boden-Tisch mit entsprechend heroischen Stühlen. Offensichtlich waren die Biedermeiermöbel von den jüdischen Vorgängern *übernommen* und in der dunklen Ahnung, daß das etwas *Wertvolles* sei, mit dem Nazikitsch kombiniert worden. Ein großes Führerbild hing an der beherrschenden Wand und daneben, etwas kleiner, ein Porträtfoto des kleingesichtigen, kurzsichtigen, nichtssagenden Heinrich Himmler, ein schreckliches Minimalgesicht, mit Namenszug und Widmung unterzeichnet. Jakob und Jochen sahen sich an: Lange bleiben wir nicht, warum sind wir eigentlich hierhergekommen?

Dann trat die *Dame des Hauses* ein: »Schön, daß Sie mich besuchen! Ja, wir sind neu hier und ein bißchen einsam.« Sie verdrehte die Augen zur Decke, wie eine tumbe teutsche Maid. Sie war groß, langschenklig, blond, Haarknoten im Nacken, wäßrige Augen, kalt, vollkommen reizlos: »Und, wissen Sie, mein Mann ist ja jetzt meistens in Krakau, er hat da ganz besondere Verantwortung. Irgendwie muß jetzt die Polen- und Judenfrage endgültig gelöst werden, und da hat er wichtige Aufgaben übernommen. Organisatorische. Er darf nicht darüber sprechen, aber wir sind doch froh, daß der Führer das ein für allemal erledigen will. Der deutsche Mensch muß nun endlich seinen ihm zustehenden Lebensraum bekommen. Wo gehobelt wird, da fallen Späne, sag ich mir immer. Es ist ein sehr anstrengender Dienst für ihn.« Sie redete in einem fort und benötigte auch gar keine Antworten. Die beiden waren froh, denn Sprachlosigkeit war die einzige Möglichkeit. »Er kommt höchstens einmal im Monat für einen Tag – und natürlich auch für eine Nacht (sie grinste anzüglich, machte eine kleine Pause und verdrehte wieder die Augen zur Decke), aber wir alle müssen im Krieg Opfer für die große Sache bringen. Finden Sie doch auch? Sehen Sie! Meistens bringt er mir was Schönes mit, denn dort gibt's ja noch so allerhand. Wie gefällt Ihnen meine neue Bluse, hübsch, nicht wahr? (Jakob und Jochen fanden sie vollendet geschmacklos, besonders, als sie sich zum Vorzeigen in den starken Hüften drehte und ihren wabbligen Busen schwappen ließ.) Und was sagen Sie zu dem Ring! Echte Brillanten und Saphire! Hat er aus requirierten Beständen recht preisgünstig kaufen können – natürlich völlig legal. Schön, nicht? (Das Schmuckstück war tatsächlich phantastisch, feinste »Nouveau Art«, exquisite Steine, dieser SS-Trampel wußte gar nicht, was sie da hatte.) Hat wahrscheinlich irgend 'nem Juden oder Volksverräter gehört, der auswandern mußte und Geld brauchte. Geht aber alles in die Staatskasse. Mein Mann sagt, wem 's früher gehört hat, das interessiert doch nicht. Ist doch auch egal, wer früher in dieser Wohnung gewohnt hat, Hauptsache, es dient dem deutschen Volke. Wir tun das, mit heißer Seele, für den Führer! Meine beiden älteren Jungen, elf und dreizehn, sind Gott sei Dank auf die NAPOLA gekommen. Dort werden sie nach dem Motto des Führers: *Zäh wie Leder, flink wie Windhunde und hart wie Kruppstahl*, für die Aufgaben des *neuen deutschen Lebens* vorbereitet. Ich bin sehr stolz auf sie. Die werden später bei der *Ostkolonisation* ihren Mann stellen. Dann haben wir noch die zweijährige Sunna (man hörte sie irgendwo im Hintergrund plärren). Eigentlich wollten wir nach den beiden Buben keine Kinder mehr haben, aber dann, nach dem Anschluß, haben wir gemeint: Das Opfer müssen wir dem Führer bringen! Heinrich Himmler ist Pate und war dabei, als mein Mann sie unter der Thingeiche aufgehoben und als reinblütig anerkannt hat. Das war ein unvergeßlicher Tag! Der Musikzug des SS-Korps spielte dazu aus der Lohengrinouvertüre. (Jakob leise an Jochens Ohr: »Vielleicht war's ja sogar der Schwan.«) Ich bin dem Führer so unendlich dankbar, daß er die Ehre der deutschen Frau wiederhergestellt hat. – Wenn ich an diese jüdischen Perversionen der Systemzeit denke, wird mir jetzt noch übel. Sauberkeit ist doch das Wichtigste! (Jakob dachte an das Treppenhaus.) Auch in den Lagern bei Krakau ist alles peinlich sauber. Einmal hab' ich meinen Mann dort besucht, er bewohnt eine Dienstvilla direkt daneben. Sie gucken so entsetzt? Die Villa ist wirklich schnuckelig. Nein, richtig drin im Lager war ich natürlich nicht. Aber man sieht ja, wie sie allmählich lernen, fleißig zu arbeiten. Nein, ohne eine gewisse Härte geht das natürlich nicht. Und er hat dort so gute Bedienstete! Jeden Wunsch lesen sie ihm von den Augen ab! Er braucht nur mit dem Finger zu schnipsen. Das gibt es im Altreich kaum noch. Ach, wir haben so große Aufgaben, die ganze Welt müssen wir zu deutschem Fleiß und Sauberkeit erziehen! Der Führer wird uns den Weg zeigen. Ja, wirklich nett, daß ihr gekommen seid, ich möcht' euch jetzt meine schöne Wohnung vorführen. Kommt doch mit!« Und dann steuerte sie geradewegs auf das Schlafzimmer zu, eine schwülstige Kissenlandschaft mit Spiegelschränken, Nippes und einem Stiefelknecht zum Ausziehen der polierten schwarzen SS-Stiefel. Dort begann sie sofort, sich die Bluse aufzuknöpfen. Die beiden jungen Männer ergriffen die Flucht. Im Hintergrund plärrte Sunna.

NS-Pleitegeier

Dr. Elsners Biologieunterricht war anspruchsvoll und wissenschaftlich. Die Lehrpläne sahen Vererbungslehre und Rassenkunde vor. Die Mendelschen Gesetze waren 1900 von Correns wiederentdeckt und, von den halbgebildeten Nazis gründlich mißverstanden, zur Grundlage ihrer teuflisch-biologistischen Pseudowissenschaft gemacht worden. Eine große Rolle spielte dabei die ›Reinrassigkeit des arischen Menschen‹. Diese Reinrassigkeit führte Elsner auf freundlich-wohlwollende Weise völlig ad absurdum: »Stellt euch einmal vor, ein rassereiner Arier und eine Negerin hätten Kinder miteinander. Natürlich ist das Beispiel theoretisch und ist ›Rassenschande‹ und wird nie mehr vorkommen, wenn erst einmal die ganze Welt von unserer Ideologie beherrscht sein wird. Aber immerhin hat es das ja gegeben, wie wir aus vielen Beispielen in der Geschichte wissen. Dann gibt es in der ersten Generation, wie bei den Erbsen, die Mischlinge, scheußliche Sache, schokoladenbraun! Aber dann in der zweiten Generation mendelt es sich wieder raus: Da gibt es zwar ein paar Mischlinge, aber auch reinrassige Weiße. Nach den Mendelschen Gesetzen kann man also trotz eines nichtarischen Großvaters rein arisch sein. Vielleicht sind wir ja nur rausgemendelte Arier? Denn unsere Vorfahren, die Vandalen und Normannen, sind schließlich nach Spanien und Afrika gezogen und haben sich von dort ihre attraktiven Weiber mitgebracht. Ja, doch, ich sehe hier ein paar Braunäugige – und er fixierte Lorenz, den Schlägertyp und Sohn des obersten SA-Arztes, ohne ihn freilich beim Namen zu nennen –, sicherlich ein positives Mitbringsel unserer unternehmungslustigen Vorfahren, die unter dem Motto: Wir lieben die Stürme, die brausenden Wogen ... (der Anfang eines damals bekannten, pseudo-wikingischen Naziliedes) über See nach Beute und auf Frauenraub gefahren sind. Steht ja alles schon in unserem großartigen germanischen Heldenlied, der Edda. Tolle Kerle. Viel von denen steckt in euch. Aber natürlich auch manches von ihren erbeuteten Kebsweibern. Und vielleicht nicht das Schlechteste. Mit der Reinrassigkeit ist es überhaupt so eine Sache. Das Wissen zum Beispiel die Pferdezüchter genau: Ein absolut reinrassiges, ›überzüchtetes‹ Pferd ist nervös, launisch und sehr krankheitsanfällig, ein ›Schuß Blut von außerhalb‹ ist deshalb in der Tierzucht sehr erwünscht.« Jakob dachte: Wie wird er nach diesem gefährlichen Schlenker wieder die Kurve kriegen? Und tatsächlich gelang es ihm: »Grundlage unseres biologischen Denkens sind jedenfalls die Mendelschen Gesetze einerseits und die neuen Rassengesetze andererseits, die sich gegenseitig so hervorragend ergänzen. Nach den Mendelschen Gesetzen können die rassischen Fehler früherer Generationen sich herausmendeln und trotz aller früheren, aus Unkenntnis begangenen rassischen Verstöße doch wieder zu wertvollen Individuen führen. Und durch die modernen Rassengesetze trägt der Staat nun endlich Sorge dafür, daß dieser biologische Selbstheilungsprozeß in die richtige Richtung gelenkt wird.« Meinen jüdischen Großvater laß ich mir nicht wegmendeln, dachte Jakob. Dann schon eher den alten Turnvater Jahn!

In der nächsten Woche herrschte kurz vor den Ferien eine ausgelassene Stimmung, und da sie von Elsner wußten, wie er dachte, glaubten sie, sich einen »kleinen Scherz« erlauben zu können: Irgendeiner oder auch mehrere zusammen malten auf die große Tafel des Biologiesaales einen riesigen Hoheitsadler mit dem Hakenkreuz in den Fängen und schrieben dann dick darunter: NS-Pleitegeier. Es war eher ein Dummejungenstreich und völlig unüberlegt. Ihre Opposition war auch nicht politisch, dazu hatten sie viel zu wenig von politischen Werten, von Demokratie, von Debattierfähigkeit mitbekommen. Nein, es war eher eine instinktive, eine ästhetische Ablehnung des Pöbelhaften, des Ungebildeten, der Humor- und Phantasielosigkeit, es war die Ablehnung der Uniformität, der HJ-Uniform, die die Farbe von Dünnschiß hatte, und des Einheitsdenkens in dieser bornierten Ideologie.

Elsner war nicht mehr der Jüngste, wahrscheinlich wäre er schon in Pension gegangen, wenn nicht der Krieg gewesen wäre. Er war auch nicht bei bester Gesundheit. Als er vom Vorbereitungszimmer aus den Biologiesaal betrat, wußte Jakob momentan, was für einen furchtbaren Fehler sie gemacht hatten und daß das den beliebten Lehrer das Leben kosten konnte. Etwa ein Viertel der Klasse war Nazis und vielleicht auch Spitzel darunter. Elsner blickte auf die Tafel, wurde aschgrau im Gesicht, schwankte und mußte sich am Demonstrationstisch festhalten. Die Klasse hielt den Atem an. Rasch fing der alte Mann sich wieder und sagte mit fester Stimme: »Der Unterricht hat noch nicht begonnen, ich komme in einer Minute wieder«, und verließ den Raum. Sofort stürzten Jakob und seine Freunde nach vorn, und nach wenigen Sekunden war nur noch eine naßglänzende Tafel zu sehen. Als Dr. Elsner dann wieder eintrat, wirkte er zwar müde, aber der Unterricht nahm seinen normalen Verlauf. Niemand kam auf den Vorfall zurück.

Eine gute Fee

Tante Line lebte jetzt einsam. Als Halbjüdin mußte sie zwar keinen Stern tragen, aber sie war doch so verunsichert, daß sie sich nicht gern auf die Straße wagte. Sie sah so aus, wie man sich eine feine alte Jüdin vorstellt: volles weißes Haar, rosige Haut, lebhafte, kluge Augen, einen sehr beweglichen Mund, kleine Freundlichkeitsfältchen in den Augenrunzeln, ein stilles Lachen im Gesicht. Ihr Mann war nach 1933 ihretwegen in Pension geschickt worden, war aber jetzt zu Beginn des Krieges wegen des allgemeinen Lehrermangels ans Gymnasium zurückgeholt worden. Sie hatten damals ihre große, fast fürstliche Wohnung aufgeben müssen und wohnten in einer unscheinbaren Neubauwohnung in der Hansastraße, auch noch eine gute Gegend. Jakob radelte oft zu ihr, einfach so, am Nachmittag. Er hielt sonst nicht soviel von Verwandtschaft, aber Tante Line, das war etwas anderes. Bereits wenn er die Wohnung betrat, roch es so gut. Waren das Geruchsreste ihrer vorzüglichen Küche? Oder war es ihr Eigengeruch? Ihr Mann war nachmittags noch einmal in die Schule gegangen. Die Töchter waren berufstätig und lebten außer Haus, Tante Utah, die ihn vor Jahren zur Schule gebracht hatte, war schon tot. Eigentlich war Tante Line seine Großtante, aber sein Abstand zu ihr war viel geringer als zu manchen seiner Tanten. Sie faßte ihn immer so lieb an, strich ihm manchmal sogar über die Haare, obwohl er damals ja schon 16 Jahre alt war und sich so etwas eigentlich nicht mehr gehörte. Er mochte das, es ging so viel Wärme von ihr aus und auf ihn über, sie war seine gute Fee, das Gegenteil von Tante Edda.

Sie hatte ein ganzes Arsenal von Rabbiwitzen, die meist mit der Rolle der Frau zu tun hatten, wie etwa dieser: Ein Rabbi muß im Streit zwischen zwei Männern schlichten. Nachdem der erste seine Sache vorgetragen hat, sagt der Rabbi kurz: »Ja, da haste recht.« Dann beginnt der zweite mit seiner überzeugenden Rede und ist so geschickt und wortgewaltig, daß der Rabbi am Schluß sagt: »Ja, *du* hast recht.« In diesem Moment stürzt die Frau hinter einem Vorhang hervor, wo sie sich versteckt hatte, um heimlich mitzuhören, und schreit ihren Mann an: »Räbbe, wie kannst' bloß sagen, *der* hat recht und *der* hat auch recht.« »Ja, Frau«, antwortet der Rabbi, »da hast *du* auch recht.«

Nach Großvaters Tod war sie die einzige, die über die jüdischen Vorfahren etwas erzählen konnte und wollte: wie ihr Vater seine Mutter, eine damals Siebzehnjährige, ihm Unbekannte, von fern erblickt habe und zu seinem Freund sofort gesagt habe: »Das kleine Judenmädel will ich heiraten.« Ja, und so sei es dann auch gekommen. Sie säße jetzt hier. Sie erzählte, wie ihr Großvater, Kreisphysikus in Pommern und einer der ersten jüdischen Beamten in Preußen, um seine Frau Rosa getrauert habe und ihrer Mutter zu deren ersten Todestag ein Band von ihr zum Kleide mit diesem rührenden Gedicht geschickt habe:

Begrabe deine Todten tief ins Herz hinein,
So werden sie dein Leben lebend'ge Todte sein,
So werden sie im Herzen stets wieder auferstehn,
Als gute lichte Engel mit dir durchs Leben gehen.

Begrab dein eigen Leben in andrer Herz hinein,
So weißt du und wirst als ein Todter
Ein ewig Lebender sein.

Ja, hier sei es, sie habe sich alles aufgehoben. »Ist das Band nicht hübsch, Jakob? Damals, in der Biedermeierzeit, verzierte man sich die schlichten Kleider mit Bändern, die man unter Umständen an jemanden verschenkte, den man liebhatte. *Ein Band von meinem Kleide.* Sogar die Stecknadeln sind noch hier.«

Jakob konnte auch seinen Kummer vor ihr auspacken: daß er mit Erwin nicht zu Rande kam und vor allem, daß die Mutter immer so entfernt war. Das sei mit ihr, Tante Line, ganz anders, so könne er der Mutter unmöglich erzählen, daß er sich manchmal nach Streicheln sehne. Denn niemand hätte ihn eigentlich jemals richtig gestreichelt, außer einem der Dienstmädchen. Jakob bekam dabei ganz feuchte Augen, und Tante Line nahm seine Hand und streichelte sie. Jakobs Hand war feiner, zarter, sehniger, Tante Lines eher ein bißchen rund und rosa, aber warm. Er beugte sich hinunter, und eine Träne fiel auf ihren Handrücken. Später holte sie ein Stück selbstgemachte Leberpastete aus der Speisekammer und servierte sie ihm auf einem weißen Toastbrot. Was für ein unerhörter Luxus, dachte Jakob. Er ließ jeden Bissen auf der Zunge zergehen. So etwas gab es zu Hause nicht. Tante Line konnte zaubern.

Tante Line und ihr Mann besaßen ein Ferienhaus in Thanndorf im Glatzer Schneegebirge in achthundert Meter Höhe unterhalb des Glatzer Schneebergs. Der Ort war ein uraltes Weberdorf, unvorstellbar armselig und zurückgeblieben. In den meisten Häusern arbeiteten Weber, Leineweber, die noch immer versuchten, gegen die Konkurrenz der Webereiindustrie zu arbeiten. Viele waren nahe am Verhungern, und einige der alten Weberhäuser standen schon leer. In Thanndorf sah Jakob alte Weber, seit Jahren gekrümmt hinter den Webstuhl geklemmt, in einem fast lichtlosen, muffigen Raum. Und doch waren es fröhliche Menschen, die einen zufriedenen Eindruck machten und sich still und nachdenklich mit ihm unterhielten, wenn er sie besuchte. Ein solches Weberhaus hatten Tante Line und ihr Mann vor vielen Jahren gekauft. Den Webstuhl gab es darin natürlich nicht mehr, da war das gemütliche große Wohnzimmer, mit der niedrigen Decke und dem Kachelofen mit der Ofenbank. In diesem Winter 1940/41 war Jakob zum Skilaufen dorthin eingeladen. Es lag hoher Schnee und war sehr kalt. Wenn Jakob in der Dachkammer morgens aufwachte, war das Federbett in der Nähe seines Mundes vereist. Zu dieser Zeit waren auch Tante Lines Töchter dort, die ungefähr zehn Jahre älter waren als er. Sie besaßen, aus ihrer Jugend vor 1933, Schallplatten von Zarah Leander, Schallplatten mit Tango und Jazz aus New Orleans, den man hier spielen konnte, da weit und breit niemand zuhörte.

Meistens fuhr Jakob mit den Skiern allein hinaus. Er wollte es so, nur manchmal kam der alte Onkel mit, drehte aber dann bald wieder um. Einmal war Jakob am Vormittag allein losgegangen, hatte durch den tiefen Neuschnee den Aufstieg zum Schneeberg geschafft und fuhr nun wieder ab. Pisten und Markierungen gab es damals noch nicht, aber er hatte einen guten Orientierungssinn. Niemand begegnete ihm. Keine Spuren im Schnee. Einmal kam er von der Richtung ab und geriet in einen dichten Fichtenwald. Mit einiger Mühe fand er wieder hinaus, und da bewegte sich am Waldrand vor ihm etwas. Ein niedriges Tier, nein, ein Reh war es nicht, kleiner und gedrungener. Mit seinen Skiern konnte er schneller durch den Tiefschnee als das Tier vor ihm. Er kam immer näher heran. Jetzt sah er, daß es ein wildes Mufflonschaf war. Er hatte davon gehört, daß es die hier noch gab, aber bisher nie eines gesehen. Ganz nah konnte er herankommen. Zuerst machte das Tier noch Fluchtversuche. Als es aber merkte, daß das keinen Zweck hatte, blieb es erschöpft stehen und schaute ihn traurig an. Es war ein geflecktes Schaf, schwarz und weiß gefleckt. Die Gefleckten gehörten dem alten Jakob, als er von Laban wegzog, dachte Jakob flüchtig.

Wenn er aber sprach: Die Gefleckten sollen dein Lohn sein, so trug die Herde Gefleckte. (Genesis 31, 8)

Schön sah es aus, das wilde Schaf mit seinem schwarzweiß großflächig gefleckten, dichten Winterfell und seinen schneckenförmigen Hörnern. Jakob wurde in der Winterstille feierlich zumute. Die Sonne schien flach und kalt und rötlich über den Pulverschnee. Jakob stand, auf seine Stöcke gestützt, und fühlte sich selber als Kreatur. Aber dann kehrte er um und ließ das Tier durch den Tiefschnee davonspringen. In der Abenddämmerung, so gegen vier Uhr, kam er in das warme Weberhaus von Tante Line zurück. Und die weißhaarige, weise alte Fee verzauberte ihn mit ihrem stillen Lächeln und mit den kroß gebratenen Kartoffelpuffern und einem Klecks Apfelmus darauf.

Vaters Flucht

Jakobs Vater wurde zusehends unruhiger. War es die beginnende Militarisierung des ganzen Lebens, die ihn faszinierte, da er entscheidende sechs Jahre seines Lebens in Uniform verbracht hatte, war es die Drangsalierung des Nichtariers durch die Partei, die ihn in Unruhe versetzte? Oder war es einfach eine Lebenskrise? Er war jetzt Mitte Vierzig und voller Betätigungsdrang, der selbst durch das

anstrengende Leben eines vielbeschäftigten Arztes nicht gedämpft werden konnte.

Einige Neuerungen wurden eingeführt. Eine davon war
die ›Pese‹, ein dreirädriges Auto der Marke Goliath, das
man wahlweise als Lieferpritschenwagen und als Personen-
wagen verwenden konnte. Der Grund für die Anschaffung
war, daß es wenig Benzin verbrauchte. Es hatte einen 250-
Kubikzentimeter-Motor, fuhr maximal 30 Stundenkilome-
ter, aber es erfüllte seinen Zweck. Bald war Jakobs Vater
mit diesem knatternden Gefährt stadtbekannt. Das Benzin
war bereits rationiert, aber für die ›Pese‹ langte es. Abends
wurde es in der ehemaligen Remise geparkt, wo die Fahrräder standen und die jetzt als Garage diente. Dazu mußte
man durch die Hausflureinfahrt in den Hof fahren, was die
Breite des Fahrzeugs gerade so eben erlaubte. Jakobs jüngerer Bruder sagte: »Hier darfst du nicht so schnell durch-
pesen.« Und schon hatte das Gefährt seinen Namen. Ein
Vorteil dieser Motorisierung war, daß man bereits mit 16
Jahren den Führerschein dafür erwerben konnte. So hatte
Jakob kurz nach seinem 16. Geburtstag die Fahrerlaubnis,
sogar für alle Klassen. Der Vater war sehr großzügig und
zu dieser Zeit schon oft abwesend, so daß Jakob den Wagen für allerlei Exkursionen benutzen konnte. Er fuhr damit in die Schule, parkte ihn vor dem Schuleingang, blieb
eine Weile darin sitzen, bis alle Mädchen an ihm vorbeige-
gangen waren und ihn gesehen hatten, und rannte erst
dann in das Klassenzimmer. Nach der Schule lud er Eva-
Maria, Helma und Renate zu einer kleinen Spazierfahrt an
der Oder ein.

Der Druck der Partei durch den Blockwart nahm zu. Sehr
oft kam der feiste Mann aus dem Nachbarhaus in seiner
scheißgelben Uniform zum Vater, offenbar nicht als Pa-
tient, sondern um ihn unter Druck zu setzen. Genaues sagte
der Vater nicht. Sollte ihm die Kassenzulassung entzogen

werden? Verdächtigten sie ihn, daß er Abtreibungen vorgenommen habe? Darauf stand damals die Todesstrafe. Jakob ahnte, daß er in einigen Fällen verzweifelten Frauen durch eine Interruptio weitergeholfen hatte. Aber das tat er so geschickt, daß eigentlich niemand dahinterkommen konnte. Wahrscheinlich hatte ihn der Blockwart nur erpreßt. Vater war der Finanzkräftigste in dieser Gegend und wurde höflich um Spenden für die Partei gebeten. Den Begriff Mafia kannte man damals noch nicht, aber im Grunde war die ganze Hitlerbewegung eine mafiose Veranstaltung; ein Hundertmarkschein war fällig, wenn man sich nicht gegen die Volksgemeinschaft vergehen wollte. Wohin der floß? Das Geld floß wahrscheinlich in die Tasche des Blockwarts, der vorgab, daß er sich jederzeit schützend vor diesen national gesinnten Mann, der aber leider kein Arier sei, stellen werde.

Die Besuche wurden immer häufiger, bis sich Jakobs Vater schließlich in die Wehrmacht flüchtete, er konnte es nicht mehr über sich bringen, zu diesen und anderen Widerlingen freundlich sein zu müssen. Er ließ sich als Stabsarzt reaktivieren, was er zu Ausgang des Ersten Weltkrieges gewesen war. Diese *Flucht in die Wehrmacht* gab es damals häufiger. Es war eine, wenn auch nicht sehr mutige Art der inneren Emigration. Gottfried Benn ist ein Beispiel dafür. Jakobs Mutter war in dieser Zeit sehr traurig, sie konnte das alles nicht verhindern und war es nicht gewohnt, sich ihrem Mann gegenüber durchzusetzen. Jakobs Vater ging mit Mitte Vierzig noch einmal ins *freie Leben*. Dadurch konnte Jakob seiner Mutter wieder näherkommen. Vielleicht war er in diesen zwei Jahren, bevor er selbst Soldat wurde, seiner Mutter am nächsten.

Nachdem das Reaktivierungsgesuch des Vaters genehmigt worden war, meldete er sich bei dem Obersten der Nachrichtenabteilung im Norden der Stadt in vorschriftsmäßiger Uniform; er war noch immer ein schöner Mann, und er redete lebhaft und witzig. Die Uniform stand ihm gut, er hatte sie sich von seinem Schneidermeister Krensel maßschneidern lassen. Mit seinem Kommandeur kam er bald in ein lebhaftes Gespräch: »Ich weiß, Sie haben da diese jüdische Großmutter oder so was. In der Wehrmacht ist uns das egal, Herr Doktor. Da kommt es auf Wichtigeres an. Ich glaube, ich hab da auch irgend so'nen Webfehler. Wer hat das nicht, wenn man nur genügend weit zurückgeht? Is' ja vielleicht auch 'ne ganz gute Beimischung. Wenn ich mir so all' die braunen Bonzen ansehe ...«

Zigarren und Kognak

Jakob hatte bis dahin noch nie geraucht, jetzt sog er an einer riesigen Importzigarre, und vor ihm stand ein Glas alten französischen Kognaks. Im Sommer 1940 hatten er und seine Freunde sich nicht mehr auf irgendein Bauerndorf zur Erntehilfe schicken lassen, sondern es geschafft, daß sie auf dem Gut ihres Schulfreundes arbeiten konnten. Dort verrichteten sie wirklich harte Erntearbeit, standen morgens um fünf Uhr auf und waren um sechs bei der Arbeitseinteilung, fuhren im Leiterwagen hinaus auf die weitläufigen Felder, gingen hinter dem Mähbinder, stellten die Puppen auf und fuhren später das Getreide in die Scheune zur Dreschmaschine. Es war heiß und staubig, und das Hochwuchten der Garben auf den Erntewagen war für die ungeübten Jungen nicht leicht. Aber es machte ihnen Spaß.

Das Gut wurde jetzt verwaltet vom jungen Dietrich. Sein Vater was als Reserveoffizier in Frankreich, der Frankreichfeldzug war soeben siegreich beendet, und Zigarren und Kognak stammten aus der Siegerbeute von Dünkirchen, die

die Engländer zurücklassen mußten. Dietrich selber wurde nicht Soldat, er hinkte, hatte wohl ein Hüftleiden und blieb deshalb in der Heimat. Das war für ihn nicht einfach, denn im Taumel der nationalen Begeisterung drängte alles zu den Waffen, sogar Nazigegner. Dietrich war ein stiller junger Mann von zerbrechlicher Zartheit, der sich sehr darüber freute, daß er die drei Jungen, Jakob, Jochen und Antek, bei sich hatte und auch in seinem Haus, dem Verwalterhaus des Schlosses, beherbergen konnte. Es war sonst sehr still um ihn. Die gleichaltrigen Freunde waren alle Offiziere, und sogar die Generation seines Vaters saß in Stäben, mit roten Hosenstreifen. Von Beziehungen Dietrichs zu Frauen hatte Jakob nie etwas gehört. Er teilte sich den Jungen ganz mit: daß er Landwirtschaft studiert habe, studieren mußte, daß er aber viel lieber Musik studiert hätte, daß es für einen gräflichen Gutsbesitzer sehr schwer sei, aus dem starren Gesellschaftskreis herauszukommen. Zwischendurch setzte er sich an den Flügel und spielte traurige Weisen, wohl meist Chopin, aber Jakob kannte sich da nicht so genau aus: »Du hast es besser, Jakob, obwohl auch du deine Belastungen hast«, sagte er, »denn du darfst denken, du darfst künstlerisch und akademisch sein, ja, du mußt es sogar. Ich bin zu etwas anderem geboren, das ich nicht mag, das ist viel schwerer. Du weißt im Grunde, was du willst. Gut, man kann dich behindern, dann mußt du Widerstände überwinden, und vielleicht scheiterst du. Aber ich weiß nicht, was ich soll, denn ich bin in die falsche Welt hineingeboren.« Dann setzte er sich wieder an den Flügel und begann die Mondscheinsonate zu spielen, unglaublich leise, fast unhörbar einsetzend, bis er schließlich zu dem furiosen dritten Satz kam. Jakob rauchte seine dicke Zigarre sehr vorsichtig, so daß ihm nicht schlecht wurde. Antek war schon mit grünem Gesicht verschwunden. Später ging auch Jochen. Jakob saß jetzt mit Dietrich allein vor seinem Kognak, an dem er mehr roch, als daß er ihn trank, und sie sprachen über Musik und Kunst und Dichtung. Dietrich sang gut und stimmte jetzt eines der von Schumann vertonten Eichendorfflieder an und begleitete sich selbst auf dem Klavier: »...und meine Seele spannte weit ihre Flügel aus, flog durch die stillen Lande, als flöge sie nach Haus.« Als flöge sie. Sie flog nicht wirklich nach Haus. Dieser Konjunktiv, was bedeutet er? dachte Jakob. Die Unmöglichkeit, nach Hause zu kommen? Oder daß man es nicht wirklich wollte? Daß man lieber für sich allein bleiben wollte? Daß es gar keine Seele gibt, die nach Hause fliegen könnte? Jetzt stand Dietrich auf und setzte sich neben Jakob. Er legte seine Hand auf seinen Unterarm, erst still, dann streichelte er ihn. Eine wunderbare Zärtlichkeit gab es zwischen dem Mann und dem Jungen, eine ganz selbstverständliche, tiefe Zärtlichkeit, eine Zartheit zwischen Männern. Nach einigen Minuten standen sie fast gleichzeitig auf und sagten sich gute Nacht.

Jeden Abend saßen sie jetzt, nachdem die harte Knochenarbeit vorüber war, mit Dietrich am Kamin. Er erklärte ihnen französische Weine und Musik von Debussy, während es im Kamin leise flackerte. Einmal kam seine Mutter, die Gräfin, vorbei und plauderte, eher leutselig, mit den jungen Leuten. Jakob wußte, daß er ihr einen Handkuß geben mußte, und das gelang auch zwanglos, er war stolz auf diese Leistung. Dann nippte auch sie ein wenig an dem Kognak und verabschiedete sich bald wieder. Danach legten sie noch einmal ein neues Scheit in den Kamin, und Dietrich holte eine Flasche Bordeaux. Er zeigte ihnen, wie man fachmännisch entkorkt, daß der Korkenzieher nicht bis ganz hinunter hineingedreht werden dürfte, damit keine Korkbrocken in den Wein falle, daß man den Korken langsam und allmählich herausziehen müsse, damit es keinen Schnalzer gebe, der den Wein unnötig beunruhige, daß man an dem Korken riechen müsse, ob er in Ordnung sei, und daß man das Innere des Flaschenhalses mit einer Serviette säubern müsse, bevor man den Wein einschenkte.

Jakob blieb jetzt öfter einige Minuten länger als seine beiden Freunde, und Dietrich und er faßten sich zärtlich, aber sehr vorsichtig an. Am Abschiedsabend saß Jakob auf der breiten Lehne von Dietrichs Polstersessel. Das Gespräch war verstummt. Nach einer Weile zog Dietrich Jakobs Kopf auf seine Schulter, ganz nah an sein Gesicht; da lag Jakob eine Weile, Wange an Wange mit ihm. Er fühlte sich sehr geborgen, wie bei einer Mutter. Dann gab Dietrich ihm einen Kuß auf die Backe, nahe neben dem Mund, und sagte: »Gute Nacht, mach's gut, mein Junge.« Glücklich und verwirrt ging Jakob zu Bett.

Hanffeld

Hanf war bis ins 19. Jahrhundert ein vielbenutzter Faserrohstoff für Seile, Segel, Garne und Schnüre, bis er mit Beginn der Kolonialzeit und des internationalen Rohstoffhandels durch andere Pflanzenfasern, meist Jute oder Sisal, verdrängt wurde. Die jahrhundertealte bäuerliche Erfahrung mit dem Anbau der Hanfpflanze war in Mitteleuropa verlorengegangen. Jetzt, zu Beginn des Krieges, versuchte man wegen der Rohstoffknappheit, den Hanfanbau wiederzubeleben, zunächst auf einigen Versuchsfeldern, um erste Erfahrungen zu gewinnen. Der Gutsverwalter hatte einen Streifen von einem halben Morgen mit dem unbekannten, von irgendeiner Zentralstelle gelieferten Samen eingesät und erwartete Pflanzen von der Größe der Lupine oder des Raps. Statt dessen stand er jetzt im Spätsommer mit seinen jugendlichen Erntehelfern, den belgischen Kriegsgefangenen und den polnischen Arbeiterinnen ziemlich hilflos vor einer mannshohen Wand von dicken, fleischigen Stengeln mit fingerförmig gefiederten Blättern. Was tun? Mit der Mähmaschine konnte man da nicht durchkommen und mit der Sense erst recht nicht. Also bekamen die drei belgischen Kriegsgefangenen Beile in die Hand gedrückt und hieben die Stengel dicht über der Erde ab. Die Jungen und die Polinnen fingen die umfallenden, ziemlich schweren Pflanzen auf, warfen sie auf Haufen und stellten diese zum Trocknen zu Puppen zusammen. Das Zeug war sehr klebrig, die Stengel dicht bepelzt mit piekenden Härchen, die beim Anfassen abbrachen und weiteren klebrigen Saft freisetzten. Die Härchen bohrten sich in die Haut, Hunderte von Miniinjektionen mit diesem ekligen Saft. Und der klebte auch an den Lippen und schmeckte bitter. Nein, dachte Jakob, eigentlich schmeckte er doch süß, verrückt süß sogar.

Die Belgier fingen an, die *Marseillaise* zu singen, und Jakob und seine Freunde stimmten lauthals ein, sie warfen sich die abgehackten Pflanzen im Takt der französischen Nationalhymne zu. Dann fingen die Polinnen mit ihrem »Neva Polska, neva nelja ... (noch ist Polen nicht verloren)« an, ein bißchen schwermütiger als die schmissige *Marseillaise*. Jakob wurde ganz melancholisch. Der Takt war wiegend, langsam, sie faßten sich an, hakten sich ein. Jakob stand neben der kleinen Blonden, la petite blanche, wie die Belgier sie nannten, und schaukelte selig mit ihr. Auf der anderen Seite war die »Ministerköchin«, eine reife, vollbusige Frau, die in Warschau dem Haushalt eines Ministers vorgestanden hatte, zur Zwangsarbeit nach Deutschland verschleppt worden war und die Deutschen glühend haßte. Jetzt drückte sie ihren großen Busen hingebungsvoll gegen seine Flanke: »Jakob, du deitsch, aber du trotzdeem gutt!« Dann rief Jean-Baptiste: »Maintenant *Deitschland iber alles*. Ach Scheiße!« Alle fielen sich lachend in die Arme, und Jean-Pierre heulte vor Freude.

Da sahen sie von ferne den Inspektor auf seinem Fahrrad

angeradelt kommen. Mit seinem dicken roten Gesicht blickte er stur geradeaus. Steif hockte er auf dem Sattel, während seine O-Beine die Pedale traten. Prustend vor Lachen zeigten sie auf ihn. Als er umständlich und unter Herausrecken seines dicken Hintern abgestiegen war, umringten sie ihn jubelnd, und die Polinnen küßten ihn schmatzend ab. »Nee, Kindersch, was iss 'n in eich gefohrn? Seid a ettwann besuffa. Man kennt's balde glooben. Nu ja, aber georbeet' habt a ja ganz gutt. Is nich eenfach mit dem kläbrigen Zeig, ich weeß, ich weeß. Nu macht amol weeter.« Ihm war die Sache unheimlich, und er schwang sich wieder auf sein Fahrrad, indem er umständlich das eine Pedal in die obere Stellung brachte, seinen Fuß darauf stellte und gleichzeitig mit dem Pedaldruck das andere Bein weit über den Sattel schwang, wobei er seinen fetten Arsch wieder so urkomisch herausstreckte, daß sie erneut in Gelächter ausbrachen.

Sie machten sich doch wieder an die Arbeit, die jetzt etwas Verlockendes hatte. Erst als es vom Dorf her zwölf Uhr Mittag schlug, warfen sie sich selig auf die Blätterhaufen, sangen, grölten, faßten sich an und lachten und wieherten ganz ohne Grund. Jochen tönte: »Du, Jakob, wir schmeißen einfach die Schule und bleiben für den Rest unseres Lebens hier als Landarbeiter!« »Ach nein, aber in der Schule zeigen wir's jetzt den Nazilehrern!« »Dem Direktor Prause mit seinem goldenen Parteiabzeichen spannen wir 'nen Regenschirm im Hintern auf.« »Und der Wachsmann: ein Tritt, ein Schrei, und die Treppe ist poliert.« »Und der Dopke, den lassen wir einfach in 'nen Spiegel gucken, dann läßt der sich nie wieder blicken.« »Und der Schlossarek, der soll ›Mein Kampf‹ ins Lateinische übersetzen, dann ist er erst mal für ein Jahr abgemeldet.« So blödelten und lachten die Freunde, während sich die Belgier an die Polinnen heranmachten. Es wurde gelacht, gekichert und schließlich hinter den Hanfpuppen auf französisch und polnisch erst geflüstert und bald lustvoll gestöhnt.

Jakob war mitten im Witzereißen eingeschlafen und träumte:

Er wanderte mit seiner Mutter und einigen anderen Verwandten in einer ziemlich tristen, wolkenverhangenen Landschaft im Gebirge oberhalb einer weiten, sonnenbeschienenen Ebene. Unten sah er eine in der Sonne leuchtendrote Stadt, ein silbriger Fluß schlängelte sich durch die weite Ebene. Da müßte man hin, dachte er, aber nicht gleich, langsam dahin kommen, die Vorfreude ist am schönsten. Die Mutter war ungeduldig und meinte, man müsse doch bald umkehren bei diesem Wolkennebel, wie lange es noch bis nach Hause dauern würde. Er meinte: noch ungefähr zwei Stunden, denn es sei ein ziemlich schwieriger Abstieg. Sie nörgelte, ob er denn keinen kürzeren Weg wisse, er kenne sich doch überall so gut aus. Er sagte, sie seien doch zwei Stunden hin gegangen, da brauchten sie auch zwei Stunden zurück, da helfe auch keine Findigkeit. Sie wurde ziemlich ärgerlich.

Auf einmal entdeckte er zwischen den Felsen eine Leiter, die stand unten auf der Erde und rührte mit der Spitze an den Himmel, und allerlei seltsame Gestalten stiegen daran auf und nieder, und obendrauf war ein großes Licht. (Genesis 28,12)

Weiter unten mündete die Leiter in eine unscheinbare Treppe, die sich bald als das obere Ende eines ziemlich herrschaftlichen Treppenhauses herausstellte. Sie gingen durch vier oder fünf Stockwerke hinunter und traten unten auf einen schönen, weitläufigen, mittelalterlichen Marktplatz mit Fachwerk- und Renaissancehäusern. Die Tür, durch die er aus dem Treppenhaus ins Freie trat, war absichtlich unscheinbar, damit man sie nicht gut wiederfinden sollte. Sie war mit grauer Sackleinwand verhängt, trotzdem merkte er sie sich genau und hätte das halb geheime Treppenhaus und die Himmelsleiter jederzeit wiedergefunden.

Der Marktplatz war umgeben von Kirchen und Kapellen, die alle bunte Zwiebeltürme hatten, in ganz verschiedenen grellen Farben und Mustern. Er mußte laut lachen. Dabei bewegte er die Arme und merkte, daß er sich durch kräftige Luftschläge mit den Händen in die Luft katapultieren konnte, ja, er konnte richtig fliegen. Glückstrunken segelte er um die Zwiebeltürme herum, die immer bunter und greller und schöner und aufregender wurden. Einmal stieß er mit der Hand dagegen, da merkte er, daß sie ganz leicht und nur lose befestigt waren. Die Turmhelme ließen sich abnehmen, als wären sie aus Pappmaché; er hob sie im Fluge ab und steckte sie woanders auf, versetzte sie hin und her. Immer wieder dachte er sich neue Muster der bunten Turmanordnungen aus, schwebte um die Turmspitzen, hob sie an den goldenen Kreuzen hoch, wirbelte sie ein bißchen durch die Luft und setzte sie dann woanders wieder auf. Das war ganz leicht und schwerelos, und die nörgelnde Mutter war längst vergessen. Einmal, als er eine rotweiß gestreifte Kuppel abhob, schaute aus dem Stumpf der Kopf der Ministerköchin heraus, sie streckte ihm die Zunge heraus. Beide mußten lachen, und schnell setzte er die Kuppel wieder auf. Bei der nächsten Kirchenkuppel schaute ›la petite blanche‹ ein wenig schamhaft und verlegen mit zersausten blonden Haaren, einem leicht geröteten Gesicht und entblößten, weißen, kleinen Brüsten mit harten, hellrosa Warzen aus der Turmöffnung, umschlang ihn und ließ sich von ihm herausziehen und durch die Luft davontragen. Sanft landeten sie auf einem Haufen von abgeschnittenen Kräutern direkt am Fuß der Himmelsleiter.

Da erwachte er, um ihn herum saßen die Polinnen mit offenen Brüsten, ›la petite blanche‹ strich ihm mit dem nackten Busen einmal übers Gesicht und versteckte den dann schnell unterm Kleid, die Belgier knöpften ihre Hosen zu, und die Freunde lachten und schlugen Jakob auf die Schultern. Jakob konnte sich das alles nicht erklären, er wollte es auch gar nicht. Jetzt holten sie sich ihr Mittagsbrot, dick bestrichene Schmalzschnitten, heraus, noch nie hatte ihm ein Schmalzbrot so gut geschmeckt!

Bald machten sie sich wieder an die Arbeit, es zog sie einfach da hin. Und sie lachten dabei und sangen und schubsten sich und erzählten und phantasierten und prusteten und küßten sich und furzten und pißten und wanderten schließlich, Arm in Arm, drei deutsche Schüler, drei verschleppte Polinnen, drei kriegsgefangene Belgier, eingehakt in einer Reihe, breiter als der Feldweg, über Stoppeln und Gräser zurück zum Gutshof.

Die Belgier sind vermutlich nach Ende des Krieges heil nach Hause zurückgekehrt. Was aus den Polinnen geworden ist, weiß man nicht. Ihre unehelichen Kinder – vermutlich von belgischen Vätern – wurden wahrscheinlich zwangsweise von NS-Waisenhäusern ›in Obhut‹ genommen.

Die halluzinogene Wirkung von *Cannabis sativa* war damals in Deutschland weitgehend unbekannt.

Reiten

Jakobs Mutter fand es albern, daß er Reitstunden nahm, zu hochgestochen und zu aristokratisch. »Das paßt doch nicht zu uns!« »Warum denn nicht, mir macht's einfach Spaß.« Schließlich willigte sie ein und bezahlte sogar die Reitstunden. Der Tattersaal auf der Gabitzstraße war eher kleinbürgerlich; und der Reitlehrer, ein alter, deutschnationaler Kommißknochen, konnte Jakob nicht leiden, der war ihm zu intellektuell und, obwohl Jakob freundlich, zuvorkommend war und sich sehr geschickt mit den Pferden anstellte, merkte er einfach an Jakobs Gesicht, daß der Junge ihn nicht für voll nahm. Es stimmte, Jakob konnte einfach nicht heucheln. Also gab der Reitlehrer ihm das miserabelste Pferd, tückisch, verdorben, unberechenbar, ständig darauf lauernd, ihn abzuschmeißen. Und der Reitlehrer lauerte auch darauf. Jakob tat ihm den Gefallen nicht. Wenn das Pferd bockte und ihn an die Bande zu drücken versuchte, holte er es mit der Trense (eine Kandare gab es im Unterricht nicht) so kräftig heran, daß es trotz Bockens und schlängelnder Gegenbewegungen doch schließlich gehorchen mußte. Nach und nach nötigte er dem Pferd und dem Reitlehrer einen gewissen Respekt ab. Er hätte gern *Übereinstimmung* mit dem Tier erzielt, aber das gelang ihm nur in seltenen Momenten, am ehesten im kurzen Galopp, wenn die wiegende Dreitaktbewegung sich einstellte.

Draußen in Dirsdorf war das alles ganz anders und viel einfacher. Er durfte jederzeit den Wallach des jungen Grafen satteln und ausreiten, der sogar ganz froh darüber war, weil er keine Zeit und Lust hatte, das Tier ausreichend zu bewegen. Es war ein roter Trakehner, ein kluges und sensibles Tier, da gab es überhaupt keine Verständigungsschwierigkeiten. Schon beim Satteln sah das Tier ihn so erwartungsvoll an. Wenn Jakob es herausgeführt hatte und aufgesessen war, tänzelten sie erst ein paar Runden auf dem Gutshof, machten etliche ungeduldige Levaden, bis er ihm die Zügel locker ließ und sie in langem Trab hinausstürmten. Von beiden Seiten war ein bißchen Angeberei dabei: Gute Pferde (genau wie treue Hunde) sind stolz, wenn sie ihre Kunststücke zeigen können, und Jakob wußte, daß »die Hofleute« und seine Freunde von irgendwoher zuschauten und daß aus den Fenstern des Schlosses Teile der gräflichen Familie begutachten würden, wie der sympathische, blitzgescheite, ein bißchen jüdische, interessante und beschützenswerte Junge sich in den reiterlich-ritterlichen Künsten bewähren würde. Und vor allem: Heute würde Beatrix ihn beobachten.

Beatrix, eine kleine, wenig faßbare Komteß, war im Winter seine *Tanzstundendame* gewesen, er hatte sie auf den Abschlußball geführt und auch bei der ungarischen Gräfin vorher den gehörigen Besuch gemacht. Ja, wahrscheinlich war er ein bißchen in sie verliebt, aber sie wußten beide nicht, was das ist. Jakob jedenfalls tänzelte auf seinem Fuchs vor ihrem Fenster oder zumindest dort, wo er ihr Fenster vermutete. Seit gestern war sie zu Besuch bei ihren Verwandten. Er hatte sie noch nicht gesehen, denn sie hatten gestern abend bis zum Dunkelwerden den Roggen eingefahren, aber Dietrich hatte ihm erzählt, daß der Kutscher sie gestern abend vom Bahnhof abgeholt hatte. Jakob glaubte zwar nicht, daß sie seinetwegen hergekommen war. Aber immerhin, sie hätte ja auch ihre Ferien auf einem anderen der Güter ihrer vielen Verwandten verbringen können. Heute am Sonntag würde sie wahrscheinlich länger schlafen. Das kluge Pferd stob mit ihm davon. Sein langer Trab war elegant und gleichzeitig weit ausgreifend, in vollkommener Resonanz mit der diagonalen Bewegung der Läufe hob und senkte Jakob sich im Zweiertakt in seinem Sattel. Als sie auf dem Sandweg zum Wald hin waren, spürte er, daß das Tier seinen Bewegungsdrang stärker betätigen wollte; also ließ er es angaloppieren: eine wiegende Triolenbewegung. Reiter und Pferd waren selig, Jakob wünschte sich nichts mehr, nur einfach so weiter schaukeln. Bis zum Waldrand waren es etwa 500 Meter, die das Pferd gestreckt und ausgelassen galoppierte. Dann fiel es in den Schritt zurück, Jakob ließ den Fuchs mit langem Zügel durch den morgendlichen Wald stapfen und klopfte ihm anerkennend den Hals, was der mit einem Schnauben quittierte.

So vergnügten sie sich eine Stunde im Wald, auf den Stoppelfeldern, auf sandigen Wegen. Jakob übte mit *seinem Fuchs* alle Gangarten, kurzen Trab, langen Trab, Rechtsgalopp, Linksgalopp, und er merkte, daß es dem Pferd Spaß machte, seinem Herren seine Fähigkeiten zu zeigen. Die Sonne war inzwischen höher gestiegen, aus den beschienenen Wiesen und Stoppeln stieg feiner Dampf, es war ein *duftender Sommer*, Jakob schnupperte, und die Nüstern des Pferdes blähten sich. Jetzt mußte das Tier irgend etwas bemerkt haben, es wurde unruhig, und er hatte Mühe, es zu versammeln. Da sie gerade in einem kleinen Wäldchen beim südlichen Vorwerk waren, konnte er nichts sehen. Er bog in einen kleineren Seitenweg ab, um das freie Feld und eine bessere Übersicht über das Gelände zu gewinnen. Als sie aus dem Wäldchen herauskamen, sah er einen anderen Reiter, vielleicht eineinhalb Kilometer entfernt, nein, eine *Reiterin*, es war Beatrix. Sie saß auf dem Schimmel des alten Grafen (der nach dem 20. Juli 1944 erschossen werden sollte), stand da mit ihrem Pferd, am Horizont gegen den hellen Himmel. Das war ein Anblick, der ihn das Herz höher schlagen ließ. Also hatte sie ihn ausreiten sehen, hatte sich das Pferd ausgebeten, um ihm zu folgen. Er gab seinem Fuchs die Sporen und preschte in vollem Galopp zu ihr hin. Sie winkte ihm von weitem zu, blieb mit versammeltem Pferd stehen und erwartete ihn – wie er meinte. Als er auf etwa 30 Meter heran war, ließ sie ihr Pferd einen Satz und eine Drehung machen und galoppierte aus dem Stand davon. Nun begann eine regelrechte Parforcejagd. Natürlich konnte Bea viel besser reiten als er, sie war praktisch im Sattel groß geworden auf den Gütern der ungarischen Magnaten und machte sich nun einen Spaß daraus, ihn über Gräben und durch Wälder zu hetzen. Jakob mußte oft den Kopf dicht an den Hals des Tieres legen, damit ihn die Zweige nicht vom Pferd streiften wie weiland Absalom. Sie war die bessere Reiterin, aber ihr Schimmel war nicht mehr so feurig wie sein dreijähriger Fuchs. So mußte sie nach etwa zwanzig Minuten die Jagd beenden, und er trabte an ihre Seite. Pferde und Reiter begrüßten sich, verschwitzt, schwer atmend, aber sehr glücklich. Er küßte sie auf die Wange, sie lachte belustigt: »Hast du gut gemacht. Wußte gar nicht, daß du so reiten kannst!« Währenddessen rieben die beiden Pferde ihr Nüstern liebevoll aneinander.

Sie saßen ab, banden die Tiere an Äste und legten sich ins Gras der Wegböschung. Es duftete, jetzt im August, nach Salbei und Kamille. Aber am schönsten, dachte Jakob, duftete sie. Er faßte nach ihrer Hand, und sie ließ es geschehen, zum ersten Mal. Er war an diesem Morgen wunschlos glücklich, und er vergaß vollständig, daß er spätestens in einem Jahr Soldat werden und vielleicht sterben müßte, daß er ein Deutscher zweiter Klasse war, der nie eine ihm angemessene Stelle würde erreichen können, daß eine Verbrecherbande Deutschland »regierte«. Alles war jetzt gleichgültig, denn er hielt ihre Hand. Sie sprachen nichts. Als vom Dorf her die Mittagsglocken läuteten, standen sie auf und ritten langsam nebeneinander zurück. Im Gutshof versorgten sie die Pferde und trennten sich, Bea ging aufs Schloß zu ihren Verwandten und Jakob zu seinen Freunden. Die versuchten, alles mögliche aus ihm herauszuquetschen, aber er erzählte nichts. Und Bea wurde am gräflichen Mittagstisch ausführlich befragt. Offenbar war das Ergebnis positiv, denn sie durfte in der Woche, in der sie noch da war, jeden Tag mit ihm ausreiten (und er bekam den Nachmittag frei), und er wurde jeden Abend aufs Schloß eingeladen. Dort erzählte er viel, denn es ging nicht nur über Pferde und Jagd und Politik, sondern auch über Spiralnebel und Größe des Universums. Er erklärte die neueste Interpretation der Rotverschiebung (die er aus Großvaters *Kosmos* wußte) und daß das Universum ständig auseinanderfliege mit einer Geschwindigkeit, die in den Außenbezirken fast so schnell wie das Licht wäre, so daß das Licht, das von dort her zu uns käme, schon 100 Millionen Jahre alt wäre. Für Bea war das alles ein bißchen zu hoch, davon hatte sie in ihrem adligen Mädchenpensionat nie etwas gehört, aber ihre Mutter hing an Jakobs Lippen und stellte ihm die schwierigsten Fragen. Sie liebte auch Gedichte, und als sie merkte, daß er einiges von Rilke auswendig konnte, ließ sie ihn begeistert rezitieren. Er hatte bisher noch nie jemanden getroffen, der Lyrik wirklich mochte, weder in der Familie noch unter seinen Freunden, er hatte das ganz und gar für sich gelesen und gelernt. (Natürlich konnte Vater all die schrecklich-pompösen Schillerschen Balladen bis zum Erbrechen vor- und rückwärts aufsagen, aber das war für Jakob keine Lyrik.) Und nun fand er hier, in dem von Mutter als »oberflächlicher Adelsklüngel« abqualifizierten Kreis, ein Verständnis für seine geheime, nie eingestandene Vorliebe. Das *Leben in wachsenden Ringen* sagte er auf, den *Panther*, das *Karussell* und auch den Anfang der ersten Duineser Elegie:

Wer, wenn ich schriee, hörte mich denn aus der Engel
Ordnungen? und gesetzt selbst, es nähme
einer mich plötzlich ans Herz: ich verginge von seinem
stärkeren Dasein. Denn das Schöne ist nichts
als des Schrecklichen Anfang, den wir noch grade
                                             ertragen ...

Er wußte nicht mehr weiter, aber Dietrich hatte den Band schon aus dem Bücherschrank gezogen und, an der richtigen Stelle aufgeschlagen, ihm zum Weiterlesen gegeben.

Glückstrunken ging er später über den Gutshof durch die sternklare Sommernacht in sein Quartier.

Jeden Nachmittag ritt er mit Bea aus, jetzt nicht mehr so wild wie beim ersten Mal, und die Pausen im Gras wurden jedesmal etwas länger; am letzten Tag küßten sie sich, vorsichtig und zart. Und er trug ihr feines, zartes, blasses, blondes Bild mit sich.

Auf der Gestapo

Im Sommer 1941, vor den Ferien, fuhr die Klasse noch einmal ins Schullandheim. Sie wußten, daß es das letzte Mal sein würde, sie waren jetzt siebzehn oder achtzehn Jahre alt und würden spätestens im nächsten Frühjahr eingezogen werden. *Eingezogen.* Jakob dachte auf der einstündigen Fahrt mit dem Bummelzug erst über das Wort nach: einziehen. Der Mechanismus! Aus dem Verkehr ziehen wie einen ungültig gewordenen Geldschein. Hineinziehen in eine unerbittliche Maschine, die alles gleichmachen, wenn nicht gar tödlich verschlingen würde. Nachdem er die Etymologie des Wortes nach allen Seiten hin und her gewendet hatte, ließ er die Bedeutung zu. Irgendwohin, nach Frankreich oder Norwegen oder Nordafrika, geschickt zu werden war gar keine so unangenehme Vorstellung. Eigentlich war der Krieg auch schon fast zu Ende, ganz Europa war fest in Hitlers Hand, Nordafrika besetzt, Ägypten und der Vordere Orient nur noch eine Frage der Zeit. Jakob hatte sich innerlich schon auf eine düstere Nachkriegszeit als Deutscher zweiter Klasse eingestellt. Aber Polen? Er ahnte, was da für Unrecht geschah. Und die Partisanen auf dem Balkan. Überhaupt: Wie sollte es in Osteuropa weitergehen? Die Nazis mit ihren nur noch mühsam gezügelten Ideen vom *Ritt nach Osten?* Zu oft hatte er das Lied gehört von den *morschen Knochen* und ... *wir werden weitermarschieren, bis alles in Scherben fällt, denn heute gehört uns Deutschland und morgen die ganze Welt.* Er hatte immer nur den Mund bewegt und nicht mitgesungen, weil er es widerlich fand. Er mußte das wörtlich nehmen, er konnte es nicht einfach so wie die anderen gedankenlos herunterleiern. Zwar war wegen des Hitler-Stalin-Paktes im Moment nicht viel zu befürchten, aber ganz geheuer war die Situation nicht. Die Stimmung im Zug war gedrückt.

Erst als sie dann in ihre Zimmer eingezogen waren, stellte sich ihr Ausgelassenheit wieder ein, und sie hatten ein paar unbeschwerte Tage mit Sport, Wandern, Schwimmen in der Neiße oder Gartenarbeit in dem weitläufigen Gelände. Abends spielte Letix an dem verstimmten und klirrenden Klavier Jazz und Hot-Musik, was eigentlich verboten war, aber von den Lehrern stillschweigend, ja sogar schmunzelnd gebilligt wurde.

Am nächsten Sonntag sollte das Schlußfest gefeiert werden, etliche Sketche und Musikstücke wurden geprobt, ein Gesangsquartett wurde eingeübt, bei dem Jakob im zweiten Baß einen schnarchenden Schmied »sang«; es versprach alles recht lustig zu werden. Der Sonntag war der 21. Juni 1941. Schon beim Aufwachen hörte Jakob aus dem Lautsprecher auf dem Dorfplatz dröhnende Marschmusik, ein Zeichen dafür, daß etwas los war. Beim Frühstück hörten sie die Sondermeldung: Die deutsche Wehrmacht war nach Rußland eingefallen! Zuerst herrschte eisiges Schweigen, dann breitete sich lähmendes Entsetzen aus, langsam, zähflüssig, erstickend, wie heißgekochter Asphalt. Jeder einzelne wußte sofort, was das für ihn persönlich bedeutete: ein grausamer, blutiger, langer Krieg in der Weite Rußlands. Historische Erinnerungen an Napoleons Feldzug drängten sich auf.

An einen lustigen Abschiedsabend war natürlich nicht mehr zu denken. Aber dann beschlossen sie: Letix soll trotzdem Jazz spielen. Und Jochen würde Rilkes *Cornet* rezitieren. Jakob bastelte an einem Gedicht, das er abends vortragen wollte. Das ging so:

Hirnhypertrophie

Heil unserm hohen Intellekt.
Wir zwingen die Natur,
und wenn sie sich mit Dunkel deckt,
wir kennen ihre Spur.
Herbei mit Kapseln und Retorten,
mit Gammastrahlen aller Sorten,
mit vielen Volt und noch mehr Geist!
Mit Recht uns, wahrlich, Linné heißt
den Homo sapiens.

Bald gibt es kein Sozialproblem,
wir werden alle gleich.
Man lebt im Einheits-Staats-System
im Mongo-Negro-Europ-Reich.
Ein jeder geht in Uniform.
Auch gibt es Essen nach der Norm
mit Vitaminen A bis D.
Ihr fühlt euch wohl von Kopf bis Zeh
als Homo sapiens?

Und weiter geht der Dinge Lauf,
so wie er gehen muß.
Man baut Jungbrunnmaschinen auf
nebst Selbstbrütuterus
und glaubt: Wir haben es geschafft,
wir ganz allein, aus eigner Kraft,
wir senden weit, wir sehen fern
und kennen auch den Lebenskern,
wir Homo sapiens.

Und tausend Jahre später,
da ist das Drama aus,

der letzte Menschvertreter
hockt dann im Raubtierhaus
im Käfig, und die Großheuschrecken,
die damals vom Sambesibecken
einfallend unser Reich zerstört,
die lesen gänzlich unbeschwert:
»Hier Homo sapiens«.

Der Abend wurde ein großer Erfolg. Die Hausleiterin und die Frauen aus der Küche waren eingeladen, und es wurde zu Letix' Jazzrhythmen hingebungsvoll und bis spät in die Nacht getanzt. Jakobs Gedicht war mit trampelndem und grölendem Beifall aufgenommen worden. Allerdings hatten sich die beiden Lehrer unmittelbar danach verzogen. Jakob achtete im Trubel des Tanzens und der gelösten Stimmung nicht mehr auf sein Manuskript und ließ es irgendwo liegen.

Am nächsten Vormittag kamen während des Unterrichts (im Landheim gab es vormittags drei Stunden Unterricht) zwei brutale Typen in dunklen Ledermänteln in den Unterrichtsraum und fragten laut, ohne den Lehrer auch nur zu beachten: »Wer von euch ist Letix, und wer ist Jakob?« Die beiden standen auf. »Mitkommen! Gestapo.«

Jakob war für den Bruchteil einer Sekunde der Boden unter den Füßen weggezogen, dann begann er seine Verteidigung. Natürlich, der gestrige Abend, sein Gedicht und das Hotten von Letix. All die anderen Bemerkungen waren mehr so beiläufig und ließen sich nicht beweisen. Irgend jemand hatte sie verraten. Jemand aus der Klasse? Kaum. Eher jemand vom Personal. Das war besser, denn er hielt sie für zu dumm, als daß sie präzise Angaben machen könnten. Er ärgerte sich, daß er sein Gedicht so achtlos hatte liegenlassen. Möglicherweise hatten sie es in der Hand, damit war zu rechnen. Intelligent waren sie nicht, die zwei. Aber brutal! Ganz ruhig bleiben, auch wenn das Herz bis zum Halse schlägt. Nichts Unnötiges sagen.

Inzwischen waren sie die Treppe hinabgestiegen, die vom Haus durch den Garten zur Straße führte. Unten stand ein *Adler*. Einer setzte sich ans Steuer, der andere bedeutete ihnen, daß sie einsteigen sollten. Jakob setzte sich nach vorn, Letix sollte hinten einsteigen. Als er vor der geöffneten Tür stand, konnte er es nicht mehr aushalten und fragte: »Was wollen Sie eigentlich von uns, wir haben doch nichts ausgefressen?« Die Antwort war ein Fausthieb gegen Mund und Kinn. Letix fiel halb bewußtlos in den Wagen, seine Lippe war breit aufgeplatzt. Jakob sagte kein Wort. Nachdem sie angefahren waren, nahm er sein Taschentuch und drückte es auf die Lippe des Freundes, um das Blut zu stillen. Sie fuhren schweigend etwa eine halbe Stunde bis zur Kreisstadt Glatz. Vor einer Polizeikaserne, die etwas außerhalb lag, hielten sie an und wurden in das Souterrain geführt, in einen weißgekalkten Raum, in dem außer zwei wackligen Stühlen – und einem Führerbild – kein Mobiliar war. Sie mußten sich hinsetzen, und je einer der beiden Bullen stand hinter ihren Stühlen, bereit, zuzuschlagen. Dann kam ein schmächtiger Mann herein, in SS-Uniform, irgend so etwas wie ein Oberscharführer, aber so genau kannte Jakob die Dienstgradabzeichen nicht. Der SS-Offizier fragte zuerst die Personalien ab:

Wann bist du geboren? Wo? Wie heißt dein Vater? Wo wohnst du? Wann warst du zum letzten Mal zu Hause? Auf welche Schule gehst du? Bist du in der HJ? Welches Fähnlein? Wohin bist du in letzter Zeit verreist? Wann bist du geboren? Wie heißt deine Mutter? Wann ist dein Vater geboren? Auf welche Schule gehst du? Was ist dein zweiter Vorname? Wie viele Geschwister hast du? Wie heißen sie? Wann sind sie geboren? Wann ist dein Vater geboren? Wann bist du geboren? Jakob beantwortete alle, sich immer wiederholenden Fragen präzis und ruhig, es ging fast eine halbe Stunde lang. Letix fing allmählich zu stottern an und verlor die Nerven. Deshalb nahmen sie sich ihn als ersten vor: Du hast also gestern abend Niggermusik gespielt, stimmt's? Ja, ich habe am Klavier ... Er erhielt einen Schlag ins Genick, der ihn vornüberkippen ließ und ihm für eine halbe Minute den Atem raubte. Der Bulle hielt ihn fest. »Weißt du nicht, daß unser Führer so etwas verabscheut?« »Ja, aber ich hab' mir halt gedacht ...« Jetzt sauste ein Schlag mit dem Gummiknüppel auf seinen Kopf, daß seine Schädelhaut aufplatzte und er blutend und bewußtlos vom Stuhl fiel. Sie ließen ihn liegen und wandten sich Jakob zu. Er sah dem SS-Führer ins Gesicht. Der zog ein Blatt Papier aus seinem schwarzen Ärmelaufschlag: Es war Jakobs Spottgedicht! Das hatte er erwartet und sich darauf vorbereitet. »Hast du das geschrieben?« Jakob nickte nur, er hatte seit seiner »Verhaftung« (natürlich ohne Haftbefehl) noch kein Wort ungefragt gesprochen. »Was hast du dir dabei gedacht?« Jakob bemerkte erleichtert, daß sie es in ihrer Borniertheit nicht verstanden hatten: »Es ist genau das, was unser Führer in ›Mein Kampf‹ schreibt, wenn er im dritten Kapitel vor den ›verruchten Intellektuellen‹ warnt. Wir müssen uns vor zu viel Intellektualität und Wissenschaftlichkeit hüten, weil der deutsche Mensch und seine unverwechselbare Seele sonst verlorengehen. Genau das meine ich ja als eindeutige Warnung, daß unser ›Tausendjähriges Reich‹ verlorengehen würde, wenn wir uns diesen wissenschaftlichen Spielereien überlassen würden.« Und jetzt noch eins drauf: »Ich habe vor, das Gedicht an die Redaktion von ›Das Reich‹ zu schicken, weil es so hervorragend in die Linie unseres Reichspropagandaministers paßt. Alfred Rosenberg hat ja ganz ähnlich argumentiert. Was meinen Sie?«

Der SS-Führer war völlig überrascht. Natürlich hatten sie

in Glatz nicht gerade die erste Garnitur der SS (wenn es überhaupt so etwas gäbe), aber dieser hier war jetzt vollkommen überfordert. Jakob merkte sofort, daß auch dies gefährlich war, er mußte ihm dazu verhelfen, sein Gesicht zu wahren. Also sagte er: »Ich bin Ihnen dankbar, daß ich mit Ihnen so offen reden kann und daß Sie sich Zeit für mich genommen haben, das findet man heute so selten.« Den blanken Hohn merkte der nicht, er fühlte sich tatsächlich geschmeichelt. Und währenddem lag sein Freund, bewußtlos geschlagen, am Boden. Jakob dachte: Es hilft ja nichts, auch ihm nicht, wenn ich mich zum Märtyrer mache. Aber es war noch nicht zu Ende. Der schwarz Uniformierte zog einen schwer leserlichen Zettel aus dem Ärmelaufschlag: »Kennst du das?« Jakob hatte keine Ahnung. Was stand da? Tatsächlich: »Warum verhält sich das deutsche Volk angesichts dieser scheußlichsten, menschenunwürdigsten Verbrechen so apathisch? ... Und wieder schläft das deutsche Volk in seinem stumpfen, blöden Schlaf weiter und gibt diesen faschistischen Verbrechern Mut und Gelegenheit, weiterzuwüten...« Jakob dachte: phantastisch, daß jemand so etwas schreibt! (Es war aus dem Flugblatt der Weißen Rose der Geschwister Scholl, aber das wußte er natürlich nicht.) Der SS-Mann: »Kennst du das?« »Keine Ahnung.« »Wann warst du zum letzten Mal in München?« »Ich war noch nie in München.« »Kannst du das beweisen?« »Fragen Sie doch meine Eltern!« »Na gut, ich glaube dir, scheinst ein anständiger Junge zu sein. Nur ein bissel zu gescheit. Sei lieber vorsichtig. Dein Freund hat sich ja ziemlich blöd angestellt. So bald wird der keine Niggermusik mehr spielen. – So, und jetzt unterschreibt ihr hier noch, daß ihr freiwillig mitgekommen seid und daß ihr euch über die Behandlung nicht beklagt. Dein Freund ist die Treppe hinuntergefallen. Der hat wirklich schwache Nerven. Hier die Unterschrift.« Dann zu den

Bullen: »Bringt die beiden wieder zurück!« Letix war inzwischen zu sich gekommen. Sie brachten ihm eine Waschschüssel. »Du Blödmann, bist die Treppe runtergefallen, los, wasch dich ab!«

Nach zwei Stunden waren sie zurück im Landheim. Bleich gingen sie durch das schweigende Spalier der Freunde. Jakob warf sich auf sein Bett, lag erst ganz still, dann heulte er und schrie wie in Krämpfen, schließlich schlief er ein. Als er dann zum Abendessen kam, merkte man ihm nichts mehr an.

Schloß Seehaus

Fast zwei Jahre dauerte der Krieg nun schon, aber eigentlich schien alles noch ganz normal. Auch in diesem Jahr versammelte sich die Großfamilie wieder in den Sommerferien, diesmal in einer Ferienpension an einem kleinen See in der Nähe des Chiemsees, diesmal sämtliche Cousins und Cousinen von Jakob, mit Ausnahme seines älteren Bruders, der schon beim Arbeitsdienst war. Zwölf Kinder und junge Menschen waren sie, die in dem alten Herrensitz aus dem 18. Jahrhundert untergebracht waren. Das Haus roch nach altem Lärchenholz und frischem Brot, nach altem Moder und frischem Heu, nach brackigem Wasser und Sommerblumen. Alt und neu waren da vereint, die alte weißhaarige, verehrungswürdige Besitzerin und die jungen Leute, eine moderne Küche und eine alte Schloßkapelle mit einer geheimnisvollen Sakristei. Alte Pferdekutschen in der Remise, die noch benutzt wurden, und ein neuer Opel Olympia. Politik und Krieg waren noch nicht dorthin vorgedrungen.

Es waren heitere Tage, man war ausgelassen, nachts wanderten Jakob und die anderen Jungen in Bettlaken als Gespenster durch die Gänge des Schlosses, um die Cousinen zu erschrecken, dachten sich Späße mit Fledermäusen und

Fröschen aus. Tagsüber ruderten und schwammen sie im See und versuchten, den Cousinen durch besondere Kunststücke zu imponieren. Jakob, der sehr gut tauchen konnte, sprang einmal vom Boot ins Wasser, änderte unter Wasser die Richtung und tauchte bis zu dem etwa dreißig Meter entfernten Schilfgürtel, in dem er sich versteckte. Als er nach fünf Minuten in der von den Cousinen vermuteten Richtung noch nicht wieder aufgetaucht war, begannen sich diese zu ängstigen. Er hörte sie sagen: »Und wenn er sich nun im Schlick verfangen hat und nicht wieder hochkommt? So lange kann man doch gar nicht tauchen? Wir müssen zum Ufer zurück, jemanden um Hilfe holen!« Als die Cousinen in Panik gerieten, so etwa nach zehn Minuten, rief er aus dem Schilf mit tief verstellter Stimme: »Ich bin das Ungeheuer von Loch Ness, ich habe den Jakob gefressen!« Erleichtert und lachend holten die Cousinen ihn aus seinem Schilfversteck hervor. Ein anderes Mal fuhr er mit drei der Cousinen in das nahe gelegene Salzburg. Vater hatte ihm einen Hundertmarkschein zum Wechseln mitgegeben, da in Seehaus und Umgebung niemand einen Hundertmarkschein wechseln konnte; das war damals so viel wie heute ein Tausendmarkschein. Sie besichtigten Salzburg, und anschließend lud Jakob seine Cousinen großzügig in das berühmte Café *Tomaselli* zum Eisessen ein. Sie saßen an einem kleinen Tischchen vor dem Café in der Sonne, Jakob lässig dandyhaft, die Cousinen aufgeregt und kichernd. Als der Kellner zum Kassieren kam, zog Jakob mit gelangweilter Miene den Hundertmarkschein hervor und legte ihn auf den Tisch. Nicht nur der Kellner, auch die Cousinen machten große Augen, daß die Zwei-Mark-Zeche mit einem Hundertmarkschein bezahlt wurde, den sie vorher noch nie gesehen hatten. Ohne mit der Miene zu zucken, gab der Ober das Wechselgeld zurück, und Jakob gab ihm noch fünfzig Pfennig Trinkgeld, wofür er sich, während er die Geldtasche in seinen Frackschoß schob, tief verbeugte. Die Inszenierung war gelungen.

Im Deutschunterricht kurz vor den Sommerferien hatten sie bei Heidelck Schillers *Ästhetische Briefe* gelesen, jedenfalls Auszüge daraus und auch die nur oberflächlich. Jakob fand den Text interessant und hatte ihn als Ferienlektüre mitgenommen. Nun versuchte er, sich da durchzuackern. In der gleichaltrigen Heidelberger Cousine fand er eine Gesprächspartnerin. Sie hatte einen guten Verstand, ließ nichts durchgehen, und manche schwierigen Sätze versuchten sie gemeinsam zu verstehen. Über solche Sätze diskutierten sie oft stundenlang, bei Regenwetter in der Sakristei und bei schönem Wetter auf dem Türmchen.

Die Vernunft hat geleistet, was sie leisten kann, wenn sie das Gesetz findet und aufstellt; vollstrecken muß es der mutige Wille und das lebendige Gefühl. Wenn die Wahrheit im Streit mit Kräften den Sieg erhalten soll, so muß sie selbst erst zur Kraft werden und zu ihrem Sachführer im Reich der Erscheinungen einen Trieb (= Motiv) aufstellen; denn Triebe (= Motive) sind die einzigen bewegenden Kräfte in der empfindenden Welt. Hat die Vernunft bis jetzt ihre siegende Kraft noch so wenig bewiesen, so liegt dies nicht an dem Verstande, den sie nicht zu entschleiern wußte, sondern an dem Herzen, das sich ihr verschloß, und an dem Triebe, der nicht für sie handelte ... Das Zeitalter ist aufgeklärt, das heißt, die Kenntnisse sind gefunden und öffentlich preisgegeben, welche hinreichen würden, wenigstens unsere praktischen Grundsätze zu berichtigen ... – woran liegt es, daß wir noch immer Barbaren sind?

»Wir sind Barbaren?« »Natürlich, zum Beispiel, wenn wir Krieg führen oder wenn wir bestimmte Menschengruppen für minderwertig erklären.« »Tun wir das?« »Du und ich nicht, aber das ist doch die offizielle Linie. Merkst du das denn nicht? Wir leben trotz allem immer noch abgeschirmt. Zum Beispiel hier in Seehaus.« Ja, erwiderte die Cousine, er habe wohl recht. Und außerdem sei es für Jungen schwieriger, und er müsse ja demnächst auch in den Krieg. Da sei ja wohl mit Vernunft nicht viel zu holen. »Nein, da hast du recht. Immer, wenn es um Tod und Leben, um Freude oder Schmerz geht, ist mit Vernunft nicht viel zu holen. Und genau deswegen hat Schiller seine ›Ästhetischen Briefe‹ geschrieben. Für uns wird es bald verdammt ernst. Die ›Ästhetischen Briefe‹ handeln ja eigentlich davon, wie Spiel und Ernst zusammenhängen. Beruf ist eine ernsthafte Sache, auch Politik, und erst recht im Kriege wird's ernst. Kunst und Gefühle haben dagegen offenbar etwas mit dem Spielerischen, mit dem Spiel zu tun.«

Denn die Kunst ist eine Tochter der Freiheit, und von der Notwendigkeit der Geister, nicht von der Notdurft der Materie will sie ihre Vorschrift empfangen. Jetzt aber herrscht das Bedürfnis und beugt die gesunkene Menschheit unter sein tyrannisches Joch. Der Nutzen ist das große Idol der Zeit, dem alle Kräfte fronen und alle Talente huldigen sollen.

»Ich möchte manchmal einfach ganz unnütz sein, nur das tun, was gar keinen Nutzen und Zweck hat!« Das tue er doch, sagte die Cousine, wenn er hier mit ihr in der Sakristei philosophiere, etwas Nutzloseres könne man sich doch gar nicht vorstellen. »Da hast du eigentlich recht. Aber das sind halt nur Gedanken, und irgendwo will's hinaus, will aus dem Herzen hinaus, will sich umsetzen! Will sich richtig praktisch umsetzen. Manchmal denke ich, ich platze, so drängelt das in mir.« Jakob solle nur seinen kühlen Kopf behalten, für den er doch in der ganzen Familie bekannt sei, wenn er auch noch durchdrehe, dann sei ja die letzte Stütze weg.

Nicht genug also, daß alle Aufklärung des Verstandes nur insoferne Achtung verdient, als sie auf den Charakter zu-

*rückfließt; sie geht auch gewissermaßen von dem Charakter
aus, weil der Weg zu dem Kopf durch das Herz muß geöffnet werden.*

Das sei ja ganz schön und gut. Aber das sei ihr doch zu
spielerisch. »Es ist doch gerade das Spiel, welches die Welt
der ungeformten, unausgesprochenen Gefühle mit der Welt
des Verstandes verbindet.«

*Mit dem Angenehmen, mit dem Guten, mit dem Voll-
kommenen ist es dem Menschen nur ernst. Aber mit der
Schönheit spielt er ... Der Mensch spielt nur, wo er in voller
Bedeutung des Wortes Mensch ist, und er ist nur da ganz
Mensch, wo er spielt.*

»Da hast du's. Spiel ist eben keine Kinderei. Na ja,
›Mensch ärgere dich nicht‹ spielen vielleicht schon. Aber die
eigentliche Erkenntnis kommt doch spielerisch, wie's hier
bei Schiller heißt:«

*daß es zwischen Materie und Form, zwischen Leiden und
Tätigkeit einen mittleren Zustand geben müsse und daß uns
die Schönheit in diesen mittleren Zustand versetze ... Die
Schönheit verknüpft die zwei entgegengesetzten Zustände
des Empfindens und des Denkens, und doch gibt es schlech-
terdings kein Mittleres zwischen beiden. Jenes ist durch Erfahrung, diese ist unmittelbar durch Vernunft gewiß ...
Wenn also die ästhetische Stimmung des Gemüts in einer
Rücksicht als Null betrachtet werden muß, sobald man
nämlich sein Augenmerk auf einzelne und bestimmte Wir-
kungen richtet, so ist sie in anderer Rücksicht wieder als ein
Zustand der höchsten Realität anzusehen.*

Das verstehe sie nicht. Es müsse doch immer irgendeinen
Übergang, irgend etwas Mittleres geben, etwas zwischen
Gewißheit und Ungewißheit. »Ja, aber gerade dieses Hin
und Her zwischen Gewißheit und Ungewißheit, diese nicht
völlige Auflösbarkeit macht doch das Schöne und Lebendige aus, das Schöpferische; die Geburt der Welt aus dem

Chaos, könnte man fast sagen. Vielleicht gehen wir gerade durch eine solche Chaoszone, und am Ende kommt gegen alles Erwarten doch etwas Gutes dabei heraus!« In diesen Gesprächen entstand dann wohl der Spruch *Ist Chaos da, ist Schöpfung nah!*, den sie sich bei jeder passenden Gelegenheit zuriefen.

Spätestens seit dem Beginn des Rußlandfeldzuges, dem Überfall auf die Sowjetunion, und seinem Gestapoverhör wußte er, was ihm bevorstand: ein Soldatenleben in Rußland in einem grausamen, für ihn vielleicht tödlichen Krieg. Wenn er diesen überstünde, wäre das Leben »in Frieden« unfrei und vielleicht genauso schrecklich: *Genießen wir den Krieg, der Frieden wird schrecklich*, sagten sich die Brüder manchmal und klopften sich dabei lachend auf die Schulter. Ja, mit diesen beiden Sätzen – *Genießt den Krieg, der Frieden wird schrecklich!* und *Ist Chaos da, ist Schöpfung nah!* – endete schließlich fast jedes Gespräch zwischen den jungen Leuten und auch mit den Erwachsenen. Irgendwie war das tröstlich.

Wie sollte Jakob sich auf all das vor ihm Liegende vorbereiten? Es schien ihm unmöglich. Aber einfach mitlaufen und getrieben werden, das konnte er auch nicht! Jakob las zu dieser Zeit oft Gedichte. Er hatte sich Reclamausgaben von Rilke, von Hölderlin, von Eichendorff besorgt, die er überallhin mitnehmen konnte. Oft zog er sich in Seehaus auf das Türmchen des Schlosses zurück, das man über Leitern durch eine enge Glockenstube, in der viele Fledermäuse hingen, erreichen konnte. An die Brüstung der kleinen Plattform gelehnt, blickte er weit über das Land, über die Seen und Wälder, in die von Osten aufsteigende Dämmerung hinein und rezitierte: *Dämmrung will die Flügel spreiten* ... Die Gedichte hatte er ganz allein für sich. Die teilte er mit niemandem ... *Hüte dich! bleib wach und munter!* Ja, das war es. Aufpassen, niemandem trauen, wach bleiben! So wollte er es machen, was immer daraus würde. Und dann sagte er noch einmal das ganze Eichendorffgedicht laut auf:

Dämmrung will die Flügel spreiten,
Schaurig rühren sich die Bäume,
Wolken ziehn wie schwere Träume –
Was will dieses Graun bedeuten?

Hast ein Reh du lieb vor andern,
Laß es nicht alleine grasen,
Jäger ziehn im Wald und blasen.
Stimmen hin und wider wandern.

Hast du einen Freund hienieden,
Trau' ihm nicht zu dieser Stunde,
Freundlich wohl mit Aug' und Munde,
Sinnt er Krieg im tück'schen Frieden.

Was heut müde gehet unter,
Hebt sich morgen neugeboren,
Manches bleibt in Nacht verloren -
Hüte dich! bleib wach und munter!

Als die ersten Sterne aufblitzten, kletterte er wieder hinab, an den Fledermäusen vorbei, die schon unruhig zu flattern begannen und hier und da aufflogen, und kam zurück in die lustige Gemeinschaft.

Letztes Sylvester

Jakob ging mit seinen beiden jüngeren Brüdern abends in den Sylvestergottesdienst. Der ältere war beim Arbeitsdienst irgendwo im Osten und hatte keinen Urlaub bekommen, Vater war mit seiner Sanitätskompanie in Berlin und wartete auf den Marschbefehl nach Osten, die Mutter hatte Kopfschmerzen und wollte zu Hause bleiben.

Es war in den letzten Tagen sehr kalt gewesen. Jetzt hatte sich der Frost abgeschwächt, und Schnee hing in der Luft. Die Stadt lag vollkommen still. Kaum jemand war auf der Straße. Die Straßenbahnen fuhren quietschend um die Kurven des Sonnenplatzes. Die Graupenstraße lag unfreundlich und schwarz. Die neugotische Börse, wilhelminische Justizgebäude, das burgartige Amtsgericht, alles ausgestorben, tot. Der Durchgang durch den Riembergshof war so dunkel, daß man sich mit vorwärts gehaltenen Händen durch die niedrigen gotischen Gewölbedurchgänge tasten mußte. Sie sprachen nicht. Es lag ihnen Schweres auf der Seele: Anfang des Jahres würde Jakob eingezogen und wahrscheinlich an die Front kommen, und bald danach auch Wieland. Der Jüngste würde im Frühjahr zu den Flakhelfern kommandiert werden, nominell noch Schüler und zu Hause, in Wirklichkeit aber doch schon Soldat. Sie würden Soldaten werden für etwas, das sie ablehnten. Aber es gab keinen anderen Weg. Es war nicht einmal einer denkbar. Also dachten sie auch nicht darüber nach. Und sie gingen weiter über den Salzmarkt und den Ring zur gotischen Elisabethkirche, der evangelischen Hauptkirche der Stadt, einer Backsteinkirche mit einem weit hochgezogenen steilen Dach und einem Turm, dessen barocker Helm das Wahrzeichen der Stadt bildete. Sie wußten nicht, daß dieses Wahrzeichen des spätmittelalterlichen Bürgertums wenige Jahre später ein Haufen Schutt sein würde. Leise traten die Menschen in die Kirche. Nur wenige Kerzen flackerten. Im Halbdunkel erblickte Jakob einen jungen Mann mit einem Verband um den Kopf und von seiner Mutter geführt, einer von den vielen *Kopfverletzten*. Das Gesicht war aufgedunsen, die Augen quollen hervor. Offenbar konnte er nichts fixieren. Jakob kannte die Frau, es war die Mutter seines Klassenkameraden Ernst. Und er erschrak: Der junge Mann war Ernst. Er hatte sich im letzten Sommer vorzeitig freiwillig zu den Fliegern gemeldet, Jakob hatte davon gehört, daß er abgestürzt, aber lebend davongekommen sei. Lebend, fragte sich Jakob, ist das Leben? Ein lebender verblödeter Fleischkloß? Wie werde ich am nächsten Sylvester aussehen?

Die Stimmung in der Kirche war gedrückt. Alle wußten, daß der Pastor erst vor kurzem aus einer mehrwöchigen *Gestapohaft* zurückgekommen war, er war erklärtes Mitglied der Bekennenden Kirche. Schweigsam und bleich, aber ungebrochen stand er wieder auf der Kanzel. Als Predigttext hatte er eine Stelle aus der Offenbarung des Johannes gewählt:

Und so jemand nicht ward gefunden geschrieben in dem Buch des Lebens, der ward geworfen in den feurigen Pfuhl.

Und ich sah einen neuen Himmel und eine neue Erde; denn der erste Himmel und die erste Erde verging und das Meer ist nicht mehr. Und ich sah die heilige Stadt, das neue Jerusalem, von Gott aus dem Himmel herabfahren, bereitet wie eine geschmückte Braut für ihren Mann.

Und ich hörte eine große Stimme von dem Stuhl, die sprach: Siehe da, die Hütte Gottes bei den Menschen! Und er wird bei ihnen wohnen, und sie werden sein Volk sein; und er selbst, Gott mit ihnen, wird ihr Gott sein;

und Gott wird abwischen alle Tränen von ihren Augen, und der Tod wird nicht mehr sein, noch Leid, noch Geschrei, noch Schmerz wird mehr sein; denn das Frühere ist vergangen.

Und der auf dem Stuhl saß, sprach: Siehe ich mache alles neu.

Die Predigt stützte sich auf die Gedanken des ersten und des letzten Verses: Was es heißt, nicht im Buch des Lebens eingeschrieben zu sein, und was es heißt, alles neu zu machen. Es war, als berichte der Pfarrer aus seiner Haftzeit. »Nicht im Buche des Lebens geschrieben stehen heißt, rechtlos zu sein, heißt isoliert sein, heißt allein gelassen werden, heißt, der mitmenschlichen Kommunikation beraubt zu sein, heißt ohne Fürsprecher sein, heißt, nicht zu wissen, ob man morgen getötet wird. Wißt ihr, liebe Freunde, was es heißt, rechtlos zu sein? Wißt ihr, daß der Mensch unveräußerliche Rechte hat, von Gott garantierte Rechte, die Menschenrechte? Friedrich der Große, unser Preußenkönig, an dessen Grab unser Führer zusammen mit dem Reichspräsidenten Hindenburg gestanden und dem deutschen Volke Gefolgschaft im Sinne dieser Tradition gelobt hat, dieser Friedrich hat, wenige Stunden nach seinem Regierungsantritt 1740, in seinem Land als dem ersten Staat überhaupt die Folter abgeschafft. Gebe Gott, daß wir die Tradition dieses großen, atheistischen Königs bewahren.

Warum ich dies sage? Weil es eine, hoffentlich nur kleine Zahl von Menschen zu geben scheint, die ihre Mitmenschen – und jeder Mensch ist ein Mitmensch – ihrer Rechte zu berauben versuchen. Die so Beraubten werden im Buche des Lebens stehenbleiben, ja, ihr Name wird in flammenden Lettern dort gefunden werden. Aber die Namen der Räuber, der Lebensräuber, der Rechtsräuber werden getilgt für ewig!

Nein, unsere Gefallenen, unsere Kriegstoten, die ihr Leben für eine gute Sache zu geben glaubten, deren Namen bleiben geschrieben in dem Buch des Lebens für alle Zeiten. Denn das Buch des Lebens hat nichts mit dem körperlichen Tod zu tun. Im Buch des Lebens sind die eingeschrieben, die Gott folgen. Was heißt das? Das heißt natürlich nicht, buchstabengetreu die Zehn Gebote zu befolgen. Das heißt in der kürzesten Fassung, die uns Christus selbst gegeben hat: Liebe deinen Nächsten wie dich selbst; das ist das ganze Gesetz und die Propheten! Gott zu folgen, heißt nicht einmal, sich zu Gott zu bekennen. Es heißt vielmehr, ein Leben zu führen, das auf den Mitmenschen ausgerichtet ist, ihn wahrnimmt, ihn liebt, ihn so liebt, daß man ihm nichts Böses tun kann. Ein sibirischer Waldarbeiter, der einen aus den berüchtigten Stalinschen Straflagern Geflohenen bei sich versteckt und beherbergt, steht im Buch des Lebens. Ein Häscher und Spitzel, der seinen Freunden nachspioniert und sie an die Oberen verrät, so daß sie unvorstellbaren Qualen oder sogar dem Tode ausgeliefert sind, der Name eines solchen Spitzels wird aus dem Buch des Lebens ausradiert.«

Allen Zuhörern war klar, daß in der Kirche mehrere Gestapospitzel saßen.

»Liebe Freunde, wir leben in einer Zeit der Tränen. Fast jeder der hier Anwesenden wird Tränen um einen jungen Toten geweint haben. Wir leben in einem heroischen Zeitalter, so sagt man, und es soll Großes aus dem Leid erwachsen. Wahrhaftig, ohne Leid kann nichts Großes entstehen. Das zeigt uns der Opfertod unseres Herrn. Was wird Großes aus diesem Leid kommen, aus dem Schmerz um die Gefallenen, aus den zerbombten Städten auf beiden Seiten des Ärmelkanals? Ein großes, geeintes, friedliches und politisches Reich, in welchem sich die Werte des Landes, die doch weithin die Werte des Christentums sind, behaupten? Unsere Armee ist dafür angetreten, daß eine Flut östlicher Barbarei zurückgedrängt wird. Wir wollen das glauben, aber Barbarei ist eine ansteckende Krankheit. Als im Dreißigjährigen Krieg die Schweden unter König Gustav Adolf nach Deutschland zogen, um unseren evangelischen Glauben zu verteidigen, taten sie das guten Willens und überzeugt von der moralischen Gerechtigkeit ihrer Sache. Als die dreißig Jahre Krieg vorüber waren, war die schwedische Soldateska genauso verroht wie Tillys Landsknechte, die die Stadt Magdeburg niedergebrannt, alle Männer erschlagen und alle Frauen vergewaltigt hatten. Hüten wir uns vor der Infektion durch die Barbarei.

Nur durch Leid kann Neues entstehen, und Gott wird abwischen alle Tränen von ihren Augen, und der Tod wird nicht mehr sein. Noch Leid, noch Geschrei, noch Schmerz wird mehr sein, denn das Frühere ist vergangen. Das Frühere dürft ihr ohne Schmerz als vergangen betrachten, liebe Freunde, wenn ihr euch auf die moralischen Werte besinnt, die unser deutsches Volk fast in allen Abschnitten seiner Geschichte geleitet haben, Ehrlichkeit, Aufrichtigkeit, Opferbereitschaft, Nächstenliebe. Dann wird alles neu, alles. Mitten im schwersten Leiden wird alles neu, und der auf dem Stuhl saß, sprach: ›Siehe, ich mache alles neu!‹«

Nachdem der Pastor den Segen gesprochen hatte:

Der Herr segne dich und behüte dich;

der Herr lasse dein Angesicht leuchten über dir und sei dir gnädig;

der Herr hebe dein Angesicht über dir und gebe dir Frieden,

und das Kreuzeszeichen über die Gemeinde geschlagen hatte, setzte brausend die große Barockorgel ein. Die erschütterten Menschen standen auf und gingen still hinaus.

Unmittelbar nach Beginn des Gottesdienstes hatte es angefangen zu schneien, und jetzt war alles weiß, ja, sie mußten durch dicken, hohen Schnee stapfen. Ganz dicht fiel er. Ihre Köpfe und Mäntel waren bald bedeckt, und alles wurde kalt und still. Der Schnee verschluckte jeden Laut. Wenn sie ihre Stadt nicht so gut gekannt hätten, hätten sie sich verlaufen. Sie konnten jetzt nicht nach Hause gehen. Ohne sich mit Worten verständigen zu müssen, bogen sie am Ende der Graupenstraße auf den Fußweg an der Innenseite des Stadtgrabens ab, hakten sich zu dritt ein, was sie sonst nie taten, und liefen gegen den von Osten heranstürmenden Schnee, so daß die kalten Flocken gegen ihre Ge-

sichter peitschten und schmelzend die Wangen herunter-
rannen. Das tat ihnen gut. Sie liefen einmal um die ganze
Altstadt. Die gotischen Kirchtürme waren im Schneetreiben
kaum zu sehen. Vom Dom auf der gegenüberliegenden Seite
des Flusses und von St. Martía auf dem Sande, einer Oderin-
sel, waren nur Schemen zu sehen. Als sie am ruhig und breit
daliegenden Barockbau der Universität vorbeikamen, ließ
das Schneetreiben für einen Augenblick nach. Feierlich lag
die Fassade im Schneelicht. Während sie am Nicolaistadt-
graben entlanggingen, fingen alle Glocken der mehr als
zwanzig mittelalterlichen Kirchen der Innenstadt zu läuten
an, soweit ihr Metall noch nicht in Kanonen umgeschmol-
zen war. Es war Mitternacht. Aber niemand feierte, zündete
Feuerwerkskörper oder rief »Prost Neujahr«. Alle hatten
Angst vor dem neuen Jahr. Die drei Brüder stapften eingehakt, wortlos, tief verbunden durch den Schnee. Alle drei
würden in den nächsten Jahren beinahe tödlich verletzt
werden und mit dem Tod ringen müssen, zwei würden wider Erwarten doch noch am Leben bleiben, einer würde
sterben müssen. Als sie sich schließlich dem Haus näherten,
unterbrach Jakob die Stille: »*Unsere drei Namen stehen geschrieben in dem Buch des Lebens*«, sagte er ganz selbstverständlich und unfeierlich, die anderen beiden lachten zu-
stimmend.

Feldwebel und General

Oberfeldwebel Krause hatte kein Gesicht. Jedenfalls hatte Jakob das noch nie gesehen. Ob es an der Schirmmütze lag, die Krause immer besonders tief über die Stirn zog, oder an der teigigen Haut, die jeden Ausdruck einebnete, oder an den fast blicklosen, kalten Augen, die nicht schauten, sondern nur stachen, oder an den schmalen, zusammengepreßten Lippen, von denen man nicht sagen konnte, ob sie grausam oder sinnlich waren, oder an der fast tonlosen, schnarrenden Stimme, die nur Kommandos bellen konnte: Für Jakob hatte er kein Gesicht. Nachdem Krause zum ersten Mal an der angetretenen Kompanie entlangstolziert war und sie sich kurz gegenübergestanden hatten, waren sie sich sofort gegenseitig unsympathisch.

Die Rekrutenausbildung war unvorstellbar geisttötend und grausam. Nur der allergeringste Anteil der Zeit war der Ausbildung im ›militärischen Handwerk‹ gewidmet; das meiste war Schliff, Strammstehen, Warten auf dem Kasernenhof, Schikane, Einteilung zum Reinigungsdienst, zum Küchendienst. Appelle, Appelle: Gewehrappell, Geschützappell, Stiefelappell, Kleiderappell in Gefechtsuniform, Soldbuchappell, Kleiderappell in Ausgehuniform, Tornisterappell, Kleiderappell in Sportzeug, Stubenappell, Schwanzappell (wegen Geschlechtskrankheiten), Fußappell, Haarappell, Zählappell um 2 Uhr morgens, Fingernägelappell. Wenn irgend etwas nicht nach Wunsch des Unteroffiziers oder Feldwebels klappte, mußten sie auf Ellbogen über den Schotter des Kasernenhofes oder durch Pfützen und Schlamm robben bis zur totalen Erschöpfung, um dann fünf Minuten nach Ende der Tortur mit tadellos sauberer Uniform wieder anzutreten. Wer auffiel, wurde durch »Einzelexerzieren« vor angetretener Mannschaft total fertiggemacht, mancher fiel um und mußte unter den höhnischen

Bemerkungen des »Ausbilders« fortgetragen werden. Seit den Zeiten des Soldatenkönigs hatte sich da nicht viel geändert.

Jakob war im Vorteil, denn er war körperlich gut trainiert, zäh und ging rationell und möglichst unverkrampft mit seinen Kräften um. Die meisten anderen kamen aus Fabriken oder von der Landarbeit, waren körperlich einseitig und schwer beweglich. Viele waren bereits älter oder gar Familienväter, denn man begann damals, die männliche Bevölkerung immer wieder auf Fronttaugliche durchzukämmen. Eine besonders fiese Form des Fertigmachens war das »Einzelexerzieren im Paradeschritt«. Dieser Paradeschritt, den irgendein alter preußischer Militär erfunden haben mag und den später nur noch die Wachtruppen der DDR-Armee exerzierten, ist so ziemlich die unnatürlichste, krampfhafteste und anstrengendste Fortbewegungsart, die man sich ausdenken kann. Man kann ihn kaum länger als 100 Meter weit aushalten. Oberfeldwebel Krause war ein ausgesprochener Sadist und hatte es auf den hübschen, fein organisierten Jakob abgesehen, einfach weil er dessen Individualität spürte. Da der sich aber nie etwas zuschulden kommen ließ, war es schwierig, ihn sich besonders vorzuknöpfen. Eines Mittags wurde er auf die Schreibstube gerufen. Da saß der gräßliche Krause und fragte ihn: »Du bist doch Abiturient, wie heißt'n der Satz des Pythagoras?« »a² + b² = c², Herr Oberfeldwebel.« »Quatsch! Muß a²−b² heißen.« »Wenn das Herr Oberfeldwebel meinen, wird's wohl stimmen, und Pythagoras hat unrecht gehabt.« »Kerl, willst du frech werden?!« »Nein, Herr Oberfeldwebel, Mathematik kann nicht frech sein, nur richtig oder falsch.« »Verdammt, jetzt langt's mir. Heute abend eine Stunde Nachexerzieren!« »Jawoll, Herr Oberfeldwebel, eine Stunde Nachexerzieren wegen frecher Mathematik.« »Raus jetzt!«

Jakob wußte, daß er einen schrecklichen Zweikampf zu

bestehen hatte. Nachdem die anderen in die Quartiere abgetreten waren, nahm Krause ihn sich persönlich vor, jagte ihn immer wieder über den Kasernenhof, ließ ihn robben und schließlich, als Jakob schon völlig erschöpft war, den »Parademarsch« marschieren: »Die Pfoten hochschmeißen! Nicht so lahm! Zackiger! Richtig aufknallen! Arschbacken zusammenkneifen! Noch mal hin und zurück! Gefällt dir, was?« Jakob war weiß im Gesicht, und die Kasernengebäude begannen ihm vor den Augen zu verschwimmen, wenn er nicht streng geradeaus guckte. »Wie heißt nun der Satz des Pythagoras?« »Habe ich Herrn Oberfeldwebel ja schon gesagt.« »Also immer noch frech. Weiter!« Und wieder zwei Runden. Jakob dachte, wenn ich umfalle, dann falle ich eben um. Aber er fiel nicht um, sein Haß hielt ihn aufrecht. »Noch mal, weil's so schön war. Ich will ja nur dein Bestes. Du magst mich doch dafür?« »Nein, ich hasse Herrn Oberfeldwebel.« Der erstarrte für einen Moment. Bevor er zum nächsten Schleifkommando ansetzen konnte, sagte Jakob ganz ruhig und eher leise: »Außerdem kann man mit Ihrer Mathematik keine Gewehrkugel und keine Granate auf den Weg schicken, das würde an *Wehrkraftzersetzung* grenzen, das kann ich vor jedem Regimentsstab beweisen.« Der Hieb saß, der feige Sadist hatte die Drohung verstanden. Wehrkraftzersetzung, das konnte alles oder gar nichts sein, jedenfalls stand darauf die Todesstrafe. »Hast heute ganz schön was dazugelernt, machen wir jetzt Schluß. Ich will schließlich auch mal Feierabend haben und mich nicht dauernd mit euch rumärgern. Wegtreten!« Seitdem war Krause ausgesucht freundlich zu Jakob. *Jakob war obgelegen*. Aber er war *nicht gesegnet*, er war tief *verletzt*.

Und doch gab es die andere Seite von Kolmar: An den Sonntagen streifte er mit den Freunden durch die Weinberge, kehrte in die Weinstuben ein und ließ sich die örtlichen Weinlagen erklären. Als die Elsässer merkten, daß da einer von den deutschen Besatzern das Leben schmecken wollte, daß der junge, blasse, ein wenig wie ein verkleideter Künstler wirkende Uniformierte das Leben trotz allem genießen wollte und konnte, tauten sie auf und freuten sich, daß einer sich freute. Wenn immer er frei hatte, fuhr er mit der rumpeligen Straßenbahn hinaus nach Winzenheim, wanderte durch die Weinberge von Kaysersberg und Türckheim, ließ die anderen vorausgehen und *blieb allein zurück*. Dann kamen ihm die besten, die traurigsten und schwersten Gedanken. Er zog die Rilkegedichte aus der Tasche und versuchte die Elegie ... *denn das Schöne ist nichts als des Schrecklichen Anfang* ... auswendig zu lernen.

Ganz unerwartet, für ihn selbst überraschend, fand er sich eines Abends im *Maison des Têtes*. Das war das beste und feinste Restaurant in Kolmar. Das Haus war natürlich fest in der Hand der hohen deutschen Stabsoffiziere und Generäle. Im dritten Kriegsjahr gab es noch immer die reichhaltigste französisch-elsässische Speisekarte. Jakob mußte sich jetzt reinigen, mußte all den Schmutz, die Erniedrigung, die Verletzung, die Wunden abwaschen, auswaschen, säubern. Da saß er plötzlich in dem mittelalterlichen, holzgetäfelten, mit alten Stichen und Antiquitäten ausgestatteten Raum und studierte die Speisekarte. Er hatte noch nie in einem solchen Restaurant gesessen, er hatte noch nie eine Speisekarte studiert. Und er hatte das alles noch nie geschmeckt, was es da gab: Austern, Schnecken, Froschschenkel, Kalbsbries, Artischocken, paniertes Hirn mit grünem Spargel, Canard à l'Orange, Mousse au chocolat. Manches verstand er überhaupt nicht. Eine ungeheure Lust auf das Neue, eine unbezwingbare ästhetische Neugier ergriff ihn. Er brauchte jetzt einfach etwas Schönes, etwas anderes, *um zu überstehen*. Der alte Kellner war zunächst verdutzt über diesen ungewöhnlichen Kunden: Hatte der einfache Soldat, der sein Enkel hätte sein können, sich ver-

irrt und wollte nur sein Bier trinken? Er hatte etwas Beson-
deres, etwas *Gesegnetes*. Wahrscheinlich brauchte er Hilfe.
Hilfe beim Lesen der Speisekarte. Hilfe, weil die Uniform so
gar nicht zu ihm paßte. Wer war das wohl? Ein Spitzel?
Nein, wozu dann die Uniform! Er paßte nirgendwo hinein.
Er war allein.

Der alte, weißhaarige Mann im Kellnerfrack, im Kreuz
schon leicht vornübergebeugt, aber mit geradem, wohl eher
steifem Rücken, schlurfte an Jakobs Tisch. »Kann isch dem
junge Herre helfe? Oder vielleicht dürft' isch ebbes b'sonders empfehle? Ah, Schnecke kennet Se noch nit. Versuche
Se's doch emol! Des is e scheen's Vorgericht. Die Messieurs
da drübe' (und er deutete auf den General und seine zwei
Begleiter, ebenfalls mit roten Generalstäblerstreifen an den
Hosen) mögen's freili' net, weil ebbes Knoblauch dran
g'heert. Aber versuche' Sie's doch 'mol. Werd Ihne' bestimmt schmecke', junger Herr! Und danach kennt' i die
Froschschenkel empfehle'. Schmecke' fast wie Kalbfleisch,
nur e bissel feiner. Und e fein's Sahnesößle g'heert dazu. An
dene Froschschenkel is halt net arg viel dra', aber ich gebb
ihne a bissel mehr Soß' un' Kartoffle. Bon, mache' mer's so.
Un' was derf's zu trinke' sein? Ah uns' Gewürztraminer!
Der junge Herr kennet sich scho' aus. Ja, des paßt guet da-
zue.« Und gemessen schlurfte der Alte davon, um die Bestel-
lung aufzugeben. Erst jetzt schaute sich Jakob genauer um.
Tatsächlich saßen da fast ausschließlich höhere Offiziere.
Er kam sich großartig vor, fand sich auch mutig, obwohl es
nicht geradezu verboten war, daß ein einfacher Soldat hier-
herkam. Es war einfach noch nie vorgekommen. Dann
brachte der Kellner den Wein und bald auch die Schnecken,
und Jakob vergaß seine Umgebung völlig. Gewürztraminer
hatte er erst hier kennengelernt, die wuchtige Würze und
gleichzeitig diese Finesse! Als die Schnecken kamen, war er
zunächst ratlos. Der Alte griff hilfreich ein, zeigte ihm, wie

man mit der kleinen Gabel das Fleisch herauszieht, und daß der Saft und die Butter das Beste sind, von dem man jeden Tropfen mit dem Weißbrot auftupfen muß. Bei den Froschschenkeln erklärte er ihm, daß man die zarten Knöchelchen in die Hand nehmen und ablutschen müsse. Jakob ließ sich viel Zeit und genoß jeden Bissen und jeden Schluck und jeden Augenblick. Als er fertig war, legte er sich selig zurück und schloß für einen Moment die Augen. Er genoß alles noch einmal, ließ die Düfte und Geschmäcker noch einmal in sich vorbeiziehen, um sie ja nicht zu vergessen und möglichst lange davon zehren zu können. Als er wieder aufblickte, stand ein Leutnant an seinem Tisch, die Ordonnanz des Generals: »Der Herr General wünschen Meldung!« Jakob brauchte eine Sekunde, um wieder in die Realität zurückzufinden. Natürlich, er war nach den Dienstvorschriften verpflichtet, jedem Offizier auf Verlangen Meldung zu erstatten. Also erhob er sich, ziemlich wütend, schnallte sich um so disziplinierter das Koppel mit dem Seitengewehr um, ging hinüber, baute sich vor dem General auf, schlug die Hacken zusammen und platzte heraus, absichtlich überlaut, so daß das ganze Lokal erschrocken aufschaute: »Schütze Jakob, 13. Kompanie, Infanterieregiment 68, beim Abendessen im Kopfhaus in Kolmar!« Der General sah ihn von oben bis unten an: »Na, dann rühr'n Se mal! Was machen Se denn hier?« »Dasselbe wie Herr General: mir's gut schmecken lassen!« »Na, Sie sind mir ja eener. Was ha'm Se denn jejessen?« »Erst Weinbergschnecken und dann Froschschenkel, Herr General!« »Donnerwetter, wo ha'm Se 'n det jelernt?« »Hier, Herr General!« »Alle Wetter, sind ja fast ein Kollaborateur! Ha, ha, ha! Jefallen mir ... wie war doch der Name?« »Schütze Jakob, 13. Kompanie, Infanterieregiment 68, Herr General.« Der General zur Ordonnanz: »Von Puttkammer, schrei'm Se für alle Fälle den Namen mal auf. Vielleicht brauchen wa ja mal eenen

Fixen. Noch 'n schönen Abend, können wegtreten!« Jakob
schlug noch einmal die Hacken zusammen, machte eine
zackige Kehrtwendung, ging zu seinem Tisch zurück,
schnallte sich das Koppel wieder ab und bestellte noch ein
Viertel Gewürztraminer. Als der Alte den Krug brachte,
tauschten sie Blicke, für mehr als einen Augenblick. Seitdem
waren sie Freunde.

Im Urlauberzug

Die fünfmonatige *Ausbildung* in Kolmar war beendet, Jakob sollte jetzt nach Rußland an die Front geschickt werden; vorher durfte er noch für ein paar Tage nach Hause.
Einsatzurlaub hieß das. Für viele war es das letzte Wiederse-
hen mit Eltern oder Geschwistern, denn gerade unter den
Frischen war die Todesziffer erschreckend hoch. Jakob
wußte das. Der Militärzug war sehr voll, man saß eng aufeinander, aber immerhin hatte jeder einen Platz. Manche
schliefen im Gepäcknetz. Der Zug fuhr von Mannheim
nach Lemberg, über Aschaffenburg, Hof, Görlitz, Dresden,
Breslau, Krakau. Er war einer der wenigen, die ostwärts
nach Hause fuhren, die meisten stammten aus Südwest-
deutschland und mußten zur Ostfront zurück; sie waren
niedergeschlagen. Viele hatten sich von zu Hause, aus dem
Elsaß, der Pfalz oder Baden, Wein mitgenommen und er-
tränkten ihren Kummer. Freigebig ließen sie die Flaschen
kreisen, bald schnarchten die meisten. Jakob konnte, obwohl er einiges getrunken hatte, nicht einschlafen. Er mußte
immer wieder hinausschauen und zu erraten versuchen, wo
der Zug gerade durchdampfte. *Wo bin ich?* Diese Frage
mußte er sich immer und überall stellen, fast zwanghaft.
Deshalb wußte er überall sofort Bescheid. Und: *Wann bin
ich?* Mit nachtwandlerischer Sicherheit konnte er seine

raum-zeitliche Umgebung einordnen. Wenn er die Sterne sah, wußte er die Himmelsrichtung; Phase und Höhe des Mondes sagten ihm die Uhrzeit. Dabei war er weiß Gott kein Naturkind. Er war ein Junge zwischen Verzweiflung und Hoffnung, der wissen wollte: *Wo gehöre ich hin?*

Wegen der Fliegeralarme und der Verdunkelung gab es natürlich keine beleuchteten Bahnhofsschilder. Dennoch wußte er immer, wo der Zug gerade war, daß er die Saale kreuzte, um Dresden herumgeleitet wurde, die Elbe überquerte, in Liegnitz kurz hielt. Da war es dann schon wieder Morgengrauen. Der Kumpel ihm gegenüber schlief auch wenig, und wenn, so schrie er in Träumen. Er war ein untersetzter, dicklicher, gutmütiger, etwa fünfundzwanzigjähriger Typ, der liebevoll von seinem Bauernhof in der Pfalz schwärmte, weniger von seiner Familie und gar nichts von seiner Frau erzählte. Er war bei einem Polizeibataillon in Kiew stationiert und mußte dorthin zurück. Sie fragten sich aus: »Hasch' Glick, daß erschtemol heem kannscht. I habb's hinner mir. Das Wegfahre is so eene beese Sach', daß ich alleweil denk', es lohnt de' ganze Urlaub net. Un' die wichtige Sache kann man ja doch nich' verzähle, die täte die garnet verstehe. Hoffentlich muß ich nimmer zu denne Sondereinsätz'. Des steh ich net durch!« »Was sind denn das für Sondereinsätze?« »Ach, weesch', eijentlich derf ich's ja net saache, s'hot mit denne Judde zu tun. Mir habbe die erschieße misse!« »Was? Waren die Partisanen?« »Nei', nei', einfach Judde, die nischt b'sonders getan hotte, auch Fraue unn' Kindersche, einfach wegputzen mußte mer se!« Fassungslos hielt Jakob sich die Hände vor das Gesicht. Da waren diese Gerüchte von Morden an Juden doch wahr! *Wie kann man das überhaupt aushalten!* sagte er in seine Hände hinein, mehr zu sich selbst. »Ich halt's ja au' net aus! Siehste ja!« schrie er laut, so laut, daß einige der Schlafenden aufschreckten. Dann machte er eine lange Pause und atmete mehrmals tief: »Weesch, ich habb' mer so 'ne richtsche Wut eingeredd. Ich hab's ja due misse. S'war, wie wann ich darheeme an Stallhase hab' schlachte misse. Das sinn doch so sieße Dierle, wann die eene mit ihre große Guckerle anglotze. Da habb' ich mer immer eingeredd: Des is a ganz wüschter Kerle, der muß weg. Un' hab' e beese Wut gekriejt. Un' erscht dann ging's! So hab' ich's da aach gemacht. Und dann gab's ja denn Schnaps!«

Dann brach es aus ihm heraus, das lang Angestaute, das er auf seinem Heimaturlaub niemandem hatte erzählen können, das zwischen ihm und seinen Mitmenschen stand, weil es über alles Meßbare hinaus unmenschlich war, die Ermordung der 33771 Juden in der Schlucht von Babij Jar bei Kiew durch ein deutsches Polizeibataillon.

Sie seien dazu abkommandiert worden. Sie dachten, daß es eine Schießübung sei. Erst im letzten Moment, als die Maschinengewehre schon in Stellung gebracht waren und die erste Gruppe nackter Menschen herangetrieben worden sei, sei ihnen der Tagesbefehl vom Bataillonskommandeur verlesen worden, erst da hätten sie erfahren, worum es sich handelte. Das sei *sein* Bataillon gewesen, ausgerechnet. Und er war erster MG-Schütze! Erst nach einer Stunde sei er abgelöst worden. Nach einer weiteren Stunde hätte er dann wieder rangemußt. Warum er überhaupt zur Polizei gekommen sei? Ja, sein Vater sei halt Ortsgendarm in Gimmeldingen gewesen. Er selbst hätte in den Bauernhof eingeheiratet, aber als er zur Infanterie eingezogen werden sollte, hätte er sich eben auch zur Polizei gemeldet. War ja auch nichts Unrechtes kurz vor dem Krieg. »E paar B'soffene hambringe, e paar Landstreicher einloche.« Aber dann sei alles anders gekommen. Die Juden seien auf Lastwagen aus der ganzen Ukraine angefahren worden. Sie hätten sich nackt ausziehen und in Gruppen zu fünfzig am Rande der Schlucht aufstellen müssen. Und er hätte mit dem fest montierten Maschinengewehr langsam einmal hin- und einmal hergemäht. Da seien alle, oder jedenfalls die meisten, tot runter in die Schlucht gefallen. Die Wucht des Treffers werfe den Körper ja ein Stück weit. Ob sie wirklich alle gleich tot gewesen seien? Das wisse er nicht. Das hätten die lettischen und ukrainischen Hilfspolizisten besorgt. Die seien jedesmal den Hang runtergestiegen und hätten alles, was sich noch bewegte, mit der Pistole erledigt. Das brauchte ihr Bataillon zum Glück nicht mehr zu tun. Zwei Tage lang hätte das gedauert. Viel Schnaps hätten sie gekriegt. Die HIWIs (= HIlfsWIlligen Ukrainer, Balten, Tartaren usw.) hätten in den nächsten Tagen notdürftig Erde von oben darüber geschaufelt, von dem weichen, leichtfließenden Löß. Trotzdem habe es schon am zweiten Tag bestialisch gestunken.

Sie näherten sich jetzt Breslau, Jakob packte eilig seine Sachen zusammen und verließ wortlos das Abteil. Draußen mußte er sich auf die steinerne Bahnhofstreppe setzen. Die ersten Straßenbahnen fuhren schon, aber er konnte noch nicht nach Hause. Dunstig rot ging die Sonne auf, und die Straßenreinigung war in Aktion. Alles war normal und sauber. Auch er würde das nicht erzählen können. Und wenn, so würde es niemand glauben. Außer dem Großvater. Aber der war tot. Jakobs Mutter würde sagen, er sei Defätist. Und doch würde er sich für diese Mörder einsetzen müssen und vielleicht sein Leben dabei verlieren. Er weinte. Dann schien ihm die Morgensonne warm auf das nasse Gesicht, er stand auf und ging dorthin, wo früher sein Zuhause war.

J. Jewtuschenko: Babij Jar
(Aus dem Russischen von Paul Celan)

Über Babij Jar, da steht keinerlei Denkmal.
Ein schroffer Hang – der eine, unbehauene Grabstein.
Mir ist angst.
Ich bin alt heute,
So alt wie das jüdische Volk.
Ich glaube, ich bin jetzt
ein Jude.
Wir ziehn aus Ägyptenland aus, ich zieh mit.
Man schlägt mich ans Kreuz, ich komm um,
und da seht ihr sie noch: die Spuren der Nägel.
Dreyfus, auch er,
das bin ich.
Der Spießer
denunziert mich,
Der Philister
spricht mir das Urteil.
Hinter Gittern bin ich.
Umstellt.
Müdegehetzt.
Und bespieen.
Und verleumdet.
Und es kommen die Dämchen daher, mit Brüsseler Spitzen,
und kreischen
und stechen mir ins Gesicht
mit Sonnenschirmchen.
Ich glaube, ich bin jetzt
ein kleiner Junge in Bialystok.
Das Blut fließt über die Diele, in Bächen.
Gestank von Zwiebel und Wodka, die Herren
Stammtisch-Häuptlinge lassen sich gehn.
Ein Tritt mit dem Stiefel, ich lieg in der Ecke.

Ich fleh die Pogrombrüder an, ich flehe – umsonst,
»Hau den Juden, rette Rußland«: der
Mehlhändler hat meine Mutter erschlagen.
...
Über Babij Jar, da redet der Wildwuchs, das Gras.
Streng, so sieht dich der Baum an,
mit Richter-Augen.
Das Schweigen rings schreit.
Ich nehme die Mütze vom Kopf, ich fühle,
ich werde
grau.
Und bin – bin selbst
ein einziger Schrei ohne Stimme
über tausend und aber
tausend Begrabene hin.
Jeder hier erschossene Greis –:
ich.
Jedes hier erschossene Kind –: ich.
Nichts, keine Faser in mir,
vergißt das je!
...

Abschied

Reiten ... reiten ... reiten. Was blieb ihm anderes übrig, als
sich in die Rolle von Rilkes Cornet hineinzusteigern? Die
ersten Freunde, die sich vorzeitig freiwillig gemeldet hatten,
um der unerträglichen Spannung zu entrinnen in einer
Flucht nach vorn, waren bereits tot, waren in den großen
Angriffsschlachten am Kaukasus verheizt oder über Eng-
land abgeschossen worden. *Reiten ... reiten ... reiten ...*
und die Fahne ... und die Gräfin ... Aber wofür? Für Mörder? Er wußte, daß alles zu Ende ging. Er wollte Beatrix

wenigstens noch einmal sehen. Ja, sie war unerreichbar, und es würde eine Enttäuschung werden: Aber er mußte sie sehen. Bald nach seinem Eintreffen zu Hause setzte er sich, zum Kummer der Mutter, aufs Fahrrad und fuhr zu dem 20 Kilometer entfernten Lager, wo sie als »Arbeitsmaid« ihr halbes Jahr absolvierte. Wenn er Glück hätte, könnte er sie nach Arbeitsschluß um fünf Uhr abpassen. Als er eintraf, war die Gruppe gerade zur Flaggeneinholung angetreten.

Männer hatten natürlich keinen Zutritt zum Lager, ihm war das jetzt gleichgültig. Die Zeremonie war vorüber, und er stand hinter ihr. Als sie ihn sah, leuchtete ihr Gesicht für eine Sekunde glücklich auf, um sogleich wieder ängstlich zu verlöschen. »Du hier?« »Ich muß zur Front.« »Aber ich habe heute Küchendienst, es geht wirklich nicht.« Und schon die Trillerpfeife der Führerin: »He, Soldat, was wollen Sie denn hier bei meiner kleinen Zofe? Sofort raus!« »Er muß heute zur Front, Gruppenführerin!« »Meinetwegen begleit ihn zum Lagertor. In fünf Minuten meldest du dich wieder bei mir. Aber daß ihr ja nicht versucht, hinter der Baracke zu vögeln!« Die umherstehenden Mädchen grinsten, die beiden wurden knallrot, gingen wie begossen zum Tor, hielten sich immerhin an den Händen, gaben sich einen flüchtigen Kuß und gingen in entgegengesetzte Richtungen auseinander, ohne sich noch einmal umzuschauen. Sie hatte ein paar Tränen in den Augen; er dachte: Das ist jetzt auch überstanden!

Beim Abschied hatte Beatrix ihn gebeten, noch einmal bei *Maman* vorbeizufahren und ihr Grüße auszurichten. Auf der Rückfahrt in der sommerlichen Abendsonne durch die Flußauen mit dem lockeren Eichenbestand, vorbei an einzelstehenden Gehöften, an toten Flußarmen mit Schilfrändern, wurde ihm vor der melancholisch-schönen Landschaft die ganze Hoffnungslosigkeit bewußt. Wenn er wider Erwarten überleben sollte, gäbe es für ihn keine Zukunft, weder mit Beatrix noch mit der Familie, noch beruflich. Sollte er sich den Sieg von Verbrechern wünschen? Also würde er nicht wiederkommen. Das war jetzt der Abschied. Die Tränen liefen ihm hinunter und trockneten im Fahrtwind salzig auf seinen Wangen. Als er über den knirschenden Kiesweg vor die herrschaftliche Stadtvilla am Südpark radelte, war das Schlimmste überstanden. Das Dienstmädchen mit weißer Haube meldete ihn an. Nach zehn Minuten betrat die Gräfin den Salon, elegant, hoheitsvoll, große braune, samtene Augen, volles, schwarzes Haar, bleiche, seidige Haut, im sommerlichen Seidenkleid den vollen Busen mehr präsentierend als verbergend. Sie liebte Seide, am meisten Rohseide, die gleichzeitig so sanft und so rauh ist. Sie war um die Vierzig, stammte aus einer alten ungarischen k. u. k.-Familie. Bea war die Älteste, dann gab es noch zwei sehr viel jüngere Brüder. Ihr Mann, 17 Jahre älter, war Divisionskommandeur in Frankreich (er wurde nach dem 20. Juli 1944 als Mitverschwörer gehenkt).

Sie reichte ihm die Hand zum Handkuß. »Mein olter General (so sprach sie immer von Beas Vater) hat mir diesen hibschen Fetzen gerad aus Frankreich geschickt, g'fallt er Ihnen, Jakob?« fragte sie, weil Jakob sie so unverstellt bewundernd anschaute und sie diese Bewunderung sofort von ihrer vollendet fraulichen Erscheinung auf den *Fetzen* ablenken wollte. Natürlich erwartete sie keine Antwort. »Warum schauen's so traurig aus, Jakob?« Er erzählte, daß er von Beatrix käme und daß er nun bald zur Front müsse. »Sie haben geweint«, sagte sie ganz direkt. »Ja, es war ein so schöner Sonnenuntergang zum Abschied.« »Ach, Jakob, Abschied ist doch immer, und auch immer wieder Neues, Schönes.« Sie faßte ihn an der Hand und zog ihn neben sich auf das Sofa. Ihr Seidenkleid knisterte. »Es tut mir leid, Jakob, daß es zwischen Ihnen und Beatrix nicht so richtig klappt. Ich hätte es gern gesehen. Sie sind mir der Liebste unter all den jungen Leuten hier und in Dirsdorf. Weil Sie anders sind als die anderen. Das ist in den Augen von jungen Menschen ein Nachteil. Für mich ist es ein Vorteil. Ich finde Sie sympathisch und interessant, Jakob, ich bin gern mit Ihnen zusammen.« Er staunte. »Kommen Sie, essen Sie mit mir zusammen zu Abend!« Sie gab dem Mädchen ein paar Anweisungen, und sie setzten sich zu Tisch.

Endlich brachte ihn jemand zum Sprechen. Sie saßen über Eck, sie legte immer wieder ihre schön beringte, elegante Hand auf seine. Er sprach davon, daß er keine Hoffnung habe, zurückzukehren, daß er nichts mehr zu erwarten habe, aber trotzdem nicht unglücklich sei, daß er sich in der Rolle von Rilkes Cornet fühle (was sie als Ungarin besonders schön fand), daß alles über ihn hereinbreche, daß das Leben aber trotzdem schön sei, daß er sich einen Band Rilke und einen Band Hölderlin in seine Satteltaschen gepackt habe. Er sprach zu ihr, wie er schon lange zu seiner Mutter hatte sprechen wollen, es aber niemals konnte. Die Tränen kamen ihm dabei. Und auch ihr. Sie ließen die angegessenen Teller stehen, gingen hinüber in den Salon. Hinter den zugeschobenen Türen nahm sie ihn in die Arme, streichelte über sein Haar: »Jakob, du bist bei mir aufgehoben.« »Maman, Sie müßten meine Mutter sein, dann wäre alles leichter.« Sie duftete so weich, er mußte sie anfassen. Sie gab ihm ihre Brust, indem sie die Seide des Ausschnitts leicht zur Seite streifte, küßte ihn auf den Mund, drängte mit der Zunge nach. Nie hatte er so geküßt. Mit Hedwig hatte es überhaupt keine Küsse gegeben, bei Beatrix waren die Lippen immer so kalt und zusammengepreßt; hier war alles weich und offen. Auch ihre Scham. Als er in sie einsank, flüsterte sie: »Denk einfach, ich wäre Beatrix.« Und nach einigen unendlich zärtlichen Bewegungen der Hüften: »Aber *ich* weiß, du bist *mein Jakob*.«

Wen liebte er? Maman? Beatrix? Ihre Mutter? Seine Mutter? *Er war angekommen* bei dieser reifen, schönen, süchtigen, sicheren, flüssigen, flüchtigen, fremdartigen und vertrauten Frau. Langsam wob sie die empfindliche feine Seide, ließ das Schiffchen hin und her laufen, Kette und Schuß, kannte alle Steigerungen, bis der Faden endlich riß und – wieder neu geknüpft und eingefädelt – das Schiffchen wieder hin und her zu laufen begann. Nie würde das feine Seidengewebe vollendet werden.

Sie redete dabei so wunderbar schamlos: »Jakob, du bist ein wunderbarer Mann«, wimmerte sie, »am liebsten hätte ich ein Kind von dir, mach mir eins!« Das wäre dann Beas Schwester oder meine, dachte er kurz, aber dann dachte er wieder nichts mehr. »Beiß mich feste, mein olter General kommt erst in vier Wochen auf Urlaub, da sind die Flecken wieder weg!« Er wußte bisher nicht, daß es Lust bereitet, zu beißen. Und der General wäre ihm überhaupt nicht in den Sinn gekommen. »Saug dir Kraft aus meinen Brüsten, du wirst am Leben bleiben!« Sie wußte, daß sie log. Sie log so schön, daß er es glauben mußte.

Als er um zwei Uhr morgens nach Hause kam, ging er an das Bett seiner Mutter, setzte sich auf den Rand. Sie schreckte aus dem Schlaf hoch. »Jakob, du? Wo kommst du jetzt her?« Er nahm sie einfach in die Arme, küßte sie auf den Mund und ließ sie seine Zunge spüren. Und sie, ganz vorsichtig und ängstlich, erwiderte. Für den Bruchteil einer Sekunde berührten sich ihre Zungenspitzen. Obwohl sie sofort erschrocken – aber vielleicht auch beglückt – zurückwich, waren sie sich *begegnet*, hatten sich endlich *getroffen*. Langsam gab er sie frei, streichelte ihr über das schon leicht ergraute, volle, feste Haar: »Mutter, es ist alles gut. Wir brauchen jetzt keine Angst mehr zu haben. Schlaf gut!«

Am Morgen um sieben klingelte der Telegrammbote und brachte den Befehl zum vorzeitigen Abrücken an die Front.

Charkow

Bis Charkow brauchten sie fünf Tage. In Kolmar hatten sie
ihren Marschbefehl erhalten und konnten dann in den verschiedenen Militärzügen selbständig reisen. Es war fast
fröhlich und gleichzeitig sehr traurig. Sie sprachen vom
Sterben und auch davon, was sie nach dem Krieg machen
würden, wenn alles vorüber sei. Die Freunde aus der Ausbil-
dungskompanie waren bei aller Verschiedenheit von Her-
kunft und Reflexionsniveau doch verbunden durch das gemeinsame Schicksal, das auf sie zukam, und das war kein
gutes, das wußten sie. Sie redeten, tranken, schliefen in Ge-
päcknetzen, ließen sich von Rotkreuzschwestern Kaffee
und Suppen hereinreichen, bekamen in Dresden, in Görlitz,
in Oppeln, in Krakau kleine Geschenke. Aber dann wurde
es einsamer. Lemberg war unfreundlich, Kiew dunkel, und
schließlich wurden sie in Charkow ausgeladen. Bis hierher
fuhren sie gemeinsam. Auf dem Bahnhof in Charkow mußten sie sich trennen und jeder zu einer anderen Frontleitstelle gehen. Die meisten mußten in Richtung Stalingrad
weiterreisen, das laut Wehrmachtsbericht kurz vor der Ein-
nahme durch die deutsche Wehrmacht stand. Auf den
Stufen eines eingestürzten Hochhauses trank Jakob mit
Wichtel die letzte Flasche Bocksbeutel, die er von zu Hause
mitbekommen hatte.

Die Leute auf der Frontleitstelle wußten zunächst nicht
Bescheid, er wurde in ein Notquartier, eine verlassene
Schule, eingewiesen. Todmüde warf er sich auf ein Feldbett.
In der Nacht fraßen ihn fast die Wanzen auf. Er war verzweifelt. Er wollte möglichst rasch hier weg, zur Front, und
wenn es noch so fürchterlich würde. Am nächsten Morgen
streifte er durch die Stadt, die voller Armut und Verzweiflung war. Zwischen den klotzigen, halbfertigen Hochhäu-
sern kleine Bauernhäuschen, einstöckige, strohgedeckte,

schiefe Katen mit grünen Fensterläden. Die waren wenigstens warm. Die Straßen staubig, kein Wasser in der Sommerhitze. An einer Pumpe standen Frauen und alte Männer mit rostigen Blechgefäßen Schlange. An der Straßenecke eine hübsche Tartarin mit grünen Schlitzaugen. Warum hat sie einen Schlüssel in der Hand? Will sie betteln? Was Prostitution ist, wußte er nicht. Sie schaute ihn so schmachtend und hungrig an. Gerade hatte er auf der Verpflegungsstelle seine Tagesration, einen halben Laib Brot, Schmalz, Wurst, Büchsenfleisch, Schokolade, abgeholt. Er öffnete die Klappe seines Brotbeutels und gab ihr alles. Möglichst rasch hier weg! Wieder Staub und Hitze.

Dann gelangte er an einen mit Bäumen bestandenen Platz. Freilich, die Bäume waren eher grau als grün, von feinem Lößstaub überschichtet, aber sie gaben Schatten. Er setzte sich auf eine Stufe und bemerkte, daß es die Stufe einer Kirche war. Die Deutschen hatten nach dem Einmarsch zusammen mit der ukrainischen Unabhängigkeitsbewegung einige der alten Kirchen und Klöster wiederherzustellen versucht. Alte Frauen humpelten die Stufen herunter. Ein enger Eingang, in der Vorhalle Gedränge. Er wurde weitergeschoben. Geruch von Kerzen, Weihrauch, alten Weibern. Opfergaben für die Armen: Eier, Brot, Knoblauch, Zwiebelzöpfe. Ein Pope predigte in der Vorhalle. Drinnen standen sie noch dichter gedrängt, Kerzen wurden nach vorn gereicht, jeder Träger fügte seine Fürbitte hinzu, am Altar war dann das Gebet verhundertfacht. Zwischendurch wurden Kinder getauft. Der Baß des Priesters, ein atonaler Abgesang. Chorgesang über fünf Oktaven. Obertöne aus Gewölben. Das Tor in der goldenen Ikonenwand tat sich auf. Das große Buch wurde hereingetragen. Lesung des Evangeliums, diesmal in hohem Tenor. Später der Kelch und das Brot wieder in tiefstem Baß. Dann noch einmal im Seitenschiff zwei Säuglinge, heulend im Gedränge nach vorn getragen und rasch mit Wasser getauft. Am Altar ging es derweil weiter. Der Pope sah aus wie Dschingis-Khan, schwenkte den Weihrauch fast wie eine Geißel. Seine Stimme füllte den Raum von allen Seiten. Roter Samthut, schwarzer Bart. Andere waren violett. Alte Frauen in bunten Kopftüchern miteinander im Einverständnis. Gefährliche Verschwörung? Die Luft jetzt zum Schneiden. Kopeken klappern. Gedränge am Ausgang.

Draußen im grünen Klosterhof wehte ein frischer Wind über die zugewucherten Gräber von Generälen und Großfürsten. Jakob saß auf einer Grabumrandung und weinte. Ein Soldat in Uniform, der weint. Es war ihnen eingeschärft worden, sie sollten immer nur zu zweit gehen, wegen der Partisanengefahr. Und nie an einsame Orte. Hier war es so herrlich einsam, endlich löste sich etwas. Was? Scham, mitmachen zu müssen und doch nicht dazuzugehören? Schlichte Todesangst? Trauer um die endgültig verlorene leichte Zeit? Tränen liefen still die Wangen hinunter. Dann raschelte es im Gebüsch. Er war gar nicht erschrocken und dachte auch nicht an Gefahren. Eine alte, gebückte Frau mit weißem Kopftuch stand neben ihm. Jetzt machte sie das Kreuzeszeichen auf seine Stirn, murmelte ein Gebet, machte noch einmal das Kreuzeszeichen und verschwand.

Am nächsten Tag wurde Jakob weiter nach Osten verladen.

Alle auf ihr

Die 13. Kompanie lag seit einigen Tagen in Ruhestellung in einem schütteren Wäldchen aus Birken und Erlen nicht weit vom rechten Steilufer des Don. In den vorangegangenen Wochen hatte sie schwere Verluste an Menschen und Material erlitten, die jetzt wieder aufgefüllt werden mußten. Die meisten der Soldaten waren entweder völlig erschöpft oder verroht oder gänzlich abgestumpft. So hatte kaum einer Interesse an dem neuangekommenen Jakob.

Jakob war fast eine Woche in der Etappe hin und her geschickt worden, von einer Frontleitstelle zur anderen, immer wieder argwöhnisch begutachtet von der Feldpolizei, die auf Jagd nach Deserteuren seine Marschpapiere durchstudierte und schließlich abstempelte und gegenzeichnete. Es war Jakob unverständlich, wie der Krieg mit einem so laienhaften und unvollständigen Nachrichtensystem geführt werden konnte. Einmal übernachtete er bei einer Einheit der schweren Artillerie, sie waren vornehm und aristokratisch, er bekam dort ordentlich zu essen, wurde weitergeschickt zum rückwärtigen Stab eines Infanterieregiments, das aber nicht seines war. Ja, sie hätten gehört, die müßten dort hinten in dem Wäldchen sein, aber eigentlich seien sie schon ganz aufgerieben, vielleicht gäb's die gar nicht mehr. Wieder wanderte er mit seinen Packtaschen auf heißen, staubigen Wegen an endlosen Sonnenblumenfeldern vorbei, knabberte die öligen Kerne, aber er hatte kein Wasser zu trinken. Dann kam er an ein Tomatenfeld, das niemand abernten würde, die Früchte waren überreif, er saugte sie gierig aus und stillte seinen Durst, die Schalen warf er weg. Im Schatten einer der wenigen Bäume blieb er eine Weile sitzen. *Jakob war allein.* Weit und breit nichts, auch kein Haus oder Dorf. Nicht einmal Kanonendonner von der Front konnte man hören. Lediglich das Vogelgezwitscher über den heißen Feldern. Für eine Weile schlief er ein, er wußte nicht, waren es Sekunden oder eine halbe Stunde? Er träumte, ein großer, starker Mann träte zu ihm und böte ihm einen Becher Wasser aus seiner Feldflasche an. Der Mann sah eher aus wie ein russischer Bauer, er hatte ein großflächiges, fast unbewegliches, ja steinernes Gesicht, und gleichzeitig ging ein Glanz und ein Leuchten von ihm aus. War es *ein starker Engel*? Jakob griff gierig nach dem Becher. Als er ihn an die Lippen setzen wollte, wachte er auf und war wieder allein.

Schließlich war er doch bei seiner Einheit angelangt. Er meldete sich beim Kompaniechef, einem einundzwanzigjährigen Leutnant, der einen flackernden Blick und graue Haare hatte und aussah wie vierzig. Der Krieg hatte ihn schon jetzt ausgelöscht, bevor er, fünf Monate später, bei Stalingrad elend erfrieren sollte. Der Leutnant wohnte als einziger in einem »Bunker«, einem halb in den weichen Lößboden gegrabenen Erdhaus, das mit Balken und Dachpappe überdeckt und mit einer dreißig Zentimeter starken Erdschicht beworfen war. Alle anderen lagen in Zelten. Der Bunker sollte der Kompanie bei eventuellen Fliegerangriffen als Schutz dienen. Da es keine Fliegerangriffe gab, hatte der Kompaniechef davon Besitz ergriffen und ließ niemanden hinein. Allerdings flog gelegentlich ein russischer Nachtbomber mit surrendem Geräusch langsam über sie hin. Sie nannten ihn *die Nähmaschine*, und die war harmlos. Wahrscheinlich hatte er den Auftrag, die zehn Kilometer entfernte Donbrücke, die einzige Verbindung zum wichtigen Brückenkopf, zu bombardieren, wurde aber durch das Flakfeuer von dort abgedrängt und warf dann seine Bombenlast ziemlich wahllos in das dunkle Gelände. Das wurde nicht ernst genommen. Nicht einmal das Grammophon wurde abgestellt. Irgendwoher, wahrscheinlich aus einem Parteibüro der zerschossenen Vorstadt diesseits des Flusses, hatten die Kameraden ein altertümliches Grammophon organisiert. Dazu gab es eine einzige Platte, sogar auf deutsch. Es war ein Stück der *Comedian Harmonists*, in Deutschland natürlich verboten, vielleicht von einem deutschen Emigranten hier an den Don gebracht. Die Platte wurde ausdauernd gespielt, immer wieder wurde die Kurbel aufgezogen, und es schallte aus dem altertümlichen Trichter:

In Surabaya
kocht man die Eier
im heißen Sand,
jedoch Herrn Mayer,
dem war das
ganz unbekannt,
er setzte arglos sich
auf einen Küstenstrich
und hat sich fürchterlich dabei verbrannt.
Ganz Surabaya
lacht über Mayer
und kocht die Eier
im heißen Sand.

Tagsüber streifte Jakob allein und ziellos durch die Toma-
ten-, Sonnenblumen- und Gurkenfelder. Niemand küm-
merte sich um die Pracht und den Ertrag. Die Kolchosear-
beiter waren vor ein paar Monaten beim Vorrücken der
Deutschen geflohen, und die wenigen zurückgebliebenen
Frauen und Kinder nahmen sich, was sie für sich selbst
brauchten, der Rest verkam. Jakob saß am Feldrand. Er war
traurig. Warum saß er hier herum? Entweder sollte es gleich
losgehen und das Unabwendbare über ihn hereinbrechen,
oder er wollte wieder zurück, er hatte Heimweh. Aber wonach? Mit seinem Zuhause hatte er abgeschlossen. Er war
sehr traurig, und ein paar Tränen liefen ihm über die Wangen. Da bemerkte er eine junge Russin neben sich. War sie
jung? Schwer zu schätzen. Rosig, bäurisch-drall, barfuß mit
staubigen, breiten Füßen, großem Busen und einem sauberen weißen Kopftuch. Wie war sie hierhergekommen? Sonst
entging ihm doch eigentlich nichts. Auch sie weinte.
Schluchzend versuchte sie sich verständlich zu machen:
»Kind mein tot! Ich nix Milch. Kind krank, Kind tot. Ich
wieder haben Kind. Du machen Kind, bitte!« Und dabei

machte sie mit dem Zeigefinger in die rundgeschlossene Hand eindeutige Stoßbewegungen. Jakob wurde rot. Nichts hätte er jetzt und mit dieser Frau weniger tun können. Erst mußte all dieses Furchtbare vorbei sein, ganz weit zurückliegen. Dann, ja dann, wenn all diese furchtbaren Eisenbänder um seine Brust endlich gesprengt sein würden, dann würde er – vielleicht – eine Frau, eine hohe Frau, eine zarte Frau, seine Prinzessin, seine Königin finden. O nein, jetzt nicht das! Er wußte nicht, was zu tun war. Er wollte wegrennen. Vorsichtig, fast zärtlich hielt sie ihn am Handgelenk fest: »Du nix machen, dann mich mitnehmen zu Kamerad!«

So geschah's dann. Die wußten, was zu tun war. Alle nacheinander lagen auf ihr. Manche hatten große, rote, nackte Eicheln, andere stießen die Vorhaut mit in die Scheide. Die Glieder hatten dicke, blaue Adern. Einigen kam es zu früh, sie spritzten auf Bauch und Schenkel. Alle packten nach ihren großen, nackten Brüsten, auch die, die noch nicht an der Reihe waren. Die Kleine heulte vor Lust und Schmerz wie in Wehen – soweit das Jakob verstand – und hob noch gierig die Hüften. Meist ging es schnell. Manche schoben mehrmals und standen dann wieder hinten in der Schlange. Dem Max kam er nicht hoch, weil so viele zuschauten – soweit das Jakob verstand.

Jakob stand abseits am Zelt, und er wurde ihm nicht einmal steif, so wenig verstand er.

Später nahm der Kompaniechef die Frau in seinen Bunker, sie wusch ihm seine Wäsche und schlief nachts mit ihm. Stundenlang stöhnten und schrien sie da in ihrem Erdloch und die Kameraden draußen wichsten sich einen ab. Niemand durfte sich ihr nähern, wenn er nicht Gefahr laufen sollte, *zufällig* eine *verirrte* Kugel zwischen die Rippen zu kriegen.

Müdigkeit

Drei Tage und drei Nächte hatten sie nicht geschlafen. Nachts Spähtrupps, im Morgengrauen Trommelfeuer und Angriffe, tagsüber Störfeuer, Gegenangriffe, abends wieder Angriffe und nachts schwerer Beschuß. Aber am Nachmittag des zweiten Tages war plötzlich alles vorbei. Irgendwelche Generalstäbe hatten beschlossen, daß dieser Frontabschnitt nicht so wichtig sei. Es war plötzlich Ruhe. Wer bestimmte denn, wann und wo jemand totgeschossen wird? Die Toten waren begraben worden, die Verwundeten wurden nach hinten transportiert, zwölf Männer aus Jakobs Einheit fehlten. Von hinten kam wieder Nachschub, warmes Essen von der Feldküche, Zigaretten, ja, einige hatten sogar Post, sogar zwei, die schon tot waren. Und Wasser kam, jedenfalls so viel, daß man sich das Gesicht abwaschen konnte.

Jakob war todmüde. Er wäre im Stehen eingeschlafen. Gleich neben dem Haus mit dem Kompaniegefechtsstand war ein steinerner Schuppen mit Ziegeldach, noch fast intakt. Dahinein legte er sich schlafen. Natürlich gab es noch ab und zu Schüsse. Aber das war nichts im Vergleich zu den zwei überstandenen Tagen. Irgendwo in der Ferne schlug eine Granate ein. Ein Flieger tuckerte durch die Lüfte und warf irgendwo harmlose Bomben ab. Die Wahrscheinlichkeit, getötet zu werden, war nicht mehr 1:1, sondern höchstens 1:100, also fast nichts. Er fühlte sich ganz sicher, legte sich die Gasmaskenbüchse unter den Nacken und schlief sofort ein. Schlief, schlief und schlief. Er schlief gut und fest und traumlos. Im Morgengrauen wachte er auf, wunderte sich, er sah in den Himmel. Hatte er nicht in einem Haus gelegen? Schutt, Trümmer, Dachziegel und Dachsparren lagen auf ihm. Er schaufelte sich frei. Das Haus, in dem er geschlafen hatte, existierte nicht mehr. Er lag auf freiem

Feld. Eine Fliegerbombe hatte das Haus einfach weggeblasen, er hatte nichts gemerkt. Er war nicht einmal verletzt worden. Er hatte todmüde und ruhig weitergeschlafen.

Panzerangriff

Das Haus über ihm, aus dessen Kellerfenster heraus er das Gelände beobachtete, war nur noch ein Trümmerhaufen, es hatte in den letzten Tagen zweimal den Besitzer gewechselt. Jetzt wurde es von den Deutschen verteidigt. Es lag an einer wichtigen Stelle, von hier aus übersah man den größeren Teil der Stadt, der am abfallenden Hang über dem steilen Tal lag, das sie »die Russenschlucht« nannten. Geologisch gesehen war es ein eiszeitlicher Geestabhang, wie er an osteuropäischen Flüssen von der Elbe bis zur Wolga oft zu finden ist. Die Elbchaussee in Hamburg ist ein vornehmes, Babij Jar bei Kiew ist ein schlimmes Beispiel. Wer »oben« ist, hat einen gewaltigen Vorteil.

Jakob war vorgeschobener Beobachter in seinem Kellerloch etwas vor der eigentlichen Frontlinie und hatte das Feuer der 15-cm-Feldhaubitze zu dirigieren. Sein Kumpel Max war zur Geschützstellung gelaufen, um die beschädigte Telefonleitung zu flicken, die durch Artilleriebeschuß unterbrochen war. *Jakob blieb allein zurück.* Gerade jetzt funktionierte die Leitung wieder, etwa alle Viertelstunde vergewisserte er sich durch einen Anruf bei der etwa eineinhalb Kilometer weiter hinten liegenden Geschützbatterie. Es war ein schöner, warmer, spätsommerlicher Vormittag, in der Deckung auf der Rückseite der Ruine saßen sogar manche in der Sonne. Jakob spähte durchs Fernglas hinüber auf die andere Seite der Schlucht, wo das »Casino« lag, ein vielleicht zehnstöckiges Gebäude im Bauhausstil. Von dort sahen die Russen natürlich alles und hatten Scharfschützen postiert, so daß man sich nicht rühren durfte. Aber damit konnte man wenigstens rechnen; schlimmer war, daß man nicht in die Schlucht hineinsehen konnte, sie war zu steil. Da könnte sich etwas zusammenbrauen.

Erst kam ein ferner Lärm, der ihn fast noch nichts anging. Dann hochtourige Motoren und Kettengerassel, das wahnsinnig anschwoll. Wenn es schon unerträglich wird, sind sie noch lange nicht da, dachte Jakob. Als er sich schon fast wieder gefaßt hatte, waren sie doch noch hochgekommen und erschienen über dem Rand der Schlucht, dreißig Meter vor ihm. Erst die lange Kanone, dann der Turm und schließlich der flache Körper des T-34-Panzers. Fast gemütlich drehte sich der Turm auf ihn zu. Die Kanone war innen ganz schwarz und hohl. Warum sie sich dann doch noch etwas weiter nach rechts drehte und andere tötete, war Jakob ganz und gar unklar.

Als das lähmende Entsetzen vorüber war, ließ er sich auf den ungleichen *Ringkampf mit dem stählernen, kalten Engel ein.* Das hatte jetzt nichts mehr mit Krieg zu tun, damit, daß er deutscher Soldat war und die da drüben Russen waren, die ihm nach dem Leben trachteten. Es hatte auch nichts damit zu tun, daß er in Notwehr handelte: Es war ein Ringkampf, in welchem er den stählernen Engel überwinden wollte. Er rief er die Geschützstellung an. Es war ihm klar, daß man in die Schlucht nur mit Steilfeuer hineinschießen konnte. Das war riskant, weil man nicht genau zielen konnte. Und sein Ziel war nur 30 Meter vor ihm. Er gab das Feuerkommando: »Aufschlagzünder, Steilfeuer, vierte Ladung, 1500 Meter!« Nach drei Minuten torkelte das Geschoß über ihn hin und detonierte weit unten in der Schlucht. »Zwei Strich mehr, 1400 Meter!« Immer noch hinter der Schluchtkante, aber man sah schon die Explosionsfontäne. Nicht bewegen, sonst bemerken mich die Scharfschützen, dachte Jakob. Jetzt aufs Ganze gehen: »Ein

Strich weniger, 1300 Meter!« Es hätte knapp werden können, er lenkte das Feuer auf sich zu, aber er war in dem Ruinenkeller gut geschützt. Das Geschoß rauschte heran, er hörte, daß es *seines* war, ganz tief zog er den Kopf ein, die Explosionswelle schleuderte Brocken und Staub in das Kellerfenster und machte ihn für eine Minute taub. Wegen des Explosionsstaubes konnte er sich jetzt näher an die Fensteröffnung wagen und sah, daß der Einschlag etwa in der Mitte zwischen ihm und dem Ungeheuer lag. Er hatte sich auf diesen schrecklichen Zweikampf eingelassen, er mußte ihn so oder so zu Ende führen.

Warum der tödliche Koloß sich nicht weiter vorwärtsbewegte, fragte sich Jakob. Nur der Turm drehte sich ruckweise und feuerte auf vermutete Ziele. Das Kellerloch vor ihm war ihm offenbar keinen Schuß wert. Jetzt hätte eigentlich die russische Infanterie rechts und links von dem stählernen Ungetüm auftauchen müssen. Jakob legte sich Handgranaten bereit. »Jetzt 1320 Meter!« Die Kameraden an der Kanone auf der anderen Seite des Telefons wunderten sich, denn so genau kann man mit der dicken Kanone nicht zielen. Wieder gurgelte die Granate im Steilflug. Und dann geschah das Wunder: ein berstend-metallischer Klang, die grelle Explosion, die in den Keller hineinblitzte! Der böse Riese hat einen direkten Volltreffer erhalten, von oben, auf die Plattform vor dem Turm. Zwar sind die Haubitzgranaten eigentlich keine panzerbrechenden Waffen, aber auf der Oberseite ist der T 34 nicht stark gepanzert. Der Turm war halb herausgerissen und die lange Kanone seitlich schräg nach oben gerichtet. Hilflos. Sie würde sich nicht mehr auf ihn zu drehen und ihn mit ihrem tödlichen schwarzen Auge anblicken. *Jakob hatte gerungen und war obgelegen.*

Dem russischen Angriff war die Spitze gebrochen. Jakob lenkte jetzt das Feuer in die Schlucht hinein, auf 1400 Meter, um eventuelle weitere Bereitstellungen zu stören. Langsam, langsam entfernten sich das Motorengedröhn und Kettengerassel der übrigen Panzer. Manchmal dachte er, es schwoll wieder an und sie machten einen zweiten Vorstoß. Aber es war nur seine Angst, die jetzt erst langsam in ihm aufstieg. Als es schließlich nach einer halben Stunde fast still wurde, sank er bleich und halb bewußtlos in sich zusammen. So fanden ihn die Kameraden, die von der Geschützstellung nach vorn gekommen waren, weil er das Telefon nicht mehr beantwortet hatte.

Der bewegungsunfähige russische Panzer wurde in der Nacht von rückwärts in die Schlucht hinunter zurückgeschleppt. Im Wehrmachtsbericht vom 18. 9. 1942 heißt es: Erneute Angriffe des Feindes gegen den Brückenkopf von Woronesch wurden unter blutigen Verlusten abgewiesen. Seit dem 15. September wurden in diesem Raum 91 Sowjetpanzer vernichtet.

Stukas. Tote

Jakob hatte gerade den Willi nach hinten zum Truppenverbandsplatz gebracht. Der konnte noch laufen, hatte aber doch ziemlich viel Blut verloren, ein Scharfschütze hatte ihm vom »Casino« aus den rechten Oberarm durchschossen und wohl auch den Knochen zertrümmert. Jedenfalls hing der Arm völlig schlaff; das Blut konnten sie stillen, ohne ganz abzubinden, immerhin. Die Verluste waren fürchterlich in diesen Tagen, und das alles deswegen, weil die Russen oben vom »Casino« aus Scharfschützen einsetzten. Willi war kreideweiß und wankte, aber sie kamen bis zum Truppenverbandsplatz. Er wurde gleich drangenommen, der Notverband ziemlich roh entfernt. Willi schrie auf und wurde ohnmächtig. »Das ist das Beste für ihn«, sagte der Unterarzt nur. Dann verbanden sie ihn neu, machten aber nichts weiter, hingen dem Bewußtlosen eine Karte um den Hals und ließen ihn erst einmal liegen. Als er nach einigen Minuten wieder aufwachte, wimmerte er: »Bitte bringt mich hinter den Don zurück, der Iwan soll mich hier nicht lebend finden. Bitte bringt mich zurück.« Er würde noch ein bißchen warten müssen, bis der nächste Transport voll war, aber so lange würde es auch nicht mehr dauern, denn immerzu schleppten sich Verwundete heran oder wurden Schwerverwundete auf Tragen in das Sanitätszelt hineingetragen. Viele waren nicht mehr transportfähig, die »Bauch- und Brustschüsse« ließ man einfach liegen, bis sie nach einigen Stunden tot waren. Im Sanitätszelt wimmerte und stöhnte es. Einer weinte laut und schrie nach seiner Mutter. Tote wurde herausgeschleppt, auf einen Leiterwagen geschichtet und von ukrainischen Hilfssoldaten irgendwohin gefahren. Aber immer wurden alle Personalien und die Erkennungsnummer auf dem Aluminiumschild sorgfältig registriert und in Listen geschrieben. Bei den Toten brach man die untere Hälfte des Erkennungsschildes ab und schickte es zum Truppenteil. Eine in der Mitte durchgebrochene Erkennungsmarke bedeutete Tod.

Nachdem Jakob wußte, daß Willi in Sicherheit war und vermutlich davonkommen würde, machte er sich wieder auf den Rückweg zu seinem Truppenteil. Immer wieder mußte er sich zur Deckung auf den Boden werfen, wenn er einzelne, verstreute Werfergranaten herantorkeln hörte. Zum Glück hörte man sie kommen und hatte noch gut Zeit, sich hinzuwerfen, so daß die Splitter über einen hinwegschossen. Nach einer halben Stunde war er wieder bei der Kompanie. Dort hatte es weitere Verluste gegeben. Einige lagen hinter einer Mauer, regungslos. Vornan Ferdel, der urige Österreicher aus dem Waldviertel, der seine Uniform immer »mei' G'wanderl« nannte. Jakob fragte jemanden, indem er auf Ferdel zeigte: »Pennt der, oder ist der auch tot?« Er pennte nur. Alle waren so todmüde, daß sie sofort einschliefen, wenn es auch nur einen Moment Ruhe gab. Aber der, der neben Ferdel lag, war tot. Es war Frantek aus Gleiwitz, dem ein Granatwerfer die halbe Brust und einen Arm weggerissen hatte. Die Rippen ragten wie bei einem Schlachtvieh im Schaufenster heraus, und der Brustraum war mit einer blutigen Masse gefüllt.

Es würde so weitergehen, und sie würden dem Druck nicht lange standhalten können: Das andauernde Granatwerferfeuer, von oben, vom »Casino« her die gezielten Schüsse von Scharfschützen. Von dort wurde auch das Granatwerferfeuer gelenkt. Von unten immer wieder die Panzervorstöße aus der Schlucht. Jakob konnte mit seiner Kanone nichts machen. Aber er telefonierte immer wieder nach hinten, ob nicht die schwere Artillerie das »Casino« zusammenschießen könne. Da klappten wohl die Verbindungen überhaupt nicht. Dann am frühen Nachmittag hörten sie ein seltsames Geräusch. Flugzeuge? Aber was für Flugzeuge? Sie jaulten merkwürdig. Es waren Stukas, Sturzkampfflieger, die Ultima ratio, die es damals in der Kriegsführung gab. Also waren sie doch nicht alle zur Eroberung von Stalingrad eingesetzt, dachte Jakob. Von oben stürzten sie mit Sirenengeheul auf ihr Ziel, ließen eine riesige Bombe fallen und zogen sofort wieder steil hoch. Fürchterlich waren diese Vernichtungsmaschinen. Das feindliche Feuer hörte sofort auf, als die erste aus dem Himmel herabstürzte, Jakob sah hundert Meter vor seinen Augen die Bombe wie ein schwarzes Ei herunterfallen, durch die gewaltige Detonation stürzten die drei oberen Stockwerke des Kasinogebäudes zusammen. Dann senkte sich einer nach dem anderen der Sechserstaffel nieder und entlud seine tödliche Fracht. Nachdem der Rauch sich verzogen hatte, sah Jakob, daß die eine Hälfte des Gebäudes eingestürzt war und brannte. Fünf Minuten später kam die nächste Staffel. Nach einer halben Stunde war alles vorüber. Das »Casino« existierte nicht mehr. Auf einmal war alles ruhig. Nichts war zu hören, kein Schuß, kein Rasseln, kein Stöhnen Sterbender, nur ein kleiner Vogel zwitscherte irgendwo in einem übriggebliebenen Strauch. Sie saßen in der Sonne und tranken Kaffee.

Nahkampf

Ab drei Uhr nachmittags war Trommelfeuer. Die schwere Artillerie von ganz weit hinten, Kaliber mindestens 20 Zentimeter. Die riesigen Projektile torkelten schnarchend hoch über die Köpfe hinweg und waren mehr für die Panzerbereitstellungen weit hinter ihnen bestimmt. Jakob wußte, daß ihn das zunächst nichts direkt anging, aber die Panzer waren wichtig für einen späteren Gegenangriff, und es war beruhigend zu wissen, daß da im Rücken etwas Starkes stand, für alle Fälle. Denn eines war klar: Das Trommelfeuer war die Vorbereitung eines russischen Angriffes. Für Jakob und seine Kameraden in der vordersten Linie waren die Granatwerfer gefährlicher. Sie schossen – selber praktisch unangreifbar – aus der Schlucht heraus im Steilflug, man konnte sie kommen hören. Aber was nutzte das schon, mehr als sich flach auf den Boden pressen konnte man ja nicht. Wenn der Einschlag weiter als fünf Meter entfernt war, flitzten die *tödlichen Splitter* gerade noch über einen hinweg. Es war eine *langsame Hinrichtung*, ein *Auslosen des Todes*, jeder wußte das. Als ersten traf es den Max. Er hatte sich in eine große Betonröhre, die von hinten unter den Damm führte, verkrochen und glaubte, da ganz sicher zu sein. Die Granate explodierte genau vor dem Röhreneingang, zehn Meter von Jakob entfernt. Jakob kroch vorsichtig, ganz flach hin, versuchte, Max am Bein herauszuzerren.

Aber er hatte nur einen Stiefel mit dem halben Oberschenkel in der Hand. Der Röhrenknochen des kräftigen Oberschenkels stand gezackt heraus, er konnte das weißliche Mark sehen. Der Rest des Körpers war ein blutiger Brei, von der Detonation am Röhreneingang völlig zerquetscht. Max hatte nicht einmal mehr Zeit für einen seiner schönen oberschlesischen Flüche gehabt.

Dann kam die russische Stalinorgel. Wahrscheinlich läßt sich die Wirkung dieser *Todesmaschine* nicht adäquat beschreiben, deswegen nur das Technische: Auf einem Lastwagen sind ein paar Dutzend Granatwerfer montiert und parallel ausgerichtet. Sie werden gleichzeitig oder fast gleichzeitig abgeschossen, und die Geschosse fliegen *orgelnd* wie die Coda eines gräßlichen Chorals auf den Gegner zu. Je erfahrener ein Soldat ist, um so mehr demoralisiert allein dieses unbarmherzige Brausen, auch wenn es nur wenige Sekunden dauert. Jakob war zum Glück nicht erfahren, aber Ernst neben ihm. Er schrie noch: Runter! Dabei waren sie schon fast im Boden drin. Die Granaten detonieren, wegen der normalen Streuung, auf einer Fläche von etwa 50 x 50 Meter. Dort überlebt nichts mehr, wahrscheinlich nicht einmal eine Ameise. Sie hatten Glück, es kam rechts von ihnen herunter, die nächste Granate schlug etwa 20 Meter neben Jakob ein. Aber von da an war die dürre Steppe vollkommen umgewühlt, und es hatte auch keinen Sinn, nach Unteroffizier Köster und seinen drei Leuten zu suchen, die dort gelegen hatten. Vielleicht würde man später die Erkennungsmarken finden, falls man die *Tötungsprozedur* überleben sollte. Ernst schrie ihm zu: »Komm, wir kriechen rüber, sie werden nicht zweimal auf die gleiche Stelle orgeln!« Dort konnten sie sich auch besser in die flachen Trichter drücken, in denen es noch verbrannt und schwefelig roch. Das normale Granatwerferfeuer kam ihnen jetzt fast harmlos vor. Ernsts erfahrener Rat lohnte sich: Nach etwa zehn

Minuten lag ihre frühere Stelle unter dem *Vernichtungsorchester*. Offenbar versuchten die Russen jeden Widerstand vor ihnen zu brechen, genau an der Stelle, an der sie später im Angriff die Frontlinie aufreißen wollten. Auch das wußte Ernst: »Scheiße, sie werden hier angreifen, genau bei uns!«

Jakob hatte zunächst wahnsinnige Angst gehabt, *Angst vor der Hinrichtung*, dem willenlosen Abgeschlachtetwerden. Nein, er wollte nicht *Schlachtvieh* sein. Erst war ihm schlecht, aber in dem Maße, wie die Wut gegen sein Schicksal in ihm hochstieg, wurde er entschlossener und wilder. Entschlossen zu was? Er wußte es nicht, er mußte sich jetzt wehren, mußte etwas tun, vielleicht etwas Sinnloses, etwas *Tödliches* gegen die *Todesangst*, irgendwas! Jeder Granateinschlag machte ihn wütender, rabiater, rachsüchtiger. Ja, er mußte sich für die erlittene Schmach der *Wehrlosigkeit* und *Todesangst* rächen, furchtbar rächen, um weiterleben zu können, jetzt, sofort!

Plötzlich *Totenstille*!

Und dann kam die ersten Russen aus ihren Gräben und über den Rand des Dammes. Sie schrien zum Sturmangriff, um sich gegenseitig Mut zu machen oder weil es die hinter ihnen kommenden Kommissare so befohlen hatten, aber es klang eher ängstlich und krächzend. Sie hatten wohl nicht damit gerechnet, daß noch deutsche Soldaten am Leben waren, und dachten, die paar würden jetzt zu ihnen überlaufen. Jedenfalls winkten sie kindlich, bedeuteten mit Gebärden, daß Jakob die Waffen wegwerfen und kommen solle. Jakob war vor Angst und Wut völlig von Sinnen. Er schoß, bis das Magazin seiner Pistole leer war, im Stehen, acht oder zehn Schuß. (Eine Maschinenpistole gab es damals bei der deutschen Wehrmacht noch nicht.) Er stand da, aufrecht, völlig unerfahren, eine perfekte Zielscheibe. Doch nichts geschah, die Russen waren über den einsamen Widerstand völlig verdutzt und handlungsunfähig. Dann warf er sich hin und schleuderte eine Handgranate nach der anderen, sieben oder acht Stück, mehr hatte er nicht.

Noch immer war diese rasende *Todeswut* in ihm. Da sah er neben sich den kurzen, scharfen Spaten, ergriff ihn, sprang auf, stürmte damit nach vorn und schlug ihn dem ersten Russen mit aller Kraft zwischen Schulter und Halsansatz. Der Junge hatte wasserblaue Augen und sah ihn ganz ungläubig und erstaunt an, bevor er, halb enthauptet, zusammenbrach. Vielleicht war er sogar etwas jünger als Jakob, siebzehn oder so. Seine heruntergefallene russische Maschinenpistole riß Jakob an sich und feuerte auf alles, was sich vor ihm bewegte. Erst jetzt merkte er, daß außer ihm noch ein paar andere seines Zuges übriggeblieben waren und ihn rechts und links unterstützten. Ernst gab ihm Feuerschutz, und, ein Wunder, von hinten rückte eine Reserveeinheit heran. Es gab kein Halten mehr. Jakob sprang mit seiner erbeuteten Maschinenpistole in den russischen Graben und schoß sich die ganze Wut aus dem Bauch.

Als die Einsatzreserve die russischen Stellungen endgültig eingenommen und gesichert hatte, lag er heulend in einer Grabenecke, und seine Eingeweide krampften sich fürchterlich zusammen. Er wußte, daß er von nun an ein *Todgeweihter* war, weil er *eigenhändig getötet* hatte.

Der *blutige Spaten* lag neben dem toten russischen Jungen, der mit weit geöffneten Augen in den Abendhimmel starrte. Niemand drückte sie ihm zu. Jakob hielt *seine Maschinenpistole* fast zärtlich im Arm, streichelte den flachen, glatten Holzkolben, der naß von seinen Tränen war und auch ein wenig blutverschmiert. Aber das war nur von einer Hautabschürfung an seiner rechten Hand.

Der Kompaniechef, der mit den meisten anderen beim russischen Angriff geflüchtet war, kam mit schlechtem Gewissen zu Jakob und versprach ihm, daß er ihn zu irgendeinem Kreuz einreichen würde. Jakob stöhnte nur: »Hängen

Sie sich den Klimbim selber um!« Wenig später kamen die Flammenwerfer, um die letzten russischen Bunker auszuräuchern. Jakob lag in seinem Erbrochenen. Das Fauchen der Flammenwerfer und der Geruch verbrannten Menschenfleisches hatten ihm den Rest gegeben.

Im Wehrmachtsbericht vom 20. 9. 1942 heißt es: Bei Woronesch wurden feindliche Angriffe zum Teil im Nahkampf unter hohen blutigen Verlusten abgewiesen. Im Gegenangriff wurde der Brückenkopf erweitert.

Die Maschinenpistole

Die erbeutete Maschinenpistole war jetzt Jakobs Talisman, seine Geliebte, er hatte den glatten, wohlgeformten Holzschaft auch im Schlaf neben sich liegen und streichelte ihn ab und zu. Er glaubte, daß er nur ihr allein sein Leben verdanke. Die *Pistolet Pulemet Schpagina Obrazets, Modell 1941 G*, wie sie offiziell hieß, war genial einfach gebaut, sie hatte ein Gewehrschloß aus Hartholz, das trotz der rasenden Feuergeschwindigkeit von 900 Schuß pro Minute nie versagte und sich auch nicht sichtbar abnutzte. Der Rückstoßlader bewegte das Holzschloß mit einer relativ schwachen Spiralfeder. Die Trommel, die man unten einklickte, faßte 71 Schuß der Patronen vom Kaliber 7,62 mm. 71 Schuß waren natürlich nicht sehr viel, aber mit so einem Ding gab man ja sowieso nur kurze Feuerstöße von einer halben Sekunde oder so; immerhin waren in einer halben Sekunde schon sieben Schuß raus. Jakob hatte sich aber im Vorfeld und in den eroberten russischen Stellungen ganze Kisten der runden Munitionstrommeln zusammengeholt, das würde fürs erste reichen. Er liebte die Maschinenpistole, er bastelte in den jetzt ruhigen Tagen dauernd an ihr herum, zerlegte sie, ölte die Teile, reinigte den Lauf, dessen Züge noch ganz frisch waren; offensichtlich war das Ding aus der Fabrik gekommen und vor ihm noch von niemandem benutzt worden. Schließlich war er mit der Waffe so vertraut, daß er sie im Dunklen zerlegen und wieder zusammensetzen konnte.

Tagsüber streifte Jakob jetzt manchmal ganz allein durch das Hinterland, durch die verlassenen und halb zerstörten Gärten und Häuser; die gesicherte Maschinenpistole trug er am Gurt über der Schulter, sie wog ja mit der vollgeladenen Trommel nur etwas über fünf Kilogramm. Er war heute sehr traurig und hatte Todesahnungen, ja, er überlegte für einen Moment, ob er es nicht jetzt gleich selbst auf sichere Art tun sollte, bevor er auf grausame Weise, vielleicht durch Bauchschuß, verrecken würde. Er war ziemlich sicher, daß sein Regiment demnächst weiter nach Südosten, an die Wolga nach Stalingrad, verlegt werden würde, viele Anzeichen sprachen dafür. Von da hörte man nichts Gutes. Er war jetzt oft sehr traurig und ohne Hoffnung.

Dann kam er an einer vollen Wassertonne vorbei. Der verpaßte er mit dem Einzelfeuerabzug drei Schüsse seiner Geliebten: einen oben in den Kopf, einen in den vollen Bauch, einen unten in die runden Dauben. Oben sickerte grüne Soße, in der Mitte kam eine Strahlparabel, unten schoß ein flacher, gerader Strahl. Lange stand er in der Abenddämmerung, bis alles Wasser aus der Regentonne herausgelaufen war.

Ende und Anfang

Die Gegend war einsam, die Landschaft, wie entleert, fiel flach zu dem vielleicht drei Kilometer entfernten Fluß ab. Den konnte man nicht sehen, weil er zu tief in seinem Bett lag und wohl auch im Spätsommer kaum Wasser führte. Braun und flach wie ein schräges Brett, kein Baum, kein Strauch, keine Deckung, der Anfang der Steppe zwischen Don und Wolga. Kein Laut, die Lerchen singen im September nicht mehr, und so hörte Jakob nur leise den Wind in den vertrockneten Grashalmen neben seinem Erdloch. Das hätte auch ein frisch geschaufeltes Grab sein können, denn 20 Meter weiter links lagen die Trümmer der eingestürzten Friedhofsmauer. Es war kaum auszumachen, wo der Kirchhof aufhörte und das freie Feld anfing. Viele der teils hölzernen, teils gußeisernen Grabkreuze waren herausgerissen und lagen weit verstreut umher, so als hätten Riesen sie in einem gigantischen Kampf als Waffen benutzt. Im Dunkeln hatte er das nicht gesehen, die Nacht war da barmherziger, in der kalten Morgendämmerung wirkte es wie eine alte Hinrichtungsstätte.

Plötzlich schoß gelbgleißend der erste Strahl der Sonne aus dem östlichen Horizont hervor. Im selben Moment war ihm klar, daß das in den nächsten Stunden ein schlimmer Nachteil für ihn sein würde: Er war vom Gegenlicht geblendet und gleichzeitig vom Osten her angestrahlt. Sofort duckte er sich tiefer in seine Kuhle. Der frische Erdgeruch beruhigte, und er schlief oberflächlich ein, erschöpft von den Strapazen der fast durchwachten Nacht, seine Sinne blieben aber völlig wach und hätten ihn beim geringsten Anzeichen von Gefahr sofort alarmiert. Einmal ein Rascheln, augenblicklich ist er hellwach, blinzelt, ohne sich zu rühren. Eine Ratte schnuppert im Gras umher, wahrscheinlich eine Wasserratte, die vom Fluß heraufgekommen ist.

Die hat's gut, denkt er, kann sich in tiefe, für Granaten unerreichbare Erdlöcher verkriechen. Eine Ratte müßte man sein. Jedenfalls ist sie jetzt eine beruhigende Gefährtin, etwas Lebendiges.

Als er wenig später nach oben über den Rand blickt, liegt die goldene Kuppel der verlassenen und halbzerfallenen Kirche glänzend in der Morgensonne, der jetzt warme, reflektierte Glanz stimmt ihn fast heiter in seiner Verlassenheit im Niemandsland zwischen den Fronten, ja, er beginnt, wie schon so oft, über seine Einsamkeit Freude zu empfinden: Niemand würde ihn hier stören, und vor Dunkelheit könnte sowieso keiner hierhergelangen. Vorsichtig schiebt er sich an die Kante des Erdlochs und späht durch das Fernglas. Weit jenseits des Flusses zieht eine lange Lastwagenkolonne eine riesige Staubfahne hinter sich her, aber die ist viel zu weit weg. Er versucht, mehr zum Zeitvertreib, die Entfernung zu messen, aber das Gerät zeigt nicht mehr an, die Parallaxe ist zu klein, also sind es mehr als zehn Kilometer. Unangenehm ist nur, daß er den Vordergrund nicht so richtig einsehen kann. Eine flache Welle im Gelände in etwa 100 Meter Entfernung könnte da irgend etwas verdecken. Weiter unten liegt dann wieder alles offen, und dort scheint ohnedies schon die versumpfte Niederung des Flusses zu beginnen, wo sich niemand bewegen könnte, schon gar keine schweren Fahrzeuge. Jedenfalls ist es da unten saftig grün. Fast wie zu Hause im Garten, denkt Jakob plötzlich. Tagelang hatte er nicht an zu Hause gedacht, konnte sich nur mit dem unmittelbar Lebensnotwendigen, dem Lebensrettenden, beschäftigen, jetzt läßt die Spannung nach. Er wird fast leichtsinnig.

Gegen neun Uhr hört er den ersten dumpfen Schlag eines Granatwerferabschusses, eher ein harmlos wirkendes Puffen, aber er weiß sofort Bescheid. Langsam, fast gemütlich torkelt das Geschoß hoch über ihn hinweg und kracht irgendwo ganz weit hinten ins leere Gelände. Merkwürdig, daß sie an diesem friedvollen Vormittag so unvermittelt zu ballern anfangen, das ist doch gar nicht nach der Regel. Angriffe werden doch in der Morgen- oder Abenddämmerung vorbereitet. Ist da einer nervös geworden?

Die zweite Granate schlägt 50 Meter vor ihm ein und verspritzt ihren sirrenden Splitterkegel bis an die Friedhofsmauer, die dritte 30 Meter hinter ihm, die vierte 20 Meter vor ihm: Da weiß er, daß er entdeckt ist, daß sie ihn meinen, Menschenjagd auf ihn machen und ihre Rohre so lange ausrichten werden, bis sie ihn durch einen Volltreffer in seinem Erdloch zerfetzt hätten. Nein, das nicht! Nicht unterliegen in diesem schrecklichen Ringkampf. Dann lieber alles riskieren, herausspringen und möglichst rasch, unter Deckung der Friedhofsmauer, zurückzurennen versuchen!

Unmittelbar nach der nächsten Explosion springt er aus seinem Loch heraus. Dann spürt er einen dumpfen Schlag gegen die Hüfte und ins Gesicht, nein, gar keinen Schmerz, eher eine nie gekannte seelische *Verletzung*. Im selben Augenblick sieht er die goldglänzende Kuppel, ein wunderbares Hoffnungszeichen, alle Angst ist fort, er fühlt sich wie von schlimmer Krankheit genesen; als würde ihm ein *Großer Segen* zuteil. Die Kuppel wird heller, noch heller, weißglühend, strahlt eine angenehme Wärme aus, die seinen ganzen Körper durchzieht. Ja, so müßte es immer bleiben! Er ist gleichzeitig in der strahlenden Kuppel und unten auf dem alten Friedhof. Eine *Himmelsleiter*, ja das ist es, eine Himmelsleiter, die den Raum aufhebt! Daß es so etwas gibt? Und auch die Zeit ist aufgehoben, alles Wollen ist unnötig, es ist ja doch schon alles gemacht. Oder rast die Zeit?

Das Raum-Zeit-Gefängnis ist aufgebrochen.

Auf einmal ist alles zugleich da: die Mutter, die Geschwister, der Garten mit den Himbeersträuchern und den Marienkäfern, die tote Schwester in ihrem Kinderbettchen, der

Weihnachtsbaum, die Felder in Dirsdorf, der ehrwürdige jüdische Großvater mit seinem grauen Spitzbart und der riesigen Nase, die schrecklichen Aufmärsche, die Angst vor der Verspottung als Vierteljude, Hedwigs Brüste, die brennende Synagoge, und wieder die Mutter am Nähtisch, der Vater mit seiner Lautheit, der Geruch des Koksofens im Flur, das Sägen von Brennholz, das Galoppieren durch den Wald hinter Beatrix her, die kleine rothaarige jüdische Freundin, die heimlichen Sandkastenspiele, die versteckten Zärtlichkeiten mit Dietrich: Das alles spiegelt sich in der überirdisch goldenen Kirchenkuppel. Und alles ist gleichzeitig da, das Große und das Kleine, das Wichtige und das Unwichtige, und die übermenschliche Anstrengung, dazwischen unterscheiden zu müssen, fällt endlich, endlich weg. Das Leben ist auf einmal ganz leicht. Und intensiver noch als in der Wirklichkeit, strahlender, mit überirdischen Farben. Noch nie hat er so rote Himbeeren gesehen und ein so strahlendes Grün an Mutters Smaragdbrosche. Und dann das Gold der Kuppel!

Alles, alles ist da – nichts geht verloren.

Inhalt